现代服务外包职业素质系列教材

商务礼仪与职业形象

主 编 田 军 郑 舒

上海交通大学出版社
SHANGHAI JIAO TONG UNIVERSITY PRESS

内容提要

本书旨在帮助大学生把握商务礼仪的理论知识和操作技巧,掌握商务活动的礼仪要求、商务活动的礼仪规范、商务运作的礼仪规律,以提高大学生的职业素养和文明素质,为进入社会做好准备。本书内容包括职场形象整饰、职场办公礼仪、职场处世礼仪、职场演练礼仪、商务往来礼仪、商务餐饮礼仪、商务会议礼仪、商务仪式礼仪等,此外还包括适量的扩展阅读和操作训练。

图书在版编目(CIP)数据

商务礼仪与职业形象/田军,郑舒主编. —上海:
上海交通大学出版社,2022.12
　　ISBN 978 - 7 - 313 - 23995 - 2

　　Ⅰ.①商…　Ⅱ.①田…②郑…　Ⅲ.①商务—礼仪—教材②商业工作者—形象—设计—教材　Ⅳ.①F718

中国版本图书馆 CIP 数据核字(2021)第 023430 号

商务礼仪与职业形象
SHANGWU LIYI YU ZHIYE XINGXIANG

主　　编:田　军　郑　舒
出版发行:上海交通大学出版社　　　　　地　　址:上海市番禺路 951 号
邮政编码:200030　　　　　　　　　　　电　　话:021 - 64071208
印　　制:上海景条印刷有限公司　　　　经　　销:全国新华书店
开　　本:710mm×1000mm　1/16　　　　印　　张:17
字　　数:284 千字
版　　次:2022 年 12 月第 1 版　　　　　印　　次:2022 年 12 月第 1 次印刷
书　　号:ISBN 978 - 7 - 313 - 23995 - 2
定　　价:48.00 元

前　　言

商务礼仪,是商业社会生活的独有现象,它具有强大的社会性。商务礼仪是职场的"名片",展示着每个从业者的职业形象;商务礼仪是显现的"脸谱",折射出每个从业者的职业素养;商务礼仪是职场的"通行证",连通着每个从业者的职场通道。商务礼仪贯穿于商务交往的始终,服务于商务交往的内涵。不重视商务礼仪必然会影响商务交流的深度和商务交往的持久性。

商务礼仪便是这样一种职场规范,人们在职场生活和商务交往中,不知不觉地约定俗成了这样那样的规定,以协调相互的行为举止,恰如给无数零件组成的企业这部大机器注进润滑剂,使复杂的职场关系少一点摩擦。只要新员工们稍微注意一下自己的职场礼仪,也许就会改善自己的职场环境和人际关系,从而在各种场合,与各种人打交道时,把握自己,应对裕如,显示魅力,获得成功。正因为如此,世界上几乎所有成功的企业或成名的人士,都把商务礼仪的训练看成是企业必不可少的培训课目。唯此,方能纵横商界,弄潮商海,创造财富,成为商战的强者和赢家。

因此,礼仪修养是商务人员塑造良好形象的底蕴和内功。商务人员礼仪修养不是天生就有的,也不是后天自发形成的,而是个人自觉学习,长期训练、培养的结果。本书旨在通过学习,使学生能较快较好地把握商务礼仪的理论内涵、知识要点和操作技巧,掌握商务活动的礼仪要求,商务交流的礼仪规范,商务运作的礼仪规律。

显然,熟记商务礼仪知识,熟悉商务礼仪操作并不能完全等同于礼仪修养。礼仪修养之为修养,其要旨在于掌握和运用商务礼仪知识的同时汲取礼仪本身所蕴含的精神气质,并将这种精神气质内化、消融于自己的人格心性之中。礼仪教学是磨刀不误砍柴工的事。

本书注重实战技能的传授与演练,强调互动与实践,让学生边学边练,即学即用,以提高学生的职业素养和文明素质,为进入社会做好准备。商务人员

提高礼仪修养,必须从以下几个方面做起:

(1)个性修养,包括气质的培养,个性的塑造,心理的完善,能力的发展。

(2)知识修养,包括文化知识,专业知识,与业务相关的知识。

(3)审美修养,包括自然美、社会美、艺术美、科学美。

(4)职业道德培养,包括敬业爱岗,忠于职守;讲究信誉,礼貌待客;与人为善,团结互助;遵纪守法,廉洁奉公。

商务礼仪靠长期积累、积淀、熏陶、浸润、养成。积水成渊,聚沙成塔。商务礼仪"养兵千日"用在每时。在讲究交往品质的现时代,人们对商务礼仪的追求是整体性的,注重商务礼仪修为素养的铸造,以内心的优雅、高贵的品质与美丽的外表、端庄的仪态赢得他人的尊重,获得更好的效益。

目　　录

第一章　职场形象整饰

⚙ **本章学习目标**

◇ 在职业需求、优良品味和时尚个性中间找到恰到好处的形象整饰；

◇ 检查自己的姿态和举止，优雅面对各种场合；

◇ 练习倾听的技巧，了解什么是正确的谈话方法；

本章背景

卡耐基曾经说过："良好的仪表犹如一支美丽的乐曲，它不仅能够给自己提供自信，也能给别人带来审美的愉悦。既符合自己的心意，又能左右别人的感觉，使你办起事来信心十足，一路绿灯。"人，不论是工作、学习或者做其他事情，总避免不了与他人打交道，重视自身的仪容、仪表、仪态和谈吐举止，不但会提升自我信心，还能降低被拒绝的概率。让自己学着成为一个整洁、优雅、笑着一路绿灯的人吧！

第一节　仪容：美好的第一印象

仪容，简单地说，就是一个人的外表和容貌。仪容在一定程度上是一个人内在品质的外部反映。根据哈佛大学的研究，第一印象的形成只需 30 秒。第一印象的形成因素中，外表、穿着、打扮占 55％，肢体语言及语气占 38％，而谈话内容只占 7％。也就是说，你永远没有第二次机会给人留下美好的第一印象。因此，注重第一印象、注重我们自己的外表形象是非常重要的。

1."理"好你的头

头部是人体的制高点，头发处于制高点的最顶端，是被关注的重点区域。

因此,仪容修饰一定要从"头"开始。虽然头发的长短、样式可以视个人喜好而定,但是也要符合大众审美的标准。人们在理发和打理头发的时候,一定要注意发型和场合、发质、脸型、胖瘦、年龄等因素的契合。工作场合,发型应当传统庄重;社交场合,发型可适当有个性;只有艺术类场合才允许新潮怪异的发型。通常,职业人士以整洁得体而干净利落的发型为主。

男士以短发为主,要求前发不覆额,侧发不遮耳,后发不及领。不宜留大鬓角,也不宜剃光头。最长的头发不超过 7 厘米,这是一个相对固定的要求。

女士头发可长可短,但不宜烫染过于鲜艳奇特的发型或发色。职业女性如果留长发,须不影响日常工作,建议工作时束发或盘发。出席正式的商务活动,则必须将长发挽束盘起。头发上不可佩戴过分花哨或夸张的饰品。

比起发型,更为重要的是保持头发的整洁。干净的头发不仅能赢得别人的好感,更能表现出你的良好生活习惯。保持清洁,短发一日一洗,长发两日一洗是非常必要的。清洁的头发有光泽,且略显蓬松,无异味和头屑。注意发蜡发胶的用量,避免使用香味过于浓郁的定型产品。总之,好的发型对塑造个人形象有着不可替代的作用。

2. "妆"出自信的我

商务场合素面朝天是不符合礼仪规范的。相反,与办公环境协调的职业妆,既适合近距离与人交流与接触,也能表达自我品位与自信。职业妆的色彩切忌过于浓艳,应以淡雅的色彩为主,并与服饰色彩相协调。需要注意的是,妆容要讲究精致,粗糙的妆容会大大影响自己的职场形象。

化妆前,薄薄地打上粉底是不易脱妆的秘诀。粉底的基本涂法为:从脸的内侧向外侧轻轻推开。面颊、额头、下巴等不易脱妆的部位要厚涂;眼角、嘴角、鼻翼等容易脱妆的部位则轻涂。涂完后,可用面扑轻拍,让粉体充分被吸收。遮瑕膏可以用于遮挡眼睛下方的死角、皱纹和黑眼圈,也可以用在眼角、嘴角的暗纹,鼻翼边的暗红,面颊上的色斑等你在意的细微之处。腮红既可以调整脸型,又可以改善气色,让面部显得健康红润。腮红的基本画法是:用腮红刷从颧骨的较高处向靠近上耳根的部位来回刷两回或刷成椭圆形,但不要有明显的边缘痕迹。标注的眉毛位置应是自眼首开始,至眼眉及鼻翼延长线交接点为止,眉峰在其 2/3 处。眉色要与眼妆和谐。眉毛稍粗、稍浓看起来比较知性。细眉、淡眉容易给人单纯的印象。正式的商务场合应避免烟熏妆或颜色艳丽的眼影。一般眼影的颜色以淡雅的天然肉色或者沉稳的褐色系为最佳选择。眼线可以提升眼睛传情达意的效果,眼线颜色以黑色或茶色为宜。商务场合应避免画太粗的眼线。一般只可用黑色的睫毛膏,其他任何颜色都只能让你显得怪异而失礼。最后,根据不同的肤色,恰当地使用唇膏、口红、唇彩和唇釉,即使不勾勒唇线,也一样可以打造出生动迷人的立体效果,使妆容看上去更完美。

> ⊙ **Tips**
>
> 　　化妆是不受年龄限制的,请根据自己的年龄,化一个淡雅自然的简妆。

3. "藏"起身体的味

　　身体的气味同样是职场礼仪非常重要的考察内容。没有人愿意把令人作呕的气味当作自己的标签。所以,一定要学会处理那些可能给我们带来困扰的气味。

> ⊙ **Tips**
>
> 　　洗漱用品、护肤品、香水等尽量选择使用同一品牌或者同一香型的产品,以免几种不同的日用品混合在一起发出一种"怪味香型"。

　　口腔异味最多见。食物残渣、口腔的炎症、消化系统的疾病等都会引起口臭。保证正常的生活起居,坚持早晚刷牙、勤漱口是口腔卫生的基本保障,如果是因为口腔和消化系统疾病引发的口臭,则需先治疗好口腔和消化系统的疾病后才能根除。另外,职场人士在商务活动前应尽量避免食用大蒜、大葱、洋葱、韭菜、白萝卜、臭豆腐等有刺激性气味或易排"尾气"的食物。如果不小心吃了刺激性气味的食物,可以用嚼口香糖等方法来减轻口中的异味。

　　有的人由于出汗多、衣服薄,令人生厌的腋下异味飘散在办公区域,尤其是炎热的夏季,气味更是四处弥漫、经久不退,给周边的同事造成不小的困扰。腋下异味,俗称狐臭,是一种生理疾病,患有这类疾病的职场人士应勤洗澡、勤换衣,及时就医,根本解决这令人尴尬的气味。周遭的人则不可因此歧视或戏弄患者。

　　有脚气的人,脚部容易产生难闻的气味,应尽可能避免脱鞋。另外,平时应勤洗脚,穿全棉的袜子,常晾晒鞋子。

⊙ **Point**

　　涂抹香水可以展现气质和品位,但是,味道太过浓烈就容易造成别人嗅觉上的刺激,从而影响他人情绪,也是一种失礼的表现。一般而言,在一米以内闻到淡淡的香味,则可以使人身心愉悦,但是如果三米开外还能闻到香味,那就是香气过浓了。另外,如果你是职场新人,避免使用和上司或前辈相同的香水才合乎礼仪。

　　用餐时,身上散发出浓郁的香味会干扰食物的香味,也会破坏进餐同伴的兴致。因此,赴宴就餐前建议使用比较淡的香水,注意喷洒在腰部以下,以更好地控制香水的气味,这是基本的礼仪。

4. "修"去多余的毛

　　商务场合不需要胡子拉碴的颓废性感。除了有特殊宗教信仰和风俗习惯者以外,职场男士是不宜蓄留胡须的。即使胡须并没有长长,也应尽量每天修一次面,必要时还需增加次数。蓄须人士也应该保持胡须的干净整洁。

　　生活中,大多数男士注意剃须,却从不注意修剪自己的鼻毛和耳毛。偶有鼻毛外出或耳毛外长,要及时修剪,但切忌在办公室或办公楼洗手间进行。

　　无论男女都要学会修理眉毛。清晰自然的眉形能提升职场形象。无论什么季节,职场女性都应保持腋下、腿部、唇周的光洁。如果需要穿比基尼等清凉泳装,就一定要将大腿根部和比基尼线附近的体毛清理干净。有的男性毛发浓密,如果在商务场合露出胸毛、腋毛、腿毛等体毛还是很失礼的。职场男性在着装上应有意识地避免背心、无袖衫和短裤,以免各类体毛"招摇过市"。

⊙ **More**　　　　　　　　**指甲的修护**

　　指甲虽小,却能在细节处体现一个人的涵养。指甲过长,容易积聚污垢,不宜于工作的开展,且容易受伤。所以,无论男女,职场都要求不留长指甲。职业女性美甲要注意的是,首先,在具备专业资质的美甲店做;其次,指甲颜色应选择透明或肉色等淡色。美甲的长度适中,切不可把指甲做得太花哨。

第二节　仪表：服饰写满社会符号

所谓仪表得体，是指注重自身及服装的整体感。在职场上，比起自己的个性和喜好，更应该优先考虑对方的感受，考虑是否会带给对方及周围人不舒服的感觉。在职场上几乎都是与不同年龄段的人一起工作，观察、参考前辈的服装及周边的环境气氛，选择适合自己，且干净整洁、符合办公需要的服装，才能带给对方舒心、可信赖的感觉。

1. 男性：商务正装

西服的颜色以藏青色、黑色、深灰色为宜。单色西服给人以稳重、值得信赖的印象。精致的细条纹图案可以给西服增添一点变化和趣味。选择纯毛面料或含毛比例较高的混纺面料，使西服显得悬垂、有档次。款式一般为双粒扣或三粒扣的单排扣样式。穿着时，需扣好上面的纽扣，可将最下方的纽扣敞开。三粒扣的西服可以只扣中间一粒扣。

西服外侧口袋都不应装很多东西。上衣外侧左胸袋只可放装饰性的口袋巾或宴会时的鲜花。外侧下方的两个口袋除临时装单张的名片外，也不宜放其他物品。内侧左右胸口袋可放钢笔、钱包或名片夹，但不宜放过厚的东西，以保持胸部的平坦。

> ⊙ **Tips**
>
> 　　正式场合不着浅色或色彩鲜艳的西服。衣服上衣袖口的商标一定要拆去。商务场合，一般西服里不穿毛衣。

原则上，男士衬衫的颜色为纯白色，以增加别人对你的好感。有时也可以穿浅蓝色或隐形细条纹、小暗格的衬衫。值得注意的是，带颜色的衬衫不适合职场新人。条纹过粗、格子过大的衬衫都过于休闲，不适合职场。

衬衫的衣领也有讲究。标准衣领为西服最佳搭配。宽展领，也称宽幅领，适合 V 字形、开服较小的三粒扣西服上衣。但是，无论如何，工作场合是绝对不能解开衬衫纽扣的。衬衫里穿内衣是日本等亚洲国家的习惯，欧美地区一般无此习惯。内衣最好选无袖式样，衬衫不能透出内衣的颜色和领子。西服袖口和衬衫袖口有 1 厘米左右的留白。

西裤,选择与上衣相协调即可。长度以接触脚背为宜,裤腰大小合适。穿好西裤后进行自然呼吸,能不松不紧地刚好放进一只手,这样的裤腰正合适。穿着西裤时,要扣好纽扣,拉严拉链。

领带的颜色与图案应精致而不抢眼。领带与西装的颜色互相衬托,又不完全相同。图案应规则而传统,可选择小巧的几何印花和条纹等。一般使用下端为倒三角的传统领带。领带的宽度与自己身体的宽度相协调。打好的领带的标准长度应当是下端正好触及皮带扣中间。

西服应搭配黑色、皮质的系带鞋,不可搭配帆布鞋、漆皮鞋、无带鞋、凉鞋、鞋头过尖的鞋。每日擦拭,以保持鞋面清洁光亮。应避免带污渍或后跟磨损的鞋。出席婚丧寿祭等正式场合,只可穿黑色皮鞋。

袜子一般为深色、中长筒、不透明的全棉或棉毛袜子。与西裤相配或相近为宜。或者是西装和皮鞋间的过渡色。黑皮鞋一般搭配黑袜子。袜子须长及小腿中部,袜口须深于鞋口,以避免坐下时露出腿毛。

2. 商务正装:女性

套裙是工作装首选,即上衣是女士西装,下衣是裙子。须质地考究,不易褶皱,大小合适,简洁明快,不带有过多绣花、褶皱、坠物的两件式裙装。女士的裤装应是西裤。长度以接触脚背为宜,不宜穿紧身裤。

颜色上,以藏青色、黑色、灰色、炭灰色等冷色调为主。浅色或白色的西服不耐脏。最好不选择荧光色、亮色及发光的面料。两件式套裙的上衣和裙子可以是一色,也可以是上浅下深或上深下浅的搭配。正式场合的套裙,可以不带任何图案,也可以选择以暗格、圆点、条纹为主体图案的套裙,不能用花卉、宠物、卡通、人物等符号作为主体图案。

职场女士在正式场合着套裙时,上衣衣扣必须全部扣上。上衣的袖长以恰好盖住手腕为好。上衣或裙子均不可过于肥大或紧身。职业裙装的裙子应该长及膝盖。坐下后,裙子上缩后不可超过膝盖以上 10 厘米。

与套裙相配的衬衫以纯白色为佳,淡粉、淡蓝、淡米色等颜色亦可,可以应季变化。衬衫的裁剪应简洁。除了衬衫,也可穿不宜起皱的针织内衣。穿着时,解开领口,可再解开最上面的 1～2 粒扣子,打造一种深 V 字领的效果。

着套裙,必须穿着长筒袜。长筒袜应为天然肉色,质地平整,不带任何花纹。不宜穿着带花纹或者带颜色的连裤袜和紧身袜。大网眼、镂空或印有图案的袜子也不可穿。穿袜子切忌露出袜口，中筒袜和低筒袜不可与套裙同穿。

与套裙相配的皮鞋宜为黑色、皮质、跟高 3～5 厘米的高跟或半高跟船式皮鞋。鞋头过尖的鞋、鞋头过圆的鞋、漆皮鞋、带皮搭扣的鞋、凉鞋、高跟凉拖鞋、带污渍的鞋、后跟磨平的鞋都不可以穿。

3. 男性：配饰

在礼仪场合一定不要忽视佩饰的搭配。最标准的公文包是手提式的长方形公文包。面料以皮质为最佳，各种场合皆可使用。尼龙质地的也可以，不过，正式场合不能使用。公文包的颜色应与皮带、皮鞋相一致，以黑色、棕色为宜。外表上不宜有图案和文字。大小以可放下 A4 纸那样大的文件即可。过于名贵或者双肩包不宜用作公文包。

在正式场合和商务活动中，应该选择优质的皮带与西装搭配。皮带的颜色以单色为宜，以黑色、棕色为首选。除了商标，皮带上不应有其他图案。皮带的环扣一般为金属材质，最好为金色、银色或黑色。皮带扣最好是简单而精致的传统样式，一般不要用带有夸张的品牌标志的皮带。配正装的皮带以宽 3 厘米为最佳，系好后应比皮带环扣长约 10 厘米。皮带上不宜挂手机、钥匙、打火机等物品。

手表在当今社会的实用功能正在减弱，而成为男士重要的装饰品。搭配正装，应选用风格庄重且保守的手表。形状为正圆、正方、椭圆和长方形皆可，颜色宜单色或双色，色彩须清晰、高雅。着正装时，切记不要佩戴运动型的电子手表，更不可佩戴失效表、劣质表、广告表和卡通表。

名片夹和钢笔虽然是小物件，但是，这些小物件有时也会产生不小的影响，它们体现着男士的品位。因此，男士需要备有讲究的名片盒与品质良好的笔。

眼镜除了视力上的需要之外，还有一定的装饰效果。眼镜的框架一定要与自己的身份、脸型、身材和肤色相配。

西服的口袋实际上是一种装饰，没有什么实用功能。西装讲究平整，一旦放进去东西，就会破坏这种平整感，既不美观，又有失礼仪，使形象大打折扣。万一有重要的小物品需要放置，也只能放在西服里面的口袋里，手绢则可放在裤子的侧袋中。口袋巾，是以熨烫平整的各单色手帕折叠而成，插入西装的上衣口袋，起着画龙点睛的效果。切记口袋巾的花色不能与领带一样。

> ⊙ **Tips**
>
> 古人腰间挂弓佩剑是一种地位的象征,但是现代都市生活,男人的社会地位则与腰上挂的东西成反比。如果一个男人在腰间挂一排手机、钥匙,会显得俗气、没档次。

4. 女性：配饰

出席正式的社交场合,女士佩戴首饰是必要的。由于礼服的造型常常是低胸,而发型上又多为盘发,所以,项链、耳环可以有非常明显的装饰效果,但是应让首饰成为"画龙点睛"之笔,而不是多余的"累赘"。比如,可以只戴耳环,或者戴了项链后不戴耳环。为迎合夜晚奢华、热烈的气氛,饰品可选择珍珠、蓝宝石、祖母绿、钻石等高品质的配饰,也可选择人造宝石。与礼服相搭配的首饰可以是全套的,关键是要把首饰和服装作为一个整体来设计。穿小礼服时,所佩戴的饰品多为珍珠项链、耳钉或垂吊式耳环,以上三样为较正式场合使用。

穿套装的时候,不是表现个性的地方,一切配饰以简约为上,宁可不戴,如果戴的话最好要戴真的。比如,珍珠项链、耳钉或水滴形耳环、一枚(最多两枚)单粒宝石戒(如订婚戒)、简洁的白金指环等。艺术性强、民族异域色彩浓重的首饰,一般不与套装搭配。

戒指的佩戴是有规定的,通常是戴在左手。左手食指上的戒指是代表无偶求爱,戴于中指是表示正在恋爱之中,戴在无名指上则表示名花有主,而戴在小手指上是暗示自己是独身主义者。一般情况下,只戴一只戒指,尤其在一些高贵的场合和正式的场合,是不适合戴两枚或两枚以上戒指的。戴薄纱手套时戒指应戴于其内,只有新娘不受此限制。

手镯和手链的佩戴要注意和服装的搭配,以高雅大方为宜。切记不要同时将手镯与手链都戴在手腕上,也不要同时在一个手腕上戴两只手镯或手链。

一般情况下,耳环仅为女性所用,佩戴耳环应兼顾脸形,并且讲究成对使用,即每只耳朵均佩戴一只。办公场所一般不宜在一只耳朵上同时戴多只耳环。在国外,男子也有戴耳环的,但习惯做法是左耳上戴一只,右耳不戴。若无特殊要求,不要同时戴链形耳环、项链与胸针。三者皆集中于齐胸一线,容易显得过分张扬,且繁杂凌乱。

胸针与胸花是装饰服装用的。在选择颜色与造型的时候,不仅要看与服装搭配在一起的效果,更要看是否符合个人的气质与风度。胸针与胸花的大小要合适。胸针一般别在服装的前胸部位,可以在正中,也可以偏于一侧。可以别在西服式衣领上,也可以别在前胸袋口处,有较大的随意性。佩戴胸针与胸花后,原则上不宜再佩戴其他首饰。一般穿带领的衣服,胸针佩戴在左侧,穿不带领的衣服,则佩戴在右侧。头发发型偏左,佩戴在右侧,反之则戴在左侧。

包袋是女士必备的物品。从功能上来看,大包可以把需要的东西都放在里面,适宜上班。在出席晚宴和一些高规格的活动中,需要女士穿礼服,而大包显然是不合适的。华丽、浪漫、精巧、雅观是晚礼服用包的共同特点。小而精美的手提包不仅可以把必需的一些用品,如粉饼、唇膏、钥匙、钱等放置在里面,而且造型优美的小提包可以成为整体服饰中的一部分。

⊙ **Tips**

女人们在运用首饰表现自己独特的女人味时,切忌把不同质地、不同风格的首饰佩戴在一起。否则,就失去了它本身的意义。因此,女人的格调品位与佩戴的首饰数量成反比,只要运用恰当,就能戴出与众不同的魅力,这才是戴首饰的真正用意。

第三节 仪态:无声语言的魅力

菲利普·怀特德在其《公司形象》一书中写道:"萎靡不振的姿态表明你缺乏信心,使你看上去疲惫、漫不经心或冷漠。如果站直了,看起来就更有精神。如果通过外表、行为和客户的关系,公司的职员能传达公司的价值,这个公司就是成功的公司。"在公共场合,一个人不仅代表着自己,更代表着公司的形象。认真练习自己的姿势、表情,培养正确的沟通方法,才能养成职业化的仪态。

1. 挺拔的站姿

标准的站姿要求挺胸收腹、两肩齐平,双臂自然下垂。双腿靠拢,脚尖张开约 60 度。男女正确站姿的风格不同,男子应显得干练洒脱、舒展挺拔,女子则应显得秀雅端庄、亭亭玉立。

女子站立时,双手自然下垂或于腹前交叉,双肩尽量外扩以使胸部挺起,收腹提臀。双脚跟靠拢,两脚脚尖相距10厘米,张开成45度,呈小V字状,也可两脚一前一后,前脚跟轻轻靠近后脚的脚弓,将重心集中于后脚,成"丁"字步。

男子站立时,手自然下垂,亦可在体前或体后交叉。双腿立直,身体重心放在两脚中间,两脚分开,但不宜超过肩宽。

2. 端正的坐姿

"坐"从入座开始,入座时要轻而缓,走到座位前,款款转身,轻轻坐下。女士着裙装时,记得须用手把裙摆向前拢一下再坐下。坐下时,身子不要超过座位的2/3,头部端正,目光平视前方,上身挺直,双肩平正,两腿自然弯曲,小腿与地面基本垂直,两脚平落地面,双膝自然并拢,两臂自然弯曲放在腿上,也可放在椅子或沙发扶手上,掌心向下,自然得体。

男士两膝间可分开一拳左右的距离,两腿呈小"八"字姿势,显得自然洒脱,但不可尽情伸腿,以免显得粗俗。

女士,尤其在着裙装时,可两脚交叠而坐,悬空的小腿向内收紧,脚尖向下,以显高贵大方。侧坐时,头部保持向着前方,同时将上身与腿转向一侧。

> ⊙ **Point**
>
> 我们常常把"坐"理解为休息,无论何种坐姿,切忌仰头靠在椅背上或低头注视着地面,身体不可歪向一边或毫无顾忌地前俯后仰,双腿不宜分开过大,也不要把两腿长长伸开去。无论男女都不要把小腿搁在大腿上,即俗称的"跷二郎腿",更不可不断地抖动。

3. 款款的行姿

走路最能表现出一个人的风度。行走时,挺直身体,目视前方,双肩自然下垂,手臂以身体为中心前后摆动,手臂与身体的夹角为10~15度,腰部放松,腿部伸直,膝关节和脚尖要正对前方,步态自然,而富有弹性和节奏感,男子轻松稳健,女子轻盈优雅,步幅适中,跨步均匀。

多人一起行走时,不要勾肩搭背,更不可横成一排前行,以免影响他人。

4. 得体的蹲姿

在商务环境中,采用随意弯腰蹲下捡东西的姿势是不合适的。为了使蹲姿得体,应站在所取物品旁,屈膝下蹲,要注意尽量使头、胸、膝关节保持在一个角度上,不要弓背,慢慢把腰部放低,两腿合力支撑身体,臀部向下,掌握好身体的重心,避免滑倒。男士两腿间可留有适当的缝隙,女士须两腿并拢。

5. 让微笑成为一种习惯

微笑会传递给别人许多美好的信息。真诚的微笑,能给人一种友好的印象。经常面带微笑,可以缩短双方沟通的距离,使工作在一个轻松的氛围中展开。

微笑也具有一定的可操作性。微笑要由眼神、眉毛、表情和嘴巴等协调来完成。口角自然上扬,脸的左右平衡均匀,同时带动眼部周围肌肉收缩,让眼睛也笑起来。每天照着镜子练习,就会拥有动人的微笑。

人在心情低落时,微笑是僵硬的,会让对方感觉不舒服。因此,动人的微笑需要良好的心态,这也就要求我们在工作中学会欣赏对方,努力寻找对方的优点和闪光点,引导自己产生愉快的心情,让每一个微笑都发自内心。

6. 让眼神传递内心美好

俗话说:"眼睛是心灵的窗户"。一个人的眼神可以反映出一个人的内心。注视他人时间的长短含义不同。有时,我们和有些人说话感到很舒服,另一些人则令我们感觉不自在,还有些人甚至看起来不值得我们信任。这主要与对方注视我们的时间长短有关。当然,这也要区分不同的性别之间的交流。

当同性之间交流时,一般如果对方与你的目光相接往往不足全部谈话时间的三分之一时,对方就有不诚实或撒谎的意图。如果对方的目光与你的目光相接超过三分之二的谈话时间,那就说明对方认为你很有吸引力。因此,若想同别人建立良好的关系,在整个谈话时间里,你和对方的目光相接累计应达到 $50\%\sim70\%$ 的时间。相反,若你在交谈时眼睛不看着对方,那你自然很难得到对方的信赖和喜欢。

当异性之间交流时,不论男性或女性都不能长时间地注视对方。即使必要的注视也不能太咄咄逼人或太放肆。眼光必须是诚恳的、善意的,否则,容易给人产生不良的印象。

注视他人的部位不同,表达的含义也不同。当人们在洽谈业务、磋商交易和贸易谈判时,眼睛通常都注视着对方额上的三角地区,即以双眼为底线,上角顶到前额。注视这个部位,显得严肃认真、有诚意。在交谈中,如果目光总是落在这个三角部位,就可以把握谈话的主动权和控制权。当人们在社交场合时,眼睛要看着对方脸上的倒三角区,即以两眼为上线,嘴为下顶角,在双眼和嘴之间。在面对面的交往中,我们应针对不同对象,选择不同的注视部位。

注视他人的方式不同,其表达的含义也不尽相同。眨眼也是人的一种注视方式。眨眼一般每分钟5~8次,若眨眼时间超过一秒钟就成了闭眼。在一秒钟之内连眨几次眼,是神情活跃、对某事物感兴趣的表示,有时也可以理解为由于害羞、不敢正眼直视而不停眨眼。时间超过一秒钟的闭眼则表示厌恶、不感兴趣,或表示自己比对方优越,有藐视的意识。

对方的头顶、胸部、腹部、臀部、大腿、脚部、手部都是注视的禁区,尤其是对异性,更要避免注视这些禁区。

7. 让手势牵起你我心灵

手势语是通过手和手掌、手指和手臂等部位的活动所传递的信息。人们常常以拍桌捶腿表示"高兴";频频捶胸以示"悲痛";不停地搓手是"为难"的表现;拍拍脑门为"悔恨"的意思,等等。手势语在日常交际中使用广泛,使语言更富有感染力。

手势语深受文化差异的影响。在中国伸出食指往下弯曲表示"九"这个数字,日本人却用这种手势表示"偷窃"。用拇指和食指合成个圆圈,在美国表示"OK",是赞扬和允诺之意,但在法国一些地方,有时可能解释为"毫无价值"之意。在中国,一般表示特别的称赞,常常是跷起拇指,其余四指蜷曲,这是因为人们在数数字时,先按下拇指,于是,拇指就被认为是"第一",这与"最好"一词的意义有着紧密的语义联系。同样,跷起小手指就是蔑视、贬义的表示。由此看来,运用手指动作,必须首先了解其在不同民族中所表达的特定含义,然后才能有效地发挥手指语的交际作用。

⊙ **More**

第二次世界大战期间,英国首相丘吉尔在结束讲演时,举起握拳的右手,然后伸出食指和中指构成"V"字形,以象征英文"胜利"(victory)一词的开头字母,结果引起了人们的欢呼!因为这个手势十分形象地表达了英国人民战胜法西斯的决心和信心。

　　跷大拇指在中国是个积极的信号，一般是指高度的称赞，意思是"最好""真棒""第一"。而在希腊，猛地跷起拇指，意思是要对方"滚蛋"。而在英国、澳大利亚等国，跷大拇指是常用的搭车手势，意思是要"TAXI"。

　　拇指旁指代表一种消极的信号，一般表示嘲弄或蔑视。意思是"哼，瞧他那样！""这种人呀……""哎，看我的！"在人际交往时，尽量避免使用这种手指语，因为它给人以粗野、缺乏教养的印象，特别是女性，一定要忌用。

　　大拇指和食指相捻是一种谈钱的手指语。一般有身份、有素养的人都不会使用这种有损形象的手指语。

　　掌心向上，是一种请求、协商的意义，不带任何威胁性。请客人进门、落座，或请人帮助搬运一件东西时，常用这种手势。掌心向上表示礼貌客气，它让人感到舒心，所以，沟通氛围是和谐的。

　　掌心向下，一般表示指示、命令，带有强制性。如果用这种手势请客人进门、落座，就显得很不礼貌。请人帮忙做事时，如用这种手势，可能会遭到拒绝，因为它让人感到不悦。所以，人际交往时应避免使用这种手势。

　　单指前伸，这是一种令人不愉快的手势。它比手掌向下更带有负面信息——强制、镇压、愤怒、不可原谅等。这种手势，在吵架的场面上最多见。随着现代人文明程度的提高，日常多见的场景，如执勤的交通民警命令违反交通规则的司机将车开到路旁、教师指责不守纪律的学生、父母责骂孩子、领导训斥员工，等等，现在，"单指前伸"的手势逐渐被"双指前伸"或"四指前伸"所替代，不和谐的"音符"将会逐渐消失。

　　将双臂交叉在胸前是一种防卫信号，它显示一个人的消极和防御态度。这是因为直立行走的人类，胸腹部都露在外面，特别是最需要保护的心脏部位也全部向外暴露，所以，对人类来说，这种姿势下意识地显露出自我防卫的本能，使人觉得自己已稳如泰山，能对抗外来攻击。当人们听到他们不喜欢或对他们有威胁性的讲话时，会很自然地将双臂交叉起来。因此，有经验的发言者，如果看到对方将双臂交叉起来，就会调整自己的说话，以化解对方的消极情绪，争取沟通成功。

　　将一只胳臂横跨过身体，并用这只手握住另一支胳臂，或左右手相握放在腹前，这种局部臂交叉是一种自制信号。在社交场合，当你处于一群陌生人之间或缺乏自信心时，往往会采取这种姿势，这是人控制紧张情绪或害羞心理的一种手段。

8. 别让不雅的小动作出卖了你

当众挖鼻孔、掏耳朵都是极其不雅的动作,尤其是在别人进餐或者喝茶时,会给人带来尴尬。在公共场合随意挠头皮,使得头皮屑四处飞扬,既令周围人难堪,也让自己陷入尴尬。

一坐下就双腿不停抖动,或者跷着二郎腿来回晃动,并让这样的动作变为习惯,是一种极不文明的行为。另外,无论听到何种好笑的事情,都不能失声大笑。因为控制自己的举止和情绪是对他人最基本的礼貌。

对于商业人士来说,事务再繁忙,随意接听手机都是不合适的。在公共场合使用手机,要将手机铃声调低,在车厢、电梯、办公室等封闭环境中通话,应尽量缩短谈话时间。

女性还要注意的是,当众整理妆容是极不雅观的。即使发觉自己的妆容出了点小问题,也应到洗手间等地方去整理。

在办公室要克服玩头发、脱鞋、咬笔杆或玩笔、剪指甲、吃零食、无所顾忌地听音乐、把脚跷到桌上等不雅的小动作。

有时,大庭广众之下,我们会遇到打呵欠、打喷嚏、打嗝儿、擤鼻涕、咳嗽不止等尴尬情况,这些都是正常的生理现象,且很难克制,但是我们要尝试着有教养地控制这些尴尬。可以学着抿嘴打呵欠,避免被人发现。切不可冲着人用力打喷嚏或咳嗽不止,而应该用手帕或面巾纸捂住鼻子,转过身去再打喷嚏和咳嗽。有鼻涕时,可以去门外或洗手间擤鼻涕。如果无法前往,就用手帕或手纸轻轻地擤,切忌贪图一时之快而缺乏修养地大声擤鼻涕。

第四节 交谈:开口与闭口的艺术

人类借用语言和文字的相互沟通,超越了其他生物,从而建立了伟大的人类文明和复杂的社会系统。交谈,并不是说只要能说话就行,而是要会说话,把话说好。谈吐的智慧,在现代交往中起着决定性的作用。

1. 聆听的艺术

在日常工作生活中,人们往往把沟通等同于掌握读、写、说的技能,但事实上,我们在日常的沟通过程中,花费了近40%的时间用于倾听。因此,可以说,沟通首先是倾听的艺术。在倾听的过程中,应注意以下几点:

首先,耐心倾听别人的讲话。有的人天生比较喜欢说话,在与别人交流的过程中,只顾自己滔滔不绝而忽略别人是否要讲话,这在工作中是十分忌讳的。此外,在听别人说话时,一定要有耐心。有的服务对象说话比较啰唆,这时你千万不可产生这样的念头:"他怎么又说了一遍?"或"他真的好烦啊。"否则,你肯定不会用良好的态度与对方沟通。在与他人谈话的过程中,即使对方的表达缺乏条理,语言烦琐,你也要继续听下去,并尽量控制自己的反应,切不可显示出烦躁不安的情绪。

其次,及时给予对方回应。在倾听的过程中,要用语言或非语言的动作来表示自己正在认真倾听对方的讲话。这样可以使对方感觉你很专心,并且已经领会了他的意思。有时对方会间接地表达出自己的想法,这时要抓住他说话的要领,及时给予适当的回答,让谈话对象满意。在某些情况下,并不需要用语言回应,只需一个眼神、一个微笑或点一下头等动作就可以表达自己对对方的回应。

再次,适时适度提问。在倾听过程中,恰当地提出问题,往往有助于人们的相互沟通。沟通的目的是获得信息,知道彼此在想什么,要做什么,通过提问的方法可以获得这些信息。同时也可以从对方回答的内容、方式、态度、情绪等其他方面获得信息。但是,提问必须适时适度。在交谈中遇到某种问题未能理解,应在双方充分表达的基础上再提出问题。过早提问会打断对方思路,而且十分不礼貌;过晚提问会被认为是精神不集中或未能理解,也会产生误解。

2. 适宜的内容

谈话的内容一般不要涉及疾病、死亡等不愉快的事情,不要谈一些荒诞离奇、耸人听闻、黄色淫秽的事情。一般不询问妇女的年龄、婚否,不径直询问对方履历、工资收入、家庭财产、衣饰价格等私人生活方面的问题。与妇女谈话时不宜说妇女长得胖、身体壮、保养得好等语。对方不愿回答的问题不要追问、不究根问底。对方反感的问题应表示歉意,或立即转移话题。一般谈话不批评长辈、身份高的人员,不议论当事国的内政,不讥笑、讽刺他人,也不要随便议论宗教问题。当选择的话题过于专业,或不被众人感兴趣,或听者面露厌倦之意时,应立即止住,而不宜我行我素。当有人出面反驳自己时,不要恼羞成怒,而应心平气和地与之讨论。如果发现对方是有意寻衅滋事时,则可对之不予理睬。

男子一般不参与妇女圈内的议论,也不要与妇女无休止地攀谈而引起旁人的反感侧目。与妇女谈话时更要谦让、谨慎,不与之开玩笑,争论问题要有节制。

谈话中要使用礼貌语言,如"你好""请""谢谢""对不起""打搅了""再见"

"好吗",等等。在我国人们相见时习惯说："你吃饭了吗?""你到哪里去?"等,有些国家不用这些话,甚至习惯上认为这样说不礼貌。在西方,一般见面时先说："早安""晚安""你好""身体好吗?""最近如何?""一切都顺利吗?""好久不见了,你好吗?"对新结识的人常问："你这是第一次来我国吗? 到我国多久了?""这是你在国外第一次任职吗?""你喜欢这里的气候吗?""你喜欢我们的城市吗?"等。分别时常说："很高兴与你相识,希望再有见面的机会。""再见,祝你周末愉快!""晚安!"等。

在社交场合,谈话还可涉及天气、新闻、工作、业务等;谈话时,一般不过多纠缠、不要高声辩论,更不能恶语伤人、出言不逊,即便争吵起来,也不要斥责、讥讽、辱骂对方,最后还要握手而别。

切忌恶语伤人。俗话说："良言一句三冬暖,恶语伤人六月寒。"在商务活动中,不应说出气话、过激的话、影射的话,甚至脏话,否则,即使前期做了再多的铺垫,这时候之前留给他人的好印象也往往容易一下子荡然无存,别人会觉得你没有素质,没有和你继续往来、继续合作的必要。

在商务交往中,小道消息、他人的私生活、没有正式披露的消息,都不应主观臆断、妄下结论来作为商务往来的谈资。

⊙ **More**　　　　**谈话的内容**

1. 宜选的话题

(1) 拟谈的话题。拟谈的话题是指双方约定要谈论的话题,或者应和对方谈论的话题。例如,双方约定谈论办公用品采购的问题,就不要谈论其他话题。

(2) 格调高雅的话题。作为一个现代人,特别是一个有见识、有教养的商务人员,应在交谈之中体现自己的风格、教养和品位,所以,应该选择格调高雅的话题。哲学、文学、历史这样一些有深度、有广度的话题,不妨一谈。

(3) 轻松愉快的话题。哲学、历史话题谈谈倒无妨,但是这样的话题往往会给人太沉重的感觉,所以,那些轻松愉快的话题,如电影、电视、旅游、休闲、烹饪、小吃等都可以谈上一谈。

(4) 时尚流行的话题。时尚流行的话题也是适宜谈论的,可以针对对方的兴趣对时尚话题进行选择,如某某明星的演唱会、热播的电视剧等。

（5）对方擅长的话题。所谓"闻道有先后，术业有专攻"，谈论交往对象所擅长的话题，让自己获得一个展示的机会，从而营造一个良好的商谈氛围，何乐而不为？

2. 忌选的话题

（1）不得非议国家和政府。不能非议国家和政府，在思想上、行动上应与国家和政府保持一致。爱国守法是每个公民的基本职业规范，也是道德素养问题，这个问题没有任何讨价还价的余地。

（2）不可涉及国家秘密与行业秘密。我国有国家安全法、国家保密法，违法的内容及泄密的内容是不能谈论的。因此，在商务谈话中不能涉及国家秘密与行业秘密。

（3）不得非议交往对象的内部事务。与外人打交道时，应该牢记客不责主的要求，即不能随便挑剔别人。如果不是大是大非的问题，就不能当面使对方出丑、尴尬、露怯、难以下台。

（4）不得背后议论领导、同事与同行。我们主张批评和自我批评，但是家丑不可外扬，在外人面前议论领导、同行、同事的不足，会让别人对自己个人的人格、信誉产生怀疑。

（5）不得涉及格调不高之事。格调不高的话题包括家长里短、小道消息、男女关系、黄色段子等。如果这些格调不高的话题从我们嘴里说出来，就会贻笑大方，会使对方觉得我们素质不高，有失教养。

（6）不得涉及个人隐私之事。关心别人值得提倡，但是关心应有度。与外人交谈时，特别是与外国人交谈时，尤其应回避个人隐私，具体包括下列"五不问"：不问收入，不问年龄，不问婚否，不问健康，不问个人经历。

3. 知性的表达

"知己知彼，百战不殆。"这可以作为我们人际交往谈话的指导原则。说话前了解对方的情况，使用合理的交谈方法，记住交谈禁忌，会让人际交往更加顺畅。

当要陷入顶撞式的争辩旋涡时，最好的办法就是不去争论。不要指望仅仅以口头之争,便可以改变对方已有的思想和成见。坚持争论到最后一句话,咄咄逼人地争辩,获得的往往是表面胜利的自我满足感,但并不可能令对方产生好感,甚至使对方满腹怨言,所以,在交谈中,必须坚持"求同存异"的原则,不要把自己的观点强加于人。

人与人相处,贵在讲信用。说大话、"吹牛皮",尤其是自己不能办到的事情还胡乱吹嘘,会给人留下华而不实的印象。故意卖弄自己,显示自己才华横溢、知识渊博,使对方相形见绌,陷入难堪,这也不利于交往。

喋喋不休地发牢骚,向别人诉说自己的不幸,很可能招致对方的厌倦,甚至可能误解你本身有缺点才有这么多的麻烦。遇到问题要保持心理上的镇定,控制情绪,力争同任何人的谈话都有实际意义。

"处在得意日,莫忘失意时。"如果朋友向你表露失落和痛苦,倾吐心腹事,本意是想得到同情和安慰,你若无意中把自己的自满自得同朋友的倒霉失意相对比,无形中会刺激对方的自尊,有嘲笑他人无能之嫌,产生这样的误会就很难消除,所以,讲话的时候千万要慎重。

人与人之间的关系是平等的,没有谁喜欢接受别人的命令和训斥。因此,不能自以为是,居高临下,唯我独尊,更不要用训斥的口吻去说别人,这种习惯将会使你成为孤家寡人。

现代人极为强调隐私权。隐私是人心灵深处最敏感、最易激怒、最易刺痛的角落,无论是当面还是背后都应回避这样的话题。

为尊重对方的谈话,首先要做的就是必须保持端庄的谈话姿态。抖腿、挖鼻孔、哈欠连天等都是不礼貌的行为。不要一直牢牢地盯住别人的眼睛,否则,会使对方感到窘迫不安;也不要居高俯视别人,否则,会给人以高高在上的感觉;更不要目光乱扫、东张西望,否则,会使对方觉得你心不在焉或是另有所图。

在与多人交谈时,千万不要只关注一个人而冷落了其他人。最好是用一个话题唤起大家的兴趣,让每个人都有发表自己意见的机会。

别人讲话时,话题突然被打断,会让对方产生不满或怀疑的心理,认为你不识时务、水平低、见识浅;或是认为你讨厌、反感这类话题;或是认为你不尊重人,没有修养。

对方不懂,也没有兴趣,就请免开尊口。滔滔不绝地介绍,对方会认为你很迂腐,是在卖弄,是有意地使他难堪。

冷场是交谈中非常让人尴尬的事情,特别是对于来访者来说,冷场就像给人脸色看一样,使人坐立不宁。不论交谈的主题与自己是否有关,自己是否有兴趣,都要热情投入、积极配合。万一冷场了,应该努力"救场",转移旧话题,引出新话题。

4. 有效的肢体语言

人们之间的沟通方式除了有口头语言和书面语言之外,还有手势、眼神、触摸等多种肢体语言。肢体语言是一种无声的语言、广义的语言。据统计,一个人每天平均用于讲话的时间只有 10～11 分钟,平均每句话又只占 2.5 秒。而人们在面对面交谈时,其有声部分所传递的信息则低于 35%,有 65% 的信息沟通是无声的。一条信息的有效传递,只有 7% 是词语,38% 是声音,而 55% 的信息是无声的。由此可见,肢体语言在情感的表达、态度的显示和信息的传递等方面有着不可忽视的作用。

人的手可以表达多种情感、思想,从手指、手掌到手臂都能传递语言信息。我们可以通过观察对方的手势掌握其内心的真正感受,或利用手势更好地表达自己的想法,使沟通更有效。

一般认为,敞开手掌象征着坦率和真诚。判别一个人是否诚实,有效的途径之一就是观察他讲话时手掌的活动。小孩子撒谎时,手掌常藏在背后;成年人撒谎时,往往将双手插在兜内,或是双臂交叉,不露手掌。常见的掌语有两种:掌心向上和掌心向下。前者表示诚实、谦逊,不带任何威胁性;后者则表示压制、指示,带有强制性,容易使人产生抵触情绪。在交谈时,我们应适时敞开手掌,以显示自己的真诚。

大拇指也常能反映出人的心理活动。双手插在上衣或裤子口袋里,伸出两拇指,是显示"高傲"态度的手势;双臂交叉胸前,双拇指跷向上方,则既显示出防卫和敌对情绪,又显示十足的优越感,有这种习惯的人不易接近;在谈话中将拇指指向他人,是嘲弄和藐视的信号。

有些有地位的人喜欢背手,显示出其至高无上、自信,甚至狂妄的态度。背手还可以起到"镇定"的作用,当人的双手背在身后,能缓和紧张情绪,但要注意,上述背手,指手握手的背手;若双手背在身后,不是手握手,而是一手握另一手的腕、肘、臂,则成为一种表示沮丧不安并竭力自行控制的动作语言,暗示了当事者心绪不宁的被动状态。而且,握的部位越高,沮丧的程度也越厉害。

男性挽袖亮出腕部,是一种力量的显示,表现出其积极的态度。"耍手腕"

"铁腕人物"等词语印证了腕部的力量。而女性的腕部肌肤光滑,女性刻意露出腕部则具有吸引他人目光的意图。

人的脚不像手那样容易引起他人的注意,脚表达的语言技巧也不像手那样丰富多彩,但是,脚的动作却能更直观地揭示对方的心理。例如,人在挑衅时双脚挺直,厌烦或忧郁时双脚无力,兴奋时手舞足蹈。一般人的脚交叉的姿势,也许是为了舒服,但有些情况则不同。例如,有些人常用一只手或双手掰住一条腿,形成一种"4"字形的腿夹,这暗示当事人顽固不化的态度;又如一些女性,喜欢将一只脚别在另一只脚上,这是一种加固防御性的体态,表示她害羞、扭怩或胆怯。在某些场合下,抖脚表示轻松、愉快;跺脚表明兴奋(有时愤怒时也会跺脚);脚步轻快表明心情舒畅,脚步沉重说明疲乏、心中有压力等。在工作过程中,可以通过观察交谈对象脚的动作了解对方的真实意图,以便采取有效措施进行沟通。

肢体语言作为口头语言和书面语言的补充形式,可以帮助人们获得更好地沟通效果。

5. 智慧的赞美

每个人都有赞美自己和接受赞美的天性。赞美是人与人交往的润滑剂。在与他人沟通的过程中,要学会赞美对方,这样可以使沟通获得更好的效果。

赞美别人要有针对性。不可能每时每刻都赞美对方,否则就显得很虚伪。因此,赞美别人要有针对性,要学会从具体的事件入手,善于发现别人哪怕是最微小的长处,并不失时机地予以赞美。如果只是含糊其词地赞美对方,效果就会很差。比如,在赞美对方穿得很漂亮时,可以说:"您今天穿的衣服的颜色是今年最流行的"就比简单地说:"今天您给人的感觉不错"的效果会更好一些。因为这会让人感觉自己今天真的很漂亮,而不是一句简单的客套话而已。

赞美别人要有真情实意。虽然人人都喜欢听赞美的话,但并非任何赞美都能使对方高兴。能引起对方好感的只能是那些基于事实、发自内心的赞美。相反,你若无根无据、虚情假意地赞美别人,对方不但会感到莫名其妙,还会觉得你油嘴滑舌、诡诈虚伪。例如,当你见到一位其貌不扬的小姐时,却偏要对她说:"您真是美极了。"对方立刻就会认定你所说的是假话,甚至怀疑你对她有意图。因此,赞美别人一定要在基于事实的基础上,适当地赞美。

赞美别人要善抓机会。在赞美别人的时候,要利用各种偶然出现的情景,或者是对方无意之中表露出来、引以为荣的事进行赞美。例如,当老者无意间谈到自己年轻时候自豪的经历时加以赞美,这时的效果就会很好。赞美时用词要恰当,时机要适宜,让对方感觉很自然,这样才会有好的效果。

6. 用幽默扫除尴尬

幽默是一种富有魅力的语言艺术,它能给人以轻松有趣的感受,还能扫除沟通中的尴尬,化解矛盾。因此,在沟通中要善用幽默这一手段来达到沟通顺畅的目的。

当然,幽默绝不是一般的说说笑笑,而是有明确目的的一种工作方法。要想把这种方法用得恰当、巧妙,也不是一件容易的事。这除了与人的性格有关之外,还和人的思想修养、文化知识、反应能力等密切相关。平日多训练自己的幽默能力,在关键时刻才能用得上。但要注意的是,幽默的俏皮话并非格调低下的哗众取宠,表达时要恰到好处,多用则令人生厌、近于油滑。幽默风趣的目的是化解尴尬的氛围,调剂人际关系,绝不是不顾场合的挖苦和嘲弄。高明的风趣和幽默益智明理,能够折射出一个人的美好心灵,它是以不损害别人的人格和尊严为前提的。

第五节　行为:不懂礼就是非礼

不懂礼就是非礼。日常工作中,即使不在办公室,也要时刻抱着"律己""敬人"的态度,在行动中表现出较强的自律性,自觉抵御外来的失礼行为。

1. 规范驾车停车

驾车出行是现代生活高效率的表现,良好的礼仪风范等于安全,每个驾驶者必须牢记出行有礼,不要将工作不顺心等情绪带入驾驶中。避免与前车距离过近、无休止地按喇叭、长时间占道、做出猥亵动作等不文明的行为。

在驾车时,要系好安全带,并且要求车内的乘客也这样做。切忌超速行驶,保持与前车的安全距离,转弯或者并线时要使用转弯指示灯。严禁酒后驾车。驾车时避免打手机、化妆、吃东西等分散驾驶者注意力的举动。不可往车外抛掷杂物或者吐痰。

所有司机都应该遵守交通规则。绿灯已变成黄灯时不要忙着加速,企图侥幸冲过停车线。如果驶近路口发现前方拥挤,那么,就不要强行穿过路口,除非你能确保信号灯变红后,自己不会堵在路中央挡住其他方向的车辆。行驶中,不要阻碍人行横道和右转弯道。当行驶在车水马龙的街道上,遇到有其他车辆需要插入时,可以做手势让其先行,如果有许多车辆需要插入,则可以根据司机的礼貌程度,决定一次让一辆或者两辆车插在你前面,而不必等他们一一插在你前面。不要为了看热闹而减慢车速。遇到迎亲车队或者送葬车队,都应让他们先行,待车队通过后再走。雨天驾驶或驶过路面积水时,应放缓车速,防止把水溅至路人身上。

汽车喇叭的主要功能是对他人的一种警示,而不是用来表达司机不满的工具,正确使用汽车喇叭很重要。当行人没有看到你的车正在驶近,或者你需要躲避危险情况时,使用喇叭是必要的,但要注意点到为止。此外,出于提醒其他司机的使用也是可行的,比如,信号灯已变绿,而前方汽车毫无启动的意思时,可以按声喇叭提醒。

车灯的使用也很重要。转向灯开启和关闭的时间要掌握好,开得过早,会给后车造成"忘关转向灯"的错觉;开得过晚,又可能造成尾随车辆或行人毫无思想准备的不良后果。变道和停靠都要及时打开转向灯。刹车灯使用不当则会造成追尾事故,要谨慎使用。夜行示宽灯用以保证夜间行车安全,因此,夜间行车必须打开夜行示宽灯。夜行照明灯,俗称"大灯",夜间会车时要主动转换为近光灯,以显礼貌。

在停车场应留意车辆行进方向,按照标志,谨慎慢行,不可逆向行驶。服从管理人员的指挥。在停车场行使,遇人勿按喇叭。停车需停在车位正中间,尽量倒车入位,做到停稳、停直、停放整齐。不要将大型车辆硬塞进小型车的专用车位。如果停车场没有车位线,那就按大家的停车方向停放,并尽量靠近旁边的车辆,为后来的车辆留出车位。停车不能堵住别的车,不建议占用绿地或堵住门口。如果实在没有车位,又必须短暂停留,可在车上贴好挪车的联系方式。

2. 礼貌行路出门

行走是我们日常生活最常见的动作。行走在道路上,漫步在大街上,通过走廊,通过拥挤处,出入房间,出入电梯。在路途中,往往是和一群素不相识的陌生人一道同行,因此,掌握一定的礼仪是十分必要的。

在道路上行走,要自觉走人行道,不可走自行车道或盲道。在中国,一般应右侧通过,不可逆行,注意礼让老者和女士。尊重他人的行路权利是必备的素养之一。当三人以上同行时,尽量不要排成一行,肩并肩地行走。必要时应分散行走,或者稍做停留,让后面的行人先通过。与尊长、异性一起行走时,应该注意行走的顺序。一般以右为尊,以前为尊,多于三人并列行走时,以居中者为尊。与恋人或朋友一起行走时要注意举止,不应该勾肩搭背、又搂又抱。行走时,不要大声说笑或大吵大闹,与人交谈应放低声调。个人独自漫步时,要注意交通安全,切忌戴着耳机随意大声哼唱,甚至不停摆动身体。

行走时,遇到行人很多,不可故意拥挤,谨记礼让。通过拥挤之处时,不要与人拉手、挽臂、搂抱或钩肩而行。与此同时,身体动作要小,不要猛然挥手和踢脚。一旦不小心踩到他人或撞击到别人,应立即道歉,态度应诚恳。在拥挤处不要停留,更不要聊天或休息。

路遇熟人时,应主动问候,对于他人的问候要给予友善的回答。对于问路的人,应"问有所答",尽量予以帮助。向他人问路,则应使用尊称。当遇到老弱病残者,发现他人需要帮助时,应主动上前加以关心,不可视而不见,更不可讥讽嘲笑。当发现街头冲突时,应及时劝阻,不可围观和起哄。

通过走廊和上下楼梯时,尽量保持单排且靠右侧行走,为有急事的人留出左侧的快速通道。与别人交错通过时,要注意别让自己的身体和随身物品碰到对方。带路者在前,被引导者在后。礼让长者、孩子和女士。走路时保持安静,注意安全。不在楼梯口、走廊转弯处和狭窄处停留,以免影响别人的通行。

出入房间时,应该请尊长、女士、宾客先进入,并主动为其开门、关门。开门、关门都要用手轻敲、轻拉、轻推、轻关,不能用身体的其他部位开门。遇到有人与自己反向出入时,要礼让他人。进出房门时,都应面向屋内的人。

骑自行车要注意礼让行人,不要在行人后边大嚷大叫,也不要在行人身边飞快擦过。骑车时,应与前车保持一定距离,切忌猛拐和猛停,发生碰撞时要主动道歉。通过大门时,要减速或者下车推行。同时到达门口时,要让里面的人先出来,外面的人再进去。

乘坐公交车或者班车时,要自觉遵守交通秩序,待车停稳后,等车上乘客下车后,排队依次上车,同时要照顾老弱病残孕等特殊人员。进入车厢后,要自觉向里走,有空座位时,要看看周围是否有更需要座位的乘客,若有,要向别人谦让。主动给特殊人员让座,对方表示感谢,要以礼回应。别人给你让座时要表达谢意。携带的物品要摆放在适当的位置,如果带有硬、尖、湿、脏物品要妥善摆放,并提醒周围乘客注意。车厢是比较拥挤的环境,坐下后不可后仰而坐或者跷二郎腿,也不要两腿伸直开去不停地抖动,这些都是很失礼的表现。

女性更要注意在车厢里的坐姿,保持膝盖并拢,双腿直立端坐最佳。车厢内,尽量不要吃东西或者喝水,以免洒出来,弄脏自己和周边人的衣物,更不可随地乱扔垃圾。女士还要注意不可在车厢内化妆。使用耳机的人士要注意耳机的音量,以免影响旁人。朋友之间交谈也要注意不能过于喧哗。在车厢里旁若无人地使用手机聊天是很失礼的表现。咳嗽、打喷嚏时最好用手帕或面巾纸捂住嘴巴。即便车厢很空,把随身小包放在邻座也是不可取的。如果发生小的碰撞或者踩到他人,都应马上道歉,以求原谅。车到站后,待车停稳后才能下车。为了节约下车时间,可以事先换到车门前。在拥挤的车厢里,挤在门口的人,即使未到站,也应该先下车一会儿,等下车乘客下完后再上车。

乘坐火车、飞机等交通工具时,因为要和邻座的人相处较长一段时间,所以,可以用微笑来友好地打招呼,营造友好轻松的气氛。如果你的位子被别人坐了,不要生硬地呵斥对方,而是可以拿出票,善意提醒。坐在靠窗的位子,需要从邻座面前通过时,请先打招呼,对方让你时,要表示感谢。回来时也要同样打招呼。如果需要放倒座椅靠背时,应先和后面的乘客招呼一声,慢慢放下椅背。下车或者飞机起降时,一定要将椅背还原。飞机上要自觉关闭手机。火车上要将手机铃声调至振动或者静音状态,接打手机要控制音量。行李要按照要求托运,带上飞机或者火车的行李要摆放至指定的行李架,不要随意摆放在过道上,以免阻碍他人行走。

3. 文明使用厕所

有人说:洗手间是最能体现出文明程度的一个场所。这话一点不假。当洗手间被占用时,如何排队是上洗手间的最大问题。正确的做法是在洗手间入口处排成一队,当其中一间空出来时,排在队伍第一位的人自然拥有优先使用权,而不是碰运气似的排在某一间洗手间门外。遇到有特殊情况的人,关照他人是必要的礼仪。

使用洗手间时,要将马桶垫圈放下来,并保持垫圈表面的清洁,用后要记得及时冲水,并将干净的卫生纸放回原处,女性用品妥善处理,不随意丢入马桶。通常在无人排队的情况下,用完洗手间后不必把厕所门关好,应该留下一些缝隙,让后来者无须猜疑就知道这间是空的。如果使用时多多考虑下一位使用者,与人方便就是与己方便,那么,保持洗手间的整洁就不是难事。

在洗手间遇到同事要主动打招呼,千万不要装作没看见似的把头低下。与此同时,洗手间里不要议论公事或对人说三道四,防止"隔墙有耳"。上完洗手间要养成洗手的好习惯。水池使用后,要注意保持干净。在镜子前补妆或整理仪表的人,要注意别耽误其他人的使用。

走出洗手间的时候,请不要一边擦手,一边整装或者一边梳理头发,这是失礼的表现。

4. 注意自身行为

上下车、等电梯、买东西,在任何一个公共场合,排队都是必不可少的好习惯。看见已有人排队,就应按照先来后到的顺序,主动排至队尾,切不可破坏排队顺序,更不可起哄、插队和拥挤。不知道排在哪里的时候,可以主动询问:"是在这里排队吗?""这里是队尾吗?"对于年长者和有特殊情况的人,可以随机应变,得到帮助而优先的人要表示感谢。排队时,需要短暂离开,可以和后面的人打声招呼:"不好意思,我离开一下……"。尽量不要为同伴占位,确实需要为同伴占位时,也应该向后面的人说明以获得谅解。如果排队时,遇到有人加塞,不要怒气冲冲地指责对方,而是应心平气和地提醒对方队尾的位置。排队时,与前后左右的人应保持一定的距离,切不可贴得很紧,以免有侵犯他人隐私之嫌,尤其是在银行柜台、自动取款机、收银台等地方,要按照一米线的要求,与前人保持符合要求的距离。

上下电梯注意安全。扒门、抢门或强行挤入都是不可行的。出入电梯注意顺序。与陌生人同乘电梯,应按照排队的顺序依次进出。与熟人同乘电梯,则应视电梯类型而定。有人管理的电梯,要主动后进后出。无人管理的电梯则应先进后出,方便为别人控制电梯。乘坐电梯时,如果有人要上电梯,就按照"开门"按钮等候。但是不宜在某一楼层长时间等候。电梯超载时,应主动退出。有时电梯里人很多,站在电梯按钮旁的人可以主动询问:"您上几层?"帮助大家按钮。如果自己的位置不方便按钮,可以拜托靠近电梯门的人,说:"麻烦能否帮我按下×层按钮吗?"得到帮助后,要及时道谢。下电梯和下车一样,需要下电梯的人要向周边的人打招呼:"不好意思,我要先下了。"站在门口的人如果不下电梯,为了不妨碍他人,可以先下去一会儿。电梯出现故障时,应耐心等待救援。使用自动扶梯时,应遵循左行右立的规矩,为赶路者留出通道。

 扩展阅读

为了欣赏歌剧,人们总是会盛装打扮,这延续了贵族王室的传统,直到今

天也保留着。而那充满着贵族气质的优雅时尚装备——长手套,正是从歌剧院里流行开来的。作为上流社会强制性的礼仪服饰搭配,女士们在看歌剧时也要穿戴上这种长度超过手臂的手套,因此,在早期时,它也称为"歌剧手套"。这种歌剧手套后来演变出半指手套。

第二章　职场办公礼仪

本章学习目标

◇ 熟知职场办公礼仪要点；

◇ 掌握打电话与接电话的礼仪；

◇ 学会其他通联方式的使用礼节；

◇ 明白工作中的各种关系,尝试完善工作中的人际关系；

本章背景

在职场上,无论是企业主管,还是新进的普通职员,要想成为一名优秀的团队成员,既不可忽略公司既定的相关规定,也不可违背那些必须遵循的规范准则,更不可随心所欲,甚至口无遮拦。礼仪先行最明智,它是规避因随意和无知造成过失的必备素养。遵循职场办公礼仪,遵守公司各类章程,设身处地地为他人着想,才能凸显出你的团队精神,帮你赢得同事的尊重和信任。

第一节　时间：必须记住的态度

管理好时间,不仅能提高工作效率,而且能体现出一个人良好的职业素养,在现代职场尤为重要。成功者往往都是管理时间的高手,效率低的人往往都不善于管理时间。

1. 提前五分钟到岗

每个人可能都有过因为交通事故或堵车而上班迟到的经历,所以,每天出门上班时,都要留出提前量,以应对可能发生的意外情况。不能认为只要勉强赶上上班时间就行了,提前五分钟到岗是职员的基本礼仪。无论住所距离办公室有多远,每天争取至少提前五分钟到办公室。如果是乘坐统一的班车,也应提前五分钟到达候车点。需着统一制服的员工,应把在更衣室的时间计算在内。到点急急忙忙进办公室是无法马上开始工作的,这违反了上班工作的时间规则。提前到岗,才能使你绰绰有余地步入办公室,将大衣、公文包等私人物品放置到规定的位置,整理个人装束。一切准备就绪后,工作时间一到就能立即开始一天的工作。

2. 工作开始前的准备

提前到达办公室后,可以为大家擦擦桌子、调节一下空调温度、烧开水为同事们泡茶……,也许你会认为卫生有保洁阿姨打扫,泡茶一类的事情会被人误解为假积极,所以还是"不干"为好。但是,在职场,不是只有业务才是工作。这些小小的劳动可以让同事们心情舒畅,相信一定会有人认可你的付出。如果有人为此感谢你,你应该回答:"没关系,我很乐意帮忙做一做。"

⊙ **More**　　　　　　**丢三落四会将工作搞砸**

丢三落四不仅是自身的失职,也会把相关人员卷入其中,重要的业务洽谈也许因此被搞砸。作为一名职员,若在前一天夜里做好所有的准备,将文件或物品放入公文包,可以避免上述现象的发生。因洽谈或磋商需外出拜访其他公司时,首先要带好工作需要的文件、资料、报价单、宣传手册和样品,除此之外,名片、计算器、证件、笔记本、钱包、钥匙和手机等按需要携带。平日多加留意,就能杜绝丢三落四的情况发生。

每天工作开始前,应该坐在办公桌前,准备好当天所需的文案和相关物品,并在头脑中思考一下当天的工作计划和时间分配,最好做一个书面的安排,特别要注意前一天未完成的工作。切记不要把与工作无关的东西带进办公室,更不要因为"还有时间"就拿出杂志翻阅或做其他与工作无关的事情。此外,早餐应该在工作开始前以及办公室之外的地方完成。

3. 不迟到

迟到,无论是作为一名职员,还是一个社会人,都是一种令人生厌的行为。不迟到是职场最低要求。如果感觉要迟到的话,应该想各种办法争取尽快到达公司,务必在上班前联络上司或同事,告知自己的状况,在道歉的同时,尽量报告上班的确切时间。

4. 不得已的迟到或缺勤

上班途中,因车辆故障或其他原因,致使上班迟到时,一定要及时与上司取得联系。如果联系不上上司,可以联系同事,请其转告。若能预计到达公司的时间,可一并告知。平时可准备多条上班路线和交通工具,以备不时之需。如果与客户有约,就要提前电话联系向客户道歉,并改约见面时间。

早晨起床,如果突然感到身体不适,当你确定不能去上班时,应迅速和上司联系,不要影响当天的工作。严禁无故缺勤。请假时,不应该只说一句:"我要请一天假。"而是可以这样说:"早上好! 我是小王。非常抱歉,因感冒发烧,想现在去医院,请一天假可以吗?"或者"早上好! 我是小王。非常抱歉,今天早起觉得身体特别不舒服,想请一天假休息一下。工作上有什么事情,我可以在家通过电话与客户沟通,您看行吗?"让家属联系请假事宜,只能在病重等不得已的时候才可以。

因家属急病需要请假时,要迅速联系公司和上司。当与上司联系不上时,赶紧和同事联系,告知情况。

请假缺勤无疑会给单位和同事造成麻烦,所以,回来上班后,应向上司和同事致歉,以求得谅解。

5. 下班不早退

对于一个称职的职员来说,办公时间结束后才可开始收拾物品,整理桌面,用过的用具放回原处,下班后的办公桌应该整洁干净。离开时应有礼貌地向上司、前辈和周围的同事们打招呼,然后再回家。

有特殊情况需早退时,应预先向上司说明具体理由,以便获准。如果上司不在,可事先向职位高于自己的人请示,以得到同意。在早退之前,应该向上司汇报一天的工作情况,然后说一句:"不好意思,今天我先走了。"

因紧急的私事早退时,在可能的情况下先了结了手头的工作,然后再离开。离去时,要向周围的同事打声招呼。

6. 接到加班的指示后

加班,如果作为业务命令,一般不可拒绝。但如遇特殊情况,自己无法加班时,应向上司报告理由,请上司谅解。

7. 避免不必要的加班

"加班会被看成热心工作",这种想法是错误的。工作应在工作时间内完成。要避免不必要的加班。下班了,仍有未完成的工作,应向上司提出替代方案,比如,"对不起,今天我有点事不能加班了,明天我早点来把工作做完,可以吗?"如果必须加班,一定需要得到上司的许可和指示。

8. 要求休假的方法

带薪休假是职员的正当权利。但是由于业务忙闲不同,在工作最忙的时候休假是不妥的。因私事休假或带薪休假旅行前,应首先考虑不影响工作或不麻烦同事,看一看公司的工作安排,选择工作不太忙的时候,提前一段时间向单位提出申请。较长时间的休假,需在提交申请前,和上司先商量并得到许可。

9. 休假前的工作交接

为了不影响工作,休假时会有同事接替你的工作。为了不给对方增添麻烦,我们要注意很多细节。比如,把交给别人的工作量控制在最低范围,可以在交代工作的同时附上工作笔记,如果需要联系客户,还应把客户的联系方式告诉对方。交代工作内容时,我们可以这样说:"请把资料转交给××公司的××,他的联系方式是……"

休比较长的带薪假期的时候,要提前和工作伙伴及客户打声招呼。联系客户时,要说清楚自己休假的起始时间,以及工作交接的情况,比较合适的说法:"从下周一开始,我要休假了,要休到某月某日。关于某某那个项目,我全部移交给了小李,她稍后会跟您联系的。"如果要取消和客户的约会,需要先通知客户,等自己恢复上班后再约。

> ⊙ **Tips**
>
> 休假、缺勤、迟到、早退或多或少会给周遭的人带来麻烦,所以,事后必须致歉并致谢,这是必要的礼节。

第二节　规范：必须遵守的细节

什么样的员工让用人方最反感？泄露公司机密、工作打折扣、工作心不在焉……其实，这都是执行力与忠诚度的问题。遵守章程规范，维护良好的办公环境，是每个人应尽的责任。

1. 定期清理你的办公桌

杂乱无章的办公桌会影响工作效率，因此需要经常整理收拾桌面，按照用途和使用频率分门别类，以营造高效便利的工作环境，让我们精神百倍地投入到工作中去。点心盒、镜子等和工作无关的东西须收拾起来，私人手机对工作无用应放在手提包里。注意不要超越范围地将文件和办公用品放到邻桌上。桌子下面也要整理干净，不要堆放无用的物品，更不可堆放到走道上。

2. 养成保守机密的好习惯

公司里有许多不可泄露的机密，如产品技术、成果数据、人事问题等，即使再亲近的客户或者朋友，甚至家人，都必须时常严格防范，以防在聊天时不小心说漏了嘴，尤其要注意不能酒后失言。办公时，要养成及时清理桌面的习惯，离开办公桌前，即使是不重要的文件，也不可摊放在桌上，应该将其收起，最好收入抽屉内，以免引起不必要的麻烦。需保密的文件，即使是复印件也不可带出公司，更不可随意带回家。废弃的文件要注意销毁，不可随意丢弃。在公共交通工具、餐馆、咖啡屋、盥洗室等地方，一样要小心说话，要努力做到一走出公司就不谈有关公司机密的事情。在与客户的接洽中，不要将公司的机密泄露出去。留心不泄露公司的机密是职员的基本规范。

3. 不占用任何工作时间

在工作中，不要和同事闲聊与工作无关的事情。在盥洗室、开水房、吸烟室等地方，凑在一起闲聊一样是怠工的行为。即使有的单位希望职员在轻松的氛围中工作，但也只允许谈论与工作有关的话题。

工作中，需要去洗手间的时候，允许悄然离位、独自前往。在工作告一段落、稍事休息时，注意不要影响其他同事的工作。禁止因吸烟而不时地休息。

女士也不可常去卫生间补妆。

⊙ **Tips**

有空余时间时,尽量找些活儿干。实在无事可做,应请示上级或者前辈"有什么需要帮忙的"。

4. 合理利用好午休时间

午休指的是午餐和休息时间。午休时间属于限制时间,是为了下午的工作而养精蓄锐的时间。利用午休时间到公司外的餐厅用餐时,要考虑路程、场所及嘈杂情况,下午上班5分钟前一定要回到自己的座位上。在办公室午休,要注意不喧闹,以免影响他人。

5. 公司物品不挪为私用

公司的办公设备和办公用品都是产生新价值的成本,只可为工作而用,且要珍惜使用、公私分明。你是否有"反正有很多,用一点不算什么"的想法? 即使是一支圆珠笔也应视同现金。物品虽小,也不能随随便便使用公司的消耗品和办公用品,要改掉"就那么一点"的想法。用完公用的办公用品要放回原处,更不能随意将公司的文具带回家。

6. 具有成本意识

小的浪费积累起来就会提高很多运营成本。认识到每件消耗品都是金钱,合理地安排工作,注意到平时不显著的电、水以及时间的浪费现象,随手关掉公司里不用的灯和空调,控制成本是增加利润的有效途径。

7. 注意印章的使用

无论是个人印章还是公司公章,都必须谨慎使用,随便盖章,很可能被卷入意想不到的纠纷中。盖章前,要再三确认是否能盖章。盖章时,要注意盖章的位置、数目。不要盖歪、不要盖浅,不要在文件格式外面乱盖章。

8. 准确报销经费

经费使用不当、虚报冒领会构成犯罪。因公外出或外勤,所产生的交通费和实际费用等,要认真及时记录在账,并按公司的规定和手续准确报销。即使无发票的费用,也要让会计准确掌握,一分钱也不能弄虚作假。

9. 不在办公室煲私人电话粥

工作时,一般不允许在公司打工作以外的私人电话,更不可在办公室煲电话粥。但因紧急情况,需要联系私事时,在得到上司许可后,可以打公用电话或到办公室外使用私人手机。

10. 接到私人电话时

在上班时间,接到私人电话时,除了紧急事情外,要迅速挂断。这里指的紧急事情包括生病、受伤、事故等不得已的急事。除此以外的私人电话可以以"我正在工作"而加以拒绝。

11. 亲人友人来访时

工作时间不属于私人时间,因此,不适合用以处理私人事件。如果上班时有亲人或友人来访,可以暂且去接待室,问清来访目的,在非紧急的情况下,请求对方等自己下班或另约时间碰头。

第三节 出差:有所为有所不为

现代社会中,忙碌的生活让很多人都过起了"移动生活",时刻做个有心人,带上礼貌和热情,才能做好"移动"宣传。

1. 外出时的礼仪

因公外出前,应向身边的同事打招呼,告知自己的去向,比如:"因××事到××公司去,大概××回来。"如果整天都在公司外办事,一天内应定时、多次与公司联系,明确告知公司自己外出中的行动。外出结束,回到公司坐到自己座位上时,要向周围的人打招呼。如果回公司的预定时间有变,应该尽早与公司联系并告知。

原则上,禁止从家里直接外出或者从外出地直接回家,自行从家外出或直接回家都是违反规则的。如果确实有特殊情况,应该事先说明理由,征得上司的同意。直接从家外出时,要事先告知回公司的时间,如果时间有变化,要在预定时间之前向上司报告。

外出前要仔细研究出行交通方案,留有充裕的时间,以免延误谈判或者访问的时间。万一迟到的话,也应在约定时间之前与对方联系。如果遇到重大交通事故等,应尽快与对方联系,确认是否推迟见面时间,或者另约见面时间。

外勤较多的公司职员即使在公司外也要保持良好的工作形象和状态,经常向公司汇报自己所在的位置,严禁去茶馆、电影院、洗浴中心、游乐场等与工作无关的场所。

2. 出差时的礼仪

商务工作随时都有出差。商务出差不是旅行观光,出差前要做好相应的心理准备。和上司一起出差时,应按上司的指示办事,勤勉机灵。独自一人出差时,要想到自己代表公司形象,谨慎行动。接到出差命令后,为了高效地完成工作,应明确出差目的,收集各方信息,与对方取得联系,反复确认接洽事宜,制订出最合理的出差日程,做好充分的事前准备。如果有必要,应将出差申请书、出差计划、出差预算上报公司,得到许可后再出差。出发的前一天,要将访问客户的电话号码和详细的访问日程交给上司。在出差地工作要有紧迫感,定时与公司联系,报告出差地工作的进展情况。遇到问题或突发状况,要及时向上司请示。对于出差中的行动和产生的费用,要及时准确地做好记录,并保管好票据,以便结算报销。在出差拜访客户时,要举止得体。出差回来后,要及时递交出差报告书。

第四节　通联：方便了,别出错

当今世界已经进入信息时代,人们之间的联系交流正因为科学技术提供的先进通信工具和手段而变得更加方便、准确和及时。过去人们通联主要是依靠写信、拍电报,现在不仅固定电话已得到普及,而且移动电话、电子邮件、传真、视频、网络等也都成为现代国际商务活动的重要通信工具。人们在享受E时代通联的便捷与快乐时,千万不要忘记通联时的礼仪。

1. 接听电话的礼仪

接听商务电话与接听普通电话不同,电话之声就是"公司之声",爽朗而彬彬有礼的话语声,一定会提升公司的形象。由于看不到对方的面容,只能通过"声音的表情"来传递自己的态度,好的声音与好的面部表情产生的效果是一样的。接电话时,第一声的音高应以"哆、来、咪、发、嗦"的"嗦"音为准,这样最能给人以精神饱满的好印象。

按一般人的心理来说,平静等待对方接听电话的时间大约为 10 秒,电话铃声响 3 次大约为 10 秒,因此,请在电话铃声响 2~3 次时接起。接电话,需用左手握听筒,同时右手作好记录的准备。接听电话原则上不能使用"喂喂",接起电话,首先应自报公司部门名字,如"您好,这里是××公司××部门",或者"您好,我是××公司××部门的××"。上午十点前接听电话,第一声应说:"早上好"。电话铃响三四声后接听电话,应说"让您久等了"。电话铃响五声以上接听电话,应说"非常抱歉,让您久等了"。对方未自报姓名,或接电话时双方说话混在一起没有听清的情况下,必须进行确认:"对不起,您是哪位?"或者"不好意思,请再说一遍吗?"难以听懂的姓名要加以确认,甚至可以询问名字的书写方法。如果对方没有主动说出公司名称时,可以这样问:"如果方便,能告知一下您所在的是哪家公司吗?"切不可流露出责备的意思。通话结束后要真诚地表达谢意:"谢谢您的来电,再见。"在确认对方已挂断电话后,再放下听筒。

2. 转接电话的礼仪

转接他人电话时,首先要确认"谁给谁打电话",确认后转告被指名的人,"好的,现在就让××来接听,请稍候",然后才让当事人接听。但要注意的是,在请对方稍候时,应先确认对方是否可以稍候片刻,在得到"可以"的答复后,要说声"不好意思",三秒钟后按下通话保持键,或者用手掌压住送话口,设法不让这边的声音传到对方那儿,切忌把电话听筒放在办公桌上。但是有时被指名的当事人由于各种原因而不能立即过来接听,遇到这种情况,应对的方法有:

(1)当事人正在和别人打电话时,可以询问来电者:"××正在接另一个电话,您有什么急事吗? 等他打完了,让他给您回电话,您看可以吗?"

(2)如果需等待较长的时间,则要及时告知对方"不好意思,再稍等一会儿",设法让对方安心等候。

(3)遇到当事人在开会或者会客的情况,要向来电者说明情况:"真不凑巧,××正在开会(会客),请问是什么急事,如果可以,就让我(报出姓名)来转告吧。"然后等待对方的答复。

（4）遇到当事人上卫生间或迟到等特殊情况，不方便直接告知对方缘由，可以在电话中这么说："非常抱歉，他现在不在，大概十分钟以后回来。""不好意思，今天他要顺路办件事，预计要十点左右到公司，等他来了，马上让他给您回电话，您看可以吗？"

（5）如果来电者很着急，而当事人抽不出身时，应礼貌地向对方致歉："对不起，等结束后，我们立马给您回电。"然后，问清并记下对方的姓名、公司名称和电话号码，及时交给当事人。

（6）当事人外出、出差或者休假时，要清楚告知对方："非常抱歉，××现在外出不在，现在还不确定他回来的具体时间，等他回来后，让他给您回电话，好吗？""真抱歉，××出差了，××月××日回来上班，如果您有急事，我马上与他联系，让他联系您，您看可以吗？""真对不起，××正在休假，预计要××月××日才能回来上班。方便的话，能否告知您要办理的事情？或者让其他人代办，您看可以吗？"然后把对方的姓名、公司名称和来电时间都正确地记录在纸上，放至当事人的办公桌上。

　　　　　　　　　　　　　　　　　　＊＊＊＊年＊＊月＊＊日

　　　　　　　　　　　　　　　　　　　　＊＊时＊＊分

来电人：＊＊＊先生

＊＊＊＊公司的＊＊＊来电

电话内容

1. 请您回来后立即给＊＊＊先生回电；

2. ＊＊＊先生的电话号码是：＊＊＊＊＊＊

　　　　　　　　　　　　　　　　　　　　接电人：＊＊＊

---

3. 被问及的内容不会回答时

来电者一般会认为，每位公司员工都应该熟悉公司的一切。当客户问及某一事项时，应使用肯定语气，而不是"不知道"等这样的否定语气。遇到不会回答的问题时，如果通话中能立即找到资料，可以继续在电话中回答。如果不能立即找到资料，可以说："非常抱歉，您刚才问的问题，我了解了以后给您回电话，可以吗？"经对方同意后，尽早查清回复。实在回答不了的问题，可以在征求对方同意后,迅速找到熟悉情况的同事来接听电话。

4. 当接到投诉电话时

投诉,往往是因为客户对公司服务或产品质量不满,打来电话时则情绪激动、言语不善,但是,无论投诉内容是否属实或者客户情绪是否过激,让客户产生不快是事实,因此,应理智而冷静地以诚相待。为平息对方的怒气,诚恳地向对方表示歉意是必不可少的,并应站在对方的立场上,以理解他人的心情和态度,耐心听完对方电话,在客户诉说的间隙,设法加入一些"是的""对不起"等表示肯定的词,即使投诉内容毫无道理,也要诚恳地让对方把话说完,然后对投诉的原因进行确认,并提出解决问题的方案。切忌使用否定对方或者怀疑对方的言辞,以免火上浇油,更不可为了蒙混过关而胡编托词,甚至在部门间互相推诿、"踢皮球"。如果对方一时怒火难平,可暂时中断交流,让对方冷静一下。

5. 打电话的方法

"充分准备,简洁交代"是打电话的基本要求。商务活动是将经济效益放在首位的,成本意识必须时刻记在心头。既然通电话会产生话费,那就要意识到对方的话费支出,应迅速准确地提供对方所需的所有信息。

打电话前要做好充分的准备。把需要交代的事情按照六要素(5W1H)归纳并记下,以助打电话时条理清晰。同时,将相关资料备齐,以便能顺利处理电话中出现的各类事务。为了防止打错电话,打电话前应再次确认对方的公司名、所属部门、姓名和电话号码。

打电话时,左手拿话筒,右手拨号,且右手边要备好记录的纸笔。要注意的是,不要在电话机旁放茶杯,以免弄翻茶杯而污损文件。电话接通,对方自报姓名后,应立刻报上自己的公司和姓名。如果对方没有自报姓名,那么,打电话方应先自报后询问。确切、简洁和礼貌是电话交谈的要点。普通事情应简明扼要,尽量控制在3分钟内结束。结束通话前,结论和约定事项必须经过双方的再次确认。原则上,一般打电话的人负有结束通话的责任,所以,应先挂断电话,但是,也有例外,比如,新进员工在熟悉工作之前,可以请对方先挂断电话,以免发生不必要的尴尬。凌晨或深夜,并不适合商务类电话,但是有特殊情况必须给对方致电,接通电话后要先致歉,如"这么早打搅您,实在对不起""这么晚还来惊扰您,真过意不去。"

6. 收发电子邮件的礼仪

随着互联网的普及,电子邮件已是商务场合中必不可少的交流工具。电子邮件的书写相较于普通书信有自己的特点。书写邮件时,内容要让阅者一目了然。邮件的长度,应以对方不用上下滚屏便可全部看到为宜。如果内容较长,最好分段逐条,方便阅读。邮件添加附件后,在发送前,要确认所发文件、图表、视频、音频等附件的大小和格式。避免收件人无法阅读和出现乱码的情况,更要避免邮件中含有病毒而贻害大家。公司内部电子邮件可省略礼节性的寒暄,但措辞用语仍要反复斟酌。正式的商务邮件则更要注意,发送前务必仔细检查,确认是否有错字和漏字,是否有将姓名和公司名称写错,是否在收件人姓名后面加上尊称等情况。

紧急事务不宜使用电子邮件,以免对方未看见而误了工作。群发邮件在部门、团队内是经常使用的,然而要注意不要发送到无关人员那里,严禁群发带有诽谤中伤等带有情感色彩的邮件。

收到邮件后,应该尽快回复。如果无法直接答复,也要先行回复"我们会尽快回复"的邮件,让对方知道自己已经收悉。回复的内容不可偷懒照搬对方的主题,而应自己重拟一个主题。每封邮件回复时带"Re:"的标记,但是回复过多容易产生混淆,因此,要经常进行整理。对于电子邮件的"自动回复"功能要谨慎使用。本来这项功能是用于提示收件人已经打开了邮件,但是并不能提示收件人是否阅读,因此要慎用。最好的方法是,重要邮件发送后要通过打电话等方式确认对方是否收到。

当向第三方转发收到的邮件时,会在主题前加上"Fw:"的标记。出于对发件人的尊重,转发邮件之前应该征得发件人的同意。转发邮件的内容不能随意修改。对于收件方,要告知转发内容以及为何转发。除此之外,由于转发邮件会显示第一位发件人的姓名和邮箱,出于对个人隐私的保护,应该记得删除这些信息。

7. 传真的礼仪

发传真,虽然看来是小事,但是能站在接收人的立场做个有心人,才能让对方满意。传真的文头需写明发送人和接收人,以便对方查收。传真件的内容需核实清楚,还要注意文字影印得是否清楚,段落间距是否够宽。发送传真后要给对方打电话确认是否可以看清。

传真文头页

发送日期：＊＊＊＊年＊＊月＊＊日

第 1 张/共 3 张

接收方

＊＊＊公司＊＊部

＊＊＊先生

传真电话：＊＊＊＊

发送方

＊＊＊公司＊＊部

经办人：＊＊＊先生

传真电话：＊＊＊＊

传真正文内容

8. 手机的使用

手机早已成为公司职员的必备工具。手机使用固然方便,但是仍然要考虑时间和场合。在人群集中的场所,最好不要打电话,以免他人听到你的通话内容。即使有很重要的电话必须接听,也要轻声、简短地接听,如果可以,向对方说明情况,过后重打或走到无人的地方通话。切不可旁若无人地大声聊天。在重要会议或洽谈会上,手机的突然响起是非常失礼的,因此,在开会前,应尽量切断电源,放入手提包中,而不仅仅是开至振动。工作中,为了不影响周遭同事的工作,应将手机铃声调至振动或者无声状态,并尽量少使用,尤其不能使用手机接打私人电话、打游戏或者做一些与工作无关的事情。驾车时,为了自身与行人的安全,应依照法律规定,禁止使用手机。除此之外,在医院、酒店、图书馆、飞机等公共场所和其他易给他人造成干扰的地方,都应注意手机的使用,尽可能地少用或者不用手机。在公共场所和办公场所,外放手机音乐和使用来电免提都是不合适的。

时下个性化铃声正迅速走俏。这些个性化铃声为生活增添了色彩,但非主流文化、怪异的个人好恶不能放到严肃的场合中,过于个性化的铃声应注意使用场合。这如同穿衣打扮一样,每种场合都应该遵循一定的礼仪原则。

9. 使用聊天工具沟通中的礼仪

聊天软件已成为职场中及时通信的便捷方法。是否可以使用 QQ 等聊天工具,首先应看公司的相应规定,只有公司允许了才可使用这些聊天工具,且仅用于工作所需。既然聊天工具为工作所用,故需要区分职场与私人空间,取一个只用于工作的用户名,不可太随意、奇特或者标新立异。相应的工作类图标要契合公司形象,不可以使用政治图片。在商务场合使用聊天工具,记得先观察对方状态设置,询问对方方便与否,不要在他人忙碌的时候还"忙中添乱"。反过来,也可以在需要的时候设置自己的状态。与上司、同事或客户的交流,要从职业的角度出发,使用恰当的语音语句,避免使用俚语、网络语、符号语,避免过于冗长的对话,这样才可以保证职场的工作效率。不要随意给别人发送链接或者不加说明的链接。随意发送是一种很粗鲁的行为,属于强制推送内容给对方,而且容易使他人手机或邮箱感染上病毒。

10. 微博、微信互动中的礼仪

信息技术的发展,尤其是网络通信技术打破了时空的界限,缩短了人与人之间的距离,使我们置身于更加广泛的联系和接触中,将我们带进了一个直接相互影响的境地。微博、微信等 APP 应用已成为交流的重要工具,且拥有数目巨大的用户群体。运用微博、微信进行沟通交流,也要遵循相应的规则。

使用微博、微信,不要随便要求别人加你为好友,除非有正当理由。应当了解到,别人加不加你为好友是别人的权利。与此同时,应尊重别人的劳动,不要随意转载,不要做语文老师,或者否定对方知识层次。不要自诩高人一筹,使用侮辱性质的词句。不要做鉴定师和评判他人。不要断章取义,抓住对方一句话发挥,要认真阅读后发言。记得是说出理由,不是说出脏话,讲究网络文明。如果使用微信谈工作,尽量把要说的话压缩成最简练的文字。

⊙ **More**   **职场微信使用的注意要点**

(1)慎用语音聊天。使用微信的语音聊天功能要注意时间和场合,遇到急事,打电话要比语音聊天显得更正式,且更有效。即使使用语音聊天或视频聊天,也应在每次发起语音或者视频请求之前,提前询问对方是否方便接听,这才是最明智的选择。

（2）少以"在吗"开头。以"在吗"开始的对话，往往给人以闲聊的错觉，如果对方很忙，看到这样的对话开头，可能就不会回复了。比较妥当的职场微信交流方法是：把想要说的事情一起说出来，这样方便被联系者在合适的时间立马回复给你有用的信息。

（3）注重保护他人隐私。即便是不涉及私密信息的聊天内容，未经允许就把聊天截图发至朋友圈或发给第三者，都是非常无礼的行为。即使经过对方同意，也要注意对备注的真实姓名和头像全都打码，以尊重他人的隐私。

（4）避免产生让人反感的微信行为。未经同意拉他人进群、发名片、发广告、要求点赞等行为，是一种不尊重别人的表现，容易引起他人的反感。同样让人反感的，还有不经当事人同意，就把私人微信推荐给了别人。

（5）微信群聊讲究分寸。明明是很多人的群，两个人却聊私事聊了半天，迫使群中其他人接收一大串微信提醒，这是非常失礼的行为。如果聊天内容只涉及两个人，还是选择单独私聊比较好。群里的表情包刷屏同样让人厌烦，刷屏的表情包将有用的信息覆盖了，无形中增加了他人浏览的难度。

（6）慎用微信语言和表情。微信语言时时更新换代。比如，微笑的表情含义从礼貌友好变成了无语无奈。"呵呵"从只是一个表示笑声的象声词，变成了现在具有嘲讽含义的网络用词。所以，经常了解一下新兴的网络用语和表情，避免使用的尴尬是一种不错的方法。

第五节　协调：完善人际关系

　　工作社交，是社会生活具有重大意义的组成部分。工作是靠上司、前辈、同事、下属等众多人员的相互协作来完成的。完成的好坏，在一定程度上离不开人际关系的和谐。作为上司，要礼贤下属；作为下属，要对上司恭顺有礼；同事之间，应和睦相处，从而使人际关系变得更为融洽，这既促进了工作的顺利开展，又营造出和谐愉悦的工作环境。

1. 对领导：谨记做事先做人的道理

中华文化讲究长幼、尊卑有序。和领导交往，尊重领导，处理好与领导的关系，是必须掌握的基本职业素养。

（1）与上司的相处方式。职场中，上司就是上司，与年龄大小无关，与资历深浅亦无关，作为下属理应尊重上司，服从上司，维护上司的尊严。上司与下属在人格上享有平等的权利，差别在于分工不同。因此，与上司相处有礼、有理、有节即可，庸俗不堪地阿谀奉承、恃才而骄的傲慢无礼、锋芒毕露地显摆自己，封建君臣的绝对服从等都是不可取的。工作中，作为下属应极力支持上司的工作，脚踏实地地去完成上司交予的工作。但这绝不是"代劳"，越俎代庖往往会搞乱工作秩序，不利于工作的有效开展。

> ⊙ **Tips**
>
> 　　与上司或前辈谈话时，要格外注意自己的态度与姿势。如果自己坐着，对方站着，应马上起身站立应答。如果是我们主动找对方交谈，则要先询问对方是否有时间和我们说话。发现上司的优点时，请大方赞美你的上司，这并不是阿谀奉承。恰当的称赞是人际关系良性循环的重要助力。

（2）正确对待上司的批评。上司对下属的工作作出评价是最寻常的事情，尤其是上司指出下属的错误时。犯错本身并不一定会影响上下级关系，关键看接受批评时的态度。面对上司的批评，板着脸或一脸的不高兴，更有甚者，被批评后不服气，找来一大堆理由为自己辩解，这都是不可取的态度。对待上司的批评，正确的做法是耐心聆听，虚心接受，并适当地做一些自我批评。当然，更重要的是争取不再重犯同样的错误。还有一点需提醒的是，为了不让上司知道，偷偷自行解决错误，这种行为是错误的。犯了错应尽快报告上司，坦诚认错，即使这样做可能会受到上司的责备和训斥。

（3）慎重对待上司的过失。人非圣贤，孰能无过。上司在工作中出现失误时，切不可表现出或幸灾乐祸或冷眼旁观的样子。上司陷入困境的时候，切不可冷嘲热讽，甚至落井下石，以免使人际关系产生不可弥补的裂痕。相反，记得要劝慰上司，分析缘由，帮助上司找到合理的解决办法，但是为上司"背黑锅"的行为并不可取。

> ⊙ **Tips** **如何应对难以相处的上司 & 对上司怎么看都不顺眼时**
>
> "难以相处""无论如何都看不顺眼"大多都是单方面的一种畏难情绪。认为上司难以相处就敬而远之,总是看上司不顺眼就故意疏远,久而久之,形成恶性循环,于人于己都无益处。要着眼于对方的长处,常常念及对方好的方面,内心正面积极地评价上司。在日常工作中,尝试着寻找话题,主动与上司沟通,以此来拉近彼此的关系。

(4)向上司表达自己不同观点时。向上司表达自己的不同观点是极其有勇气的行为,但是,如何表达至关重要,直截了当地说:"我认为您这样的观点不正确!"如此直接的否定显得过于唐突,缺乏教养,是极其不妥当的。如果说:"您的建议如此深思熟虑,给予我们许多帮助和启发。不过,我还有一些想法……我认为可以尝试着这样做,您觉得如何?"先肯定他人的建议,后提出自己的想法,并询问上司的意见,是比较委婉合适的方法,有助于各抒己见,充分讨论,以期达到较好的讨论结果。

(5)向上司请教问题时。工作是建立在沟通的基础上的。遇到不懂的工作问题,直接向上司请教比等着上司来教要明智得多。询问是最好的成长机会,只不过请教也要注意方式方法。一般向上司请教时,可以先告知自己能做的事情,然后询问自己不会做的事情,比如,"我以前是这样做的,但是这次的项目在××方面有所不同,我该怎么做比较好?请您指点一下!"这样的说法比简单的一句"不知道"要合适,如果只说"我不知道",会让上司觉得你是一个毫无能力的人,同时,也让自己错失了一次良好的学习机会。

2. 对同事:了解同频共振的原理

因生活、工作所需,每天都会和周遭的同事同处一个屋檐下,共同谋事。谨言慎行、宽容大度,团结好同事,能为自己创造一个舒心的工作环境。

(1)同事之间的帮助与被帮助。在办公室,互相帮助是十分平常的事,但是,分寸拿捏不当往往会影响同事间的关系。有需要的时候,直接向人开口请求帮助,"我知道你现在很忙,但是我这件事真的希望你能帮一下……"诸如此类的真诚要求往往很奏效。当然,帮助是必须合情合理的,找人帮助还要体谅别人的难处,不可强人所难。切忌因为关系不错等理由肆意使唤人,也不能短时间内不断请人帮助,那样会招致别人厌恶。请人帮助,是有求于人,要尊重别人说"不"的权利，如果对方明确说帮不了，就不要纠缠不休，让人烦不胜烦。对于别人的帮助，不管大小，都要心怀感恩，适时表达自己的感激之情。

（2）同事之间"求同存异"。共事中，如果总是强调差异，或者因为看不惯别人的工作方式而不配合工作，这样只会加深矛盾，阻碍工作的顺利开展。求同存异是合作的基础。团队中的每一个成员必须明白"做好工作，获得发展"是共同的目标，在这个前提下，即使个性不同，风格相左，也应以大局为重，换位思考，互相包容，愉快合作。

公司有别于学校，不同年龄层次、不同价值观的人在同一场所办公，那就需要寻求相互交往的接触点，建立起彼此尊重、互相理解的交流模式。比如，流行语的使用，年轻职员与年长者交流的时候应尽量规范用语，避免那些只有同辈人才听得懂的时新语、网络语、符号语和隐晦语，与此同时，年长者遇到自己不明白的流行事物，可以直接向他人请教，这样一来，反而拉近了彼此的距离。

（3）关于借钱和隐私。人们对在金钱问题上太随意的人的评价往往不高，即使工作得再好也没晋升的希望。同事之间相互借钱往往会伤害交情，能不借还是尽量不要借了。如果需要他人帮助垫付零钱时，在数额较小的情况下，即使借方不提还款，借方也要尽早还回去。

职场中切忌把私人生活和个人情绪带入其中。平时，大家在一起聊天时，不要把自己的故事带进办公室或打听别人的私事和薪水，也别议论公司里其他人的是非长短，以免引火烧身。与此同时，也要注意职场中的自我保护，不要轻易让公共区域的人涉足你的隐私，不炫富、不哭穷，以免被小人利用。

3. 对下属：融洽团队协作的能力

下属虽与你无血缘关系，但是，他们都是你最大的助力。真诚对待下属、摈弃有色眼镜、和谐下属间关系是身为上司必修的课程。

（1）与下属的相处方式。作为上司，要平易近人、上情下达、知无不言、勇于承担。同下属说话时，不要摆出一副高高在上的架势，而应该为下属多多着想。安排工作时，先问一句："现在有空吗？"或者"知道你很忙，不过……"安排工作一定要说清"做什么""怎么做"以及"时间期限"等要求，最后再加一句："辛苦你了！"这样的上司会让下属更加尊敬爱戴。安排工作后，还要时时跟进检查，及时发现工作中的问题，并帮助部下解决。遇到问题，应就事论事，解决问题比大声训斥更有用。另外，上司自身的失误必须自己勇于承担，绝不可因自己的过失而责怪下属。

身为上司,对下属的业绩都要予以肯定和鼓励,殊不知,上司的认可和尊重是下属前进的动力。

⊙ **Tips** 　　　　　**尊重下属的六个方面**

（1）把下属当作合作者。

（2）与下属多沟通交流。

（3）尊重下属的意见和建议。

（4）肯定下属的工作。

（5）欣赏下属的优点。

（6）宽恕下属的错误。

（2）信任下属。身为上司,要相信下属的能力和人品。工作一旦布置了,要"用人不疑"。当然,在充分信任下属的同时,也要细心引导他们,帮助他们避免失误的发生。

⊙ **Tips** 　　　　　**信任下属的五个方面**

（1）相信下属的人格品质。

（2）理解下属的内在诉求。

（3）认可下属的工作态度。

（4）肯定下属的能力才智。

（5）明白下属的工作方式。

（3）关心下属。身为上司,要想他人所想,时常把下属的冷暖记在心头。及时地了解下属的近况与诉求,尽力帮助下属解决遇到的问题或困难,如此,才能让下属们更好地团结在一起,更积极地投入到工作中去。当然,关心也要注意方法,以免适得其反。

（4）批评以及批评后的跟进。上司面对下属犯错的情况,即使再生气,批评也要避开众人,尽量克制自己的怒气,不要让愤怒冲昏了头脑,而是要冷静分析,帮助下属找到错误的原因。如果一时气昏了头,说了过于严苛的话语,事后要向下属道歉。对下属进行批评后,不能就此不管,要持续跟进,敦促下属将问题妥善解决。

4. 对异性：遵循不触犯他人的礼貌

办公室有时就是一个小社会，同事就是这个小社会的成员。因此，同事间的交往要讲究"度"，尤其是与异性相处时，如果太过热心，太"关怀"某位异性，不仅会招来其他人异样的眼光，更会给自己带来无穷的麻烦。

（1）与异性的相处方式。职场中，女性往往被看作"中性"人，女职员不可有"人家是女生嘛"之类的撒娇念头；男职员也不可抱着大男子主义对女同事指手画脚。因此，男女同事的相处是一种平等友好、相互协作的伙伴关系。

但是，男女平等，并不意味着不讲男女有别。男职员仍要自觉遵守社交场合"女士优先"的惯例。遇到体力劳动，男士应主动挺身而出，多照顾女同事，而同事对于男同事的绅士之举应大方感激。

"男女有别"不仅仅表现在脑力体力的差别上，因此，和异性同事交往要保持距离，举止有度。既然异性同事是因公交往，那么，就不要太热心他人的私事，以免他人觉得你有所企图。如果遇到异性同事倾诉心事，浅"听"辄止，稍加安慰，不应介入太深，以免引起误会。异性同事间的语言措辞要讲究分寸，玩笑应适可而止，切忌挑逗性的语言，更不可说荤笑话。称呼上，不要随便对异性同事直呼其名，除非其他异性都这样称呼。女员工在着装上要考虑到男士们的感受，不应穿着过于轻薄、短小、紧身、透露的衣服。男女同事间要避免肌肤接触，即使只是拍拍肩膀。虽然赞美异性同事是不错的交往技巧，但是，频繁地赞美异性的形象，尤其是提及具体的身体部位，仍被视为是不礼貌的行为。以尊重异性工作伙伴关系来处理工作中的大小事务，对异性同事尽可能地做到一视同仁是最好的相处方式。

（2）公司内恋爱的注意事项。办公室恋情一般并不被提倡，夹在工作中的谈情说爱，或多或少会影响到正常的工作效率。但是，随着时代的发展，对公司内恋爱的情况给予了越来越多的宽容。如果同一单位男女相恋，可以将恋情公开，不要偷偷摸摸，引人非议。恋爱双方为避免同事们的反感，不应在工作中夹杂着私情，不可在走道里窃窃私语，不能用公司内线电话传情，不要在午休时出双入对。除此之外，私人约会应选在下班后，约会时遇到公司同事更要落落大方。

（3）当遇到性骚扰时。性骚扰，不仅仅指性骚扰行为，好奇异性的体重、询问异性的衣服尺码、打听异性的私生活以及具有明显性别歧视的语言，等等，都可被视为性骚扰。并且，这不仅指男性对女性，女性对男性询问诸如此类的问题,同样视为性骚扰。当遭遇到性骚扰时,要冷静对待,清楚明白地告诉对方自己的不满不快。如果对方仍不收敛,可把相关情况告诉上司或前辈。

 扩展阅读

　　1797 年 3 月,拿破仑在卢森堡第一公立小学演讲时,潇洒地把一束价值 3 路易的玫瑰花送给了该校的校长,并且说了这样一番话:"为了答谢贵校对我,尤其是对我夫人约瑟芬的盛情款待,我不仅今天呈上一束玫瑰花,并且在未来的日子里,只要我们法兰西存在一天,每年的今天我都将派人送给贵校一束价值相等的玫瑰花,作为法兰西和卢森堡友谊的象征。"后来,拿破仑穷于应付连绵不断的战争和此起彼伏的政治事件,并最终因失败而被流放,自然也把卢森堡的承诺忘得一干二净。

　　谁都不曾想到,1984 年底,卢森堡人竟旧事重提,向法国政府提出这"赠送玫瑰花"的诺言,并要求索赔。他们要求法国政府:要么从 1798 年起,用 3 个路易作为一束玫瑰花的本金,以 5 厘复计利息,全部清偿;要么在法国各大报刊上公开承认拿破仑是个言而无信的小人。法国政府当然不想有损拿破仑的声誉,但电脑算出来的数额让他们惊呆了——原本 3 路易的许诺,至今本息已高达 1 375 596 法郎。

　　拿破仑至死也没有想到,自己一时的"即兴"言辞会给法兰西带来这样的尴尬。但是,这也正说明了一个道理:许诺只在一瞬,践约需要永远——无论是凡人还是伟人。

第三章 职场处世礼仪

 本章学习目标

 ◇ 学习职场交往中的礼仪要点；
 ◇ 记住婚丧嫁娶中要注意的礼仪规范；
 ◇ 了解岁时节庆的礼节规范；

 本章背景

　　职场是个小社会，职业人士必须应对因职业而形成的人际关系。其职业应酬不仅是在职场上的工作交往，也是在社交场合的交际应酬。成功的职业人不仅有严谨规范的约束，更有人情关爱的温馨。婚庆嫁娶的祝贺，生老病死的慰问，无不折射着职场处世的智慧和学问。职场也有人情，良好的职场应酬离不开礼仪规范的支持。

第一节　交际：职场亦有社交

　　在现实职场生活中，单位与单位之间，不同单位的商界伙伴和同一职场的同事之间，适当的"人情"来往是人之常情，能够巩固友好关系，加深感情，有利工作。

1. 职场人情的应酬礼节

　　每逢节日喜庆，人们按照习惯，互相祝贺，既增添了欢乐的气氛，又能使人际关系融洽，友情倍增。我国的传统节日很多，并且有许多习惯性的礼仪。公司(或单位)庆典，需要大家去贺喜，以提高公司的知名度，扩大影响。

　　兄弟单位、商业挚友、职场同事的喜庆之事，一般都应该去祝贺。如大厦落成、开张营业、购买新房、搬迁新居等,这些都是主人很开心的事情,在其高兴的时候前往祝贺,更能增添喜庆的气氛。在这种欢乐的环境中,友情自然加强。

商业伙伴、职场同事结婚,应该尽其所能表达祝贺之意,让新婚伴侣终生难忘。

生日祝贺,尤其是老职员的寿诞,更希望团聚,以证实自己事业的成功和人生的价值。喜得贵子等喜庆之事,也应采取恰当方式予以祝贺。凡有喜庆之处,亲朋好友的祝贺,无不使人欣喜万分。这些职场生活中的礼仪,看来似乎难以应酬,但实质上极有利于我们广交朋友和干好自己的事业。这也是一种不可忽视的社交方式。

在商务交往中,每逢年节佳辰、个人喜庆,赠送一点祝贺的礼品,也体现了彼此之间的一种情意。正常的"礼尚往来"是一种真挚的感情交流,是发自内心的赠予,亦是商界交往的"投桃报李"。

及时探访病人,是为了给病人及其亲属送去友谊和温情,能够给他们以慰藉。这样的礼节有利于病人的康复,其亲属也会为之高兴。

参加吊慰活动,除了表达对亡者的哀悼之外,更重要的是安慰其亲属,使他们尽快地从沉痛的情绪中解脱出来,亦使职场同仁感受到职场温暖。

> ⊙ **Tips**
>
> 　　职场应酬的这些人之常情的礼节,都要合时适度,才能起到应有的作用。中国的传统观念是"礼轻情义重",而不是"礼多人不怪",前者重在思想感情的交流。

2. 职场人际交往的场合差异

职场应对的交际场合,不仅有工作场合,而且有社交场合。因商务交往而发生在社交场合的交际应酬与一般的社会交往亦有所差异。

(1) 因商务交往需要而在社交场合的交际应酬,其对象既定,目的明确,内容具体。一般社会交往的行为对象和主体目的可以是不确定的,通常具有多元性和一定程度的随意性。

(2) 发生在社交场合的职场应酬的行为主体通常具有两重性:一方面,他们作为具体的礼仪行为者,总是以个人的名义出现,个人的礼仪行为规范总会自觉或不自觉地表现出来；另一方面，他们又是作为商务活动的行为代表者，代表着组织的利益，因此，他们的礼仪行为是一种群体规范行为的反映，不能随心所欲。而一般社会交往的主体通常只代表个人，这种礼仪仅是以个人的规范性行为出现在社交活动中。

（3）社交场合的商务活动规模视性质而定，小则数人，大至上万。程序上，往往比较复杂、严格和程式化。人们的礼仪行为稍有不慎就会影响到整个商务活动的正常开展。而一般社会交往的规模通常都比较小，程序也比较简单，因此，个体的礼仪行为比较灵活。

由此可见，虽然社交场合并非工作场合，但作为职场应酬范畴的社交活动，却与职业形象相关，职业人士参与社交活动时，必须受到自身角色的规范。

3. 职场应酬礼仪之异同

商界人士参与职场应酬的行为规范因场合不同有不同的礼仪诉求。商务礼仪是从业人员在商务活动以及各种职业场合的行为准则，社交礼仪则是职场人士参与社交活动时的行为规范。尽管商务礼仪与社交礼仪存在着行为的交叉，但是，在不同场合，两者之间还是存在着明显的区别。

（1）商务礼仪与社交礼仪的共同点。商务礼仪与社交礼仪之间有着许多的共同点和相似之处，商务礼仪与社交礼仪的共同之处远远大于他们之间的差异。

第一，商务礼仪与社交礼仪有着相同的根源，许多礼仪规范在两者中都是通用的。

第二，无论在任何场合都应以礼相待。一个在商场上忙碌的人要同时面临合乎商业礼仪和社交礼仪的问题，永远正确的应对是：人无论在什么环境里都应该讲礼貌，以礼相待。

第三，注重礼节程度的变化情况。商业界和社交界的另一个显著相似之处就是它们都要"入乡随俗"。比如，艺术界和新闻界与银行界和行政机关的"习俗"就大不相同，前者在衣着和称呼方面都是不拘礼节的，后者在衣着上却趋于保守，并在举止方面有严格的等级观念。当你来到一个陌生环境时，必须注意那些已经生活在这个社会里的人们的衣着和行为举止。因为新的雇员总是被期望能适应"本地习俗"。

（2）商务礼仪与社交礼仪的差异。商务礼仪与社交礼仪在许多场合是有区别的，有些在商业事务中出现的情况，在社交场合是不会出现的。当然，商务礼仪与社交礼仪之间的差异是非实质性的。

第一，用语。在社交场合，任何时候文明用语都应不离口，而商务场合则注重场景，前台服务接待，文明用语应不离口，但在忙碌的办公室，如果"请"和"谢谢"不离口，这只能意味着浪费时间。好比人们不会期待一个外科医生说："护士小姐，可否请你把手术刀递给我，太谢谢你了。"

第二，等级。商业界与社交界的情况不同，社交礼仪注重社会地位的高低。商务礼仪则注重职位的高低。在商业界等级是根据各人在本公司的职务而不是根据各人的社会地位而定的。秘书与老板之间、律师和当事人之间、上级和下级之间的关系，与他们在社会上的相互关系是不同的。没有什么社交活动能和一个董事会议或一个董事和下级机构的代表会议等量齐观。

第三，女士。社交礼仪讲究女士优先，商务礼仪则没有性别的差异，只有职位的高低。对于参加商业和职业生涯的女士而言，职业行为准则和社交行为准则的差别很大。在社交接触中，当一位妇女进屋时，一个男子总要站起来，并在她离开时主动为她开门，但并不能期望他在女秘书进出他的办公室时也是这样。职业妇女和那些女管理人员在工作场所宁愿受到和男同事一样的礼遇，而不愿被另眼相待。可见，礼节应该是自然的，当女秘书一天要数十次地进出上司的办公室，那些在社交场合"女士优先"的礼规就成了多余。

第四，顾客。服务是商业工作的一部分，企业越能满足客人的利益，就越能拥有顾客，从而也越能发展自己。在与顾客的关系中，每个从业人员都要时刻记住一条黄金法则："顾客永远是对的。"这是建立良好客户关系的关键所在。虽然，不体谅人的顾客总是有的。在这种情况下，商业礼仪的缺乏使人们在社交场合很难享有那种对等的关系。

第五，同事。同事，不比一般的朋友。朋友相交，彼此之间想聚就聚，想散就散，如果相互有了隔阂，不再来往就是了。然而，同事之间就没有这么方便了。大家既是社交关系，更是职业关系，交往是客观存在的。

第二节　探望：不触犯他人

人生在世，难免碰上生、老、病、死，尤其生病是每个人都会经历的重复过程。当身边人患病时，前往探望、慰问是人之常情，也是一种人际交往的基本礼节。到医院探望病人要注意相应的文明礼仪，既要兼顾人情，又勿干扰病者,给予关怀祝福,又不增加他人负担。

1. 时机选择要适当

大多数医院对于亲属探望病人都有明确的规定和时间安排,在一些传染病医院和妇产科医院的相关探望规定更为严格。因此,探望病人一定要了解清楚探视时间和病人接受治疗的安排情况后,尽量提前预约。尽可能地避免病人休息或者用餐的时间,时间最好选在上午10点至12点之间。

> ⊙ **Tips**
>
> 如果病人在家治疗养病,则应该在午休之后去探望为好。
>
> 探望时间一般以15分钟左右为宜,最多不超过半小时。逗留时间过短,会使病人觉得你敷衍了事,但是逗留时间过长,一方面,避免影响病者的身体康复,另一方面,避免影响病房里其他病人的休息。因此,掌握好探望时长,注意适时婉转地结束探望。

2. 言行举止要得当

探望病人时衣着要素朴简单,千万不要忘记了日常的礼仪,如进门前先敲门,进病房要保持安静,不要大声喧哗等。去医院探病,还要遵守医院的规章制度。看到病房中的仪器设备、各类瓶管和固定架等医疗用品和器具,切不可大惊失色;看到痰盂便桶、血迹脓水之类,切不能大惊小怪;看到病人消瘦憔悴,切不可愁容满面;看到病者水肿黄疸之类病态,切不能面露厌恶。与病人谈话,态度应温和亲切,注意控制情绪,尽量鼓励、开导病者,最忌说一些增加病人心理负担的话。让病人主导交谈,谈及病情时,要与医生和家属保持一致口径,不可轻易在病人面前泄露病情,以免影响治疗。尽量不要谈及公务和家庭琐事,不可委托病人办事,更不要向病人诉说其他坏消息。

> ⊙ **Tips**
>
> 如探望患传染病的病人,像传染性肝炎、伤寒、痢疾或流行性脑膜炎、流感、肺结核等呼吸道传染病,要尽量避免接触病人的用具和衣服。

3. 探病礼物要讲究

探望病人所带的礼物应根据对象和病情而定。既然送礼就要送到心坎里,不要送一些病人忌讳或者华而不实的礼物。无需照料的各种植物是不错的探病礼物,不过在送花草之前需先问明白医院是否允许送花草。另外,祭奠用的菊花、香味过于浓郁的百合、会整朵凋零的茶花,以及让人联想到血的鲜红色的花和让人联想到祭奠的白色的花等都要避免。除了送花,还可以选择送些水果和营养品,不过也要视病人的病情而定,如对于患肾炎的病人,不宜送肉、鱼、蛋等含动物蛋白的食物;对于患糖尿病的病人,不宜送糖果、甜点、水果等高糖食品;对于患胃和十二指肠溃疡的病人,不宜送奶油蛋糕、杨梅露、橘子汁等不宜消化或过酸的食物;对于患肠炎的病人,不宜送香蕉、蜂蜜、核桃等食物;对于患胆囊炎的病人,不宜送含油量较高的食品;对于患慢性胰腺炎的病人,不宜送肉、奶油、蛋糕等高脂食物;对于患急性胰腺炎的病人必须禁食,因此,不能送任何食品。

第三节 人生:婚丧嫁娶到位

人生礼俗是指人在一生中几个重要阶段上所经历的不同的仪式和礼节。主要包括诞生礼仪、成年礼仪、结婚礼仪和丧葬礼仪。此外,标志进入重要年龄阶段的祝寿仪式和一年一度的生日庆贺活动,也可视为人生礼仪的内容。伴随着人生不同阶段有许多一般性和奇异的风俗,它们共同构成了人生礼俗。

人生礼俗是人们对于生命赞美的祝愿形式,以及对于生命的时间把握。人生礼俗是礼仪在时间上象征意义的充分体现,亦是人类对自身的把握。

当然,很多人生礼俗活动,如婚礼、寿礼、生育、葬礼本身也是交际礼仪的一种,是职场处世的重要元素。通过这些人生礼俗能够更好地尊重自己和他人,以表示对职业人际关系的郑重和对人生礼俗价值的认可。切忌完全不理会或不参加任何职场人士的人生礼俗的任何一个活动,这将会极大地影响和破坏自己在职场的人际关系。

1. 婚嫁礼仪:人生仪礼中的大礼

(1)同事结婚如何祝贺

对于单位同事的婚礼应该充满热情地去志喜。单位同事结婚,若未被邀请出席婚宴,也应有所表示,以体现祝贺之意。如果大家用通信工具等祝贺,应在前一天送达。措辞最好是给人印象深刻的贺词。

> ⊙ **Tips**
>
> 　　要办成每个人都能接受的形式,往往需要协调各方的关系。若自己结婚,想邀请同事出席婚宴时,如无特殊情况,不妨先和上司商量一下较为妥当的办法。

（2）被邀参加同事的婚礼

被邀请出席同事的婚宴时,应尽量争取出席。收到请柬后,应在规定的期限内做出出席与否的明确回答。如果其他同事也被邀请,最好一起商量祝贺的方式。贺礼应提前准备。如果上司问及是否被邀请的事情,若非事先有保密约定,亦可坦然直陈。切忌被邀出席婚宴而又不敢说出,躲躲闪闪会使人不快。

（3）被邀参加上司婚礼

上司邀请部下时,会有周全的安排。一旦被邀,应务必出席。不要因为只有自己被邀请而趾高气扬、不可一世,应抱着代表大家出席婚礼的意识。贺词最好能汇总其他部下的意见。如需个别祝贺,应事先商量,单独抢风头会遭到非议。参加上司婚礼时,事先和大家商量好贺礼、着装。婚礼迟到是最不礼貌的,因此,婚礼当天应留出充裕的时间,提前出发。

（4）婚礼请柬回复礼仪

礼仪是相互的,无论是请柬的发出方还是接收方,都要向对方表达敬意,遵守礼仪常规。

收到婚礼请柬后,尽可能在一周之内回复致谢,并说明是否可以赴邀。因为对方准备需要时间,出席人数要尽早确定。回复请柬时,重要的是尊重对方,不要只流于礼节形式,最好亲自动笔,加上一两句表达自己心情的温馨话语,那样更能实现心灵的沟通。

受到特意邀请,一般情况下应该出席。确实无法出席时,可以不陈述具体理由,只在上面写"出于身不由己的原因……"即可。因为要是写了具体理由,会被人家觉得"怎么,你这事比我的婚礼更重要"。如果亲人遭受不幸,如果逝者是父母或者子女,原则上,49 天或者 35 天内不能参加喜庆典礼,如果逝者是祖父母或者兄弟姐妹,原则上,在 7 天之内不能参加喜庆典礼。如果收到请柬的前日或当日收到讣告,原则上以讣告为先。

因工作关系无法确定当日是否能够出席时,选择"缺席"不会给对方造成不便。不过,如果是关系密切之人,可以事先向对方表达如有可能希望出席之意。

如果回复出席,但突然不能出席时,先电话告知对方,再书面致歉,之后邮寄贺礼和礼金。不过,如果是婚礼前两三天才突然不能出席的,此时更改人数比较困难,可与对方商量,看是否可委托他人出席。

夫妇联名受邀时,只要情况允许,应该两人一起出席。如果确实只能一人出席,回信时应选择"出席",而出席人姓名只写自己,并在空白处写上"出于身不由己的原因,仅本人出席"。

赴邀时一般以不携带小孩为宜;如请柬上书写"全家"字样,已结婚的子女就不在其列;如已有恋人而主人并未邀请,可向主人提出是否能带上自己恋人的要求。切忌不顾事先的约定,随意多带人赴宴,会给主人带来困扰。

(5)结婚礼物选择

婚礼是为了庆祝一对新人的美好新生活的开始。参加婚礼不能空着手。结婚礼物以钱和实物为主,亦有规则可循。

最体贴的送礼应该是充分了解对方的需要。最好是新郎新娘委托组织人拉出一张单子指出自己的实际需要。单子上的东西有贵有便宜,使各种收入的人都能选中自己能支付的礼品。

所选礼品,从颜色到式样,都要能够显示出吉祥如意,数量则多为成双成对,并且最好能够寓意或象征夫妻永久相爱和家庭幸福美满,既尊重当地的习俗,又吻合新婚伴侣热恋相亲的心理。

送礼物要讲究美观实用。一般以家庭陈设品、餐具茶具、厨房用品等礼品为典型,也可事先征求新婚夫妇的意见再置办。

送的礼品最好被精致地包装起来,并放入一张贺卡,卡上写上自己祝愿的话和名字,礼品包中亦可放下发票,如新郎新娘不满意,就可以退换。礼品最好是能被直接送到新郎新娘家中,而不是在婚宴上送,这样可使新郎新娘集中精力招待客人,也能避免运输的问题。

送礼金也是一个好主意。这可能是他们最喜欢的礼物了。送钱如果直接送给新人的,应将支票或钱用红包封好,除了写上称呼和落款之外,中间还应当写上祝愿之词。以便新人登记清楚,如在婚礼场所有专人登记,则可直接将装钱的红包交付。礼金最好装在红包中送出。切忌装在白信封内或裸送。

有时由于路远或意外情况不能参加婚礼，但祝贺礼品还是不能少，或事前或事后，或书信电报向新人祝贺。

⊙ **More** **红包的使用礼仪**

可以根据所包礼品的数额挑选红包袋。祝愿的话和名字写在红包袋的外包装。以个人名义赠送时，将自己的全名写在右下方；两人联名赠送时，可将位尊者名字写在正中央，右边写另一个人的名字。如果是三人联合署名，仍将位尊者姓名写在正中央，其他两人依次写在右边。以公司或集团名义赠送时，将公司名称写在正中央，右边写上全体员工字样。同时，要将写有全体员工姓名的名单放进红包袋里。

（6）婚礼礼仪

婚礼，多数人只有一次。婚礼往往是形式繁多、礼仪复杂的盛典，各个国家和民族都有自己的习俗，一般可分世俗婚礼和宗教婚礼两种形式。

世俗婚礼比较简单，到婚姻登记处填好申请表格，由登记处主任出具证明书和结婚证书。婚礼由登记处主任主持，两个成年人为证，男女双方当着结婚登记众人的面隆重举行宣誓仪式。婚礼后一般举行宴会、舞会。宗教结婚仪式，必须具备必要条件和合格准则，才可获准举行。不论中外婚礼，有一些共通的程序。

一是宣告结婚。发出请帖，注明举行婚礼的日期地点，邀请亲友光临，最迟应在婚礼前三天发出邀请。被邀请者是否参加婚礼，应尽快决定答复，以便邀请的一方进行安排。

二是婚礼喜宴。一些必要的仪式在宴会前进行。宴会中，宾客为新郎、新娘祝酒致辞，因为祝酒的人多，话要简短。第一个祝酒的应是来宾中德高望重者，在他祝酒之后，来宾一起为新郎、新娘的健康、幸福干杯。然后按大致恰当的次序，来宾一个个祝酒。在中国，新郎新娘及其父母也向来宾敬酒，表示答谢大家的帮忙之意。

三是结婚戒指。新郎向新娘赠送结婚戒指，大约是婚礼不可少的，不论是在结婚仪式之前还是进行之中给新娘套上。结婚戒指以黄金或白金制成，作成圆圈的形状，象征永恒。

四是结婚礼物。接受了结婚请帖的人一般都应赠送礼物，并附上贺卡，一般写明送给结婚的双方。收到礼物后，应发出答谢信，有的还回赠一些纪念品。

五是其他形式。现在，又有了集体婚礼、旅游结婚等新形式，也有人干脆不举办任何仪式，只分发些喜糖给亲友们以宣告结婚。

现代结婚仪式既要有纪念意义，不能随便对待这种人生大事，又要充分表现出个性特点，既文明礼貌，又不落俗套。不要过于夸张，过于浪费。

（7）参加婚礼的着装礼仪

婚宴的服饰要视场合而定。出席婚礼服饰上要干净整洁庄重。颜色搭配除了黑和白以外无妨。

正式婚礼，男性的礼服是深色西服套装，领带为白色或者银灰色。如果再加上蝉型宽领带、立领、西服胸口饰帕，则会显得更庄重。一般不穿平服。所谓平服，是指非礼服的深色西服。这种场合是不能穿平服的。礼服套装的颜色为深色，上身单排扣或双排扣均可。如果要求穿平服，则深色西服即可。衬衫一般为标准款式。如果是立领，则更正式。原则上礼服领带的颜色为白色或银灰色。如果是白天，蝉形宽领带与立领衬衫的组合更容易营造华丽的氛围。西服胸口的饰帕会为男性礼服增色不少。原则上，饰帕应选择与领带相同的色系，即白色或银灰色的领带分别选择白色或银灰色的饰帕。鞋最好为黑色有鞋带的皮鞋。

在婚礼等喜庆场合，为了衬托主角，烘托现场气氛，女性来宾也应该身着华丽的服饰。不过，来宾不能喧宾夺主，盖过新娘的风头，也不能穿戴容易引起动物保护主义者抗议的鳄鱼皮制品。如果是白天可选择长袖长裙，但不能佩戴有光泽的饰品。晚上可穿露出肌肤的晚礼服，可佩戴有光泽的饰品。

婚礼的主角是新郎新娘。"白色"是新娘的专用颜色，所以，女性来宾应避免穿白色服装。而全身黑色，容易让人联想到"丧"，所以，也应避免。如果穿了黑色服装，就配上一些艳丽的胸花饰品，把自己打扮得靓丽一些。女性在白天勿带闪闪发光的饰品。

女性脚上的穿着，原则上应该是长筒袜和浅口鞋。婚礼上携带的包，应该是小而考究，不能是那种大体积的轻便提包。如果带的东西较多，可以在寄存处寄存。

（8）婚礼上宾客礼仪

话题要紧紧围绕婚礼，客人千万不要谈自己。向新郎新娘介绍自己，不应计较新人与自己相处、交流时间的长短，因为在这兴奋的喜庆日子里，还有很多事情等着新郎新娘。客人若想在婚礼上告退，尽管随时离席，除非新人刚好在旁边，一般不必向新人告辞。切记不要在婚礼进行过程中打扰新婚夫妇。

⊙ **Tips**

　　别人致辞期间不要离席。其他时候离席时，要向周围的人打招呼："对不起，我出去一下，马上回来。"然后，再去卫生间或其他地方。如有事要提前退席，要向同桌的人告辞："对不起，我有事先告辞了，今天很高兴认识大家。"然后，再起身离席。

　　（9）参加婚宴的流程

　　抵达婚礼现场后，应先至签到台前，真诚地向工作人员表达祝福之意，并告知对方自己的姓名及与新郎新娘的关系。然后取出红包袋，文字一面面向工作人员说道："恭喜新人！我叫×××，是与新郎同一年进入公司的，这是我的一点心意。"最后，在来宾名册上签到。不能因为自己写得不好而拒签，或者找人代签。

　　签到完毕，宾客会被引导到等候室，等待婚宴开始。在等候室，可向新人的双亲及亲属问候："今天恭喜你们。受邀出席婚宴，我感到非常荣幸。"然后进行自我介绍。如果新人亲属邀请你拍照，可不必客气。

　　简单表达一句祝福后，尽快入场。入场没有先后顺序，只要跟随人流入场即可。新郎新娘及其双亲会站在门口迎接，在向新人及双亲施礼致意的同时，还要说上一句问候语。这里不用握手，因为还有其他出席者等候入场，礼貌的做法是问候一声之后便进入会场。

　　进入会场后应按照席次表就座。就座时向同一桌上的人点头致意，然后，从椅子的左侧坐下。如果与同桌之人是初次见面，要做自我介绍，如"我叫××，是新郎××的同事"，以营造一个轻松融洽的气氛。如果是只确定桌次，没有确定席次的"自由就座式"，应从桌子内侧开始就座，以便给后来的人提供方便。

　　出席者全部就座后，新郎新娘入场。此时，来宾应报以热烈的掌声。婚宴中，进行仪式的过程中应保持肃静，不与周围人进行不必要的交流，不要碰餐巾，更不能吸烟。干杯时，出席者全体起立，右手握杯，听到干杯提议后，面向主桌，齐声高喊："干杯！恭喜恭喜！"将酒杯举至齐眼处。不能喝的人只需以嘴碰杯，做出喝的动作即可。

　　用餐开始后，要与同桌其他人一起开始用餐。取餐巾时应先观察坐在主座的嘉宾的举动,如果与位尊者同席,要等他开始吃之后自己再吃。用餐时要与周围的人保持同步,尤其是分餐形式,如果自己吃得太慢,会影响其他人。

当来宾致辞时,可静静地一边用餐一边侧耳聆听;同桌的人致辞时,要暂停用餐专心聆听。同桌致辞的人回来后,可发表自己的感想,称赞其致辞精彩。如果受邀致辞,致辞的时间要控制在三分钟以内。

> ⊙ **More** 　　　　　**应该注意的重复语和忌讳语**
>
> 　　重复语,如"不断""重来""再次""回头"等。这些词汇会让人联想到再婚,因此,在婚礼上要避免使用。
>
> 　　忌讳语,如"出""去""回去""消失""厌倦""哭""结束""灭""衰""流""浅""碎""死"等。这些词汇会让人联想到分别、不和、不吉,因此,要避免使用。

新郎、新娘向双亲献花等仪式时,要停止进食,端正坐姿,以庄重的心情聆听致辞,最后,致以热烈的掌声。

主持人宣布婚宴结束后,来宾不用将餐巾折叠整齐,可随意往桌上一放。按照礼仪,来宾可将席次表和菜单带回去。离开前要向同桌的人说声"谢谢",再向出口走去。

在出口,向送行的新郎新娘说声"祝你们幸福",以示祝福,向媒人或双亲说声"婚礼办得太好了",表达一下自己的感受。切忌喋喋不休。

> ⊙ **More**
>
> 　　纪念结婚周年,现已渐渐为人们所接受,但并非年年都要举行仪式纪念。参加结婚周年纪念活动较随意,可以不带礼品。如果要祝贺客人、朋友的结婚纪念日,可为此举行庆祝活动。
>
> 　　结婚周年纪念的名称是很有讲究的。结婚的每一周年(十五周年以前;十五周年以后,只要逢五年或逢十年)都有一个特定的名称。
>
> 　　第一年,纸婚,最初结合薄如纸。
>
> 　　第二年,杨婚,像杨树叶子一样飘动。
>
> 　　第三年,皮革婚,开始有点韧性。

第四年,丝婚,紧紧地缠住了。

第五年,木婚,已经硬化起来了。

第六年,铁婚,夫妻感情牢固如铁。

第七年,铜婚,比铁更坚韧,且不易生锈。

第八年,陶器婚,如陶器般坚硬美丽。

第九年,柳婚,像垂柳那样,风吹雨打不会折。

第十年,锡婚,锡器柔韧,不易跌破。

第十一周年,钢婚,牢固不破。

第十二周年,布婚,柔软贴心。

第十三周年,带婚,二人相通如同绕一人。

第十四周年,象牙婚,时间越久,越晶莹美丽。

第十五周年,水晶婚,心心相印,似水晶透明且光彩夺目。

第二十年,搪瓷婚,光滑无瑕,但不要让它摔坏。

第二十五年,银婚,这是婚后第一个大庆典。

第三十年,珍珠婚,像珍珠般的浑圆、美丽。

第三十五年,珊瑚婚,美丽珍贵,使人艳羡。

第四十年,红宝石婚,名贵难得。

第四十五年,蓝宝石婚,高贵幽远。

第五十年,金婚,这是夫妇的第二个大庆典。

第五十五年,翠玉婚,无价之宝。

第六十年,钻石婚,这可以说是人生中极其珍贵奇罕的,亦为夫妇间最隆重的庆典。

第七十年,白金婚,比金婚更宝贵。

2. 生日做寿:庆祝生命的延续

(1) 生日祝贺的礼仪

生日聚会,目的是向寿星送上生日的祝福。单位里遇到本人或亲朋好友生日到来之际,有的单位举行生日社交聚会,以表示对这个日子的重视。现在一些单位也会为职工举办生日聚会,这种活动不仅为寿星送去生日的祝福,也增加了团队的凝聚力。

这种聚会既可以白天在办公室里，也可以晚上在家里或餐厅举行，在这种场合，通常是大家聚在一起，喝喝酒，饮饮咖啡或茶，吃吃生日蛋糕与其他点心；互相聊天、交谈。

对生日表示祝贺一般有两种形式，即个人和集体的。个人的祝贺方式，可送点小礼物，甚至只说几句祝贺的话，也同样会令对方欢喜。集体的祝贺方式，通常是几个要好的同事、朋友凑在一起，合送一份礼物表示心意。

生日蛋糕和生日蜡烛能为生日聚会增添很多情调。生日蛋糕上所插的蜡烛枝数要同生日主人的年龄相对应。通常20岁以下可用一支蜡烛代表1岁；20岁以上者，可用1支大蜡烛代表10岁，另外加小蜡烛，每支小蜡烛代表1岁。

生日聚会上，当主人怀着兴奋而激动的心情点燃生日蜡烛的时候，"祝你生日快乐"的歌声应齐声而起，在悠扬深情的歌唱声中，主人一口气把点燃的生日蜡烛全部吹灭。在这一刹那，大家以热烈的掌声祝贺主人的生日。接着，生日聚会的中心人物把生日蛋糕切成若干等份，分给在场者。大家畅快地交谈，尽情地享受着这人生值得怀念的时刻。

随着中外商务交流的日益频繁，有很多外国人在我国庆祝他们的生日，我们作为东道主千万要留意外国来宾的生日。如果我们能在某位外宾生日的时候出其不意地送上一只生日蛋糕或一束鲜花，这是十分令人难忘的，也是非常符合礼仪的。

目前，随着工作节奏的不断加快，对于庆祝生日的活动也日趋简化，尤其是亲朋好友在异地，不能聚在一起时，邮寄贺信、贺卡，发礼仪电报或打电话祝贺，也不失为得体的传递友好情谊的表达方式。

⊙ **More**

以生日蛋糕和吹灭生日蜡烛这种方式的生日祝贺，相传来源于丹麦的一个古老传说。有位贵族，生了一个儿子。在儿子生日那天，前来祝贺的人很多，把正好莅临贵族府的一位女神挤得无处可坐。女神生气了，指着一支正在燃烧的蜡烛说，让孩子的生命像这支蜡烛一样长，蜡烛燃尽，生命就结束。这时，大家都担忧起来了。幸好有一位女神过来把蜡烛吹灭，并让孩子的父母把蜡烛藏好，再也不要点燃，这样，孩子就将永远活着。从此，人们过生日时都要吹灭蜡烛，以祈求长寿。

（2）重要人士的寿诞仪式

寿诞是生日时举行的庆祝。虽然庆祝的中心意义都是祝福,庆贺健康长寿,但因年龄的不同而有所差别。

一般从50岁时起开始称寿,60岁为下寿,70岁为中寿,80岁为上寿,90岁为耆寿,百岁为期颐。从60岁开始才能做寿,之前是"做生"。岁数逢十是大寿,要举行较为隆重的寿诞仪式。但如果父母在世,按照中国的"尊亲在,不敢言老"的习俗,是不能做寿的。中国有敬老的传统,一些单位会为做出贡献的老员工举办隆重的生日庆典,尤其是逢大寿的那一年。

寿典一般是在逢五或者逢十的诞生日举行,并且讲究"男不做十,女不做九",也就是男士60岁的寿庆要在59岁的生日做;女士则要做"满",也就是只有满了60岁才能庆60岁的寿诞,满70岁才能庆70岁的寿诞,否则会被认为不吉利。

做寿的具体日期可以变动,不一定要在生日当天。按传统习惯,日期只能提前不能延后,如果能把祝寿活动和寿星的事业、工作结合起来,就更有意义,寿星亦会更加高兴。

参加祝寿庆典时,一定要带上较有意义的礼物。红包是通用的礼物,礼金不在多,重在双数吉利。红包上要写上贺词,也可以赠送传统礼品,如寿面、寿桃等。还可以根据寿星的需要和爱好送礼,或送方便的生活物品,如一根精致的拐杖,足以使高龄老人高兴不已;也有送诸如寿联、寿幛、书画、镜屏等有纪念意义的文化礼品。随着时代发展,在网络、电台、电视台点歌为老年人祝福,也是一种很好的礼节。

参加祝寿活动的服饰一般选择色彩明快、含有喜庆之意的红、黄等颜色为宜。忌穿全黑、全白的服装,也忌穿黑白相配的服装。

参加寿诞庆典,不同于一般的职场工作交往,这是社会交往中的礼仪性活动。在庆典上应向寿星说一些祝福的话,不说则是失礼的行为。对于年高体弱的寿星,简单慰问就可以了,不必说话过多,使老人劳神。

⊙ **Tips**

鉴于寿诞的特殊性,并不是送什么寿礼都合适。不能赠甲鱼、乌龟及其相关因素模型,不能送钟及其寿星本人及民族信仰所禁忌的物品。

3. 丧事礼仪：对逝者的尊重与哀思

（1）收到讣告时的礼仪

收到公司员工、员工家属或客户的死讯或讣告时，一般应以公司的名义对待，及时向上司汇报，得到上司的指示后，迅速告诉有关人员。

不应在电话里详细询问死因等情况。因为此时对方正处于慌乱之中，只能特别小心地问清必要的可问范围内的消息。

（2）成立治丧机构

世间最大的痛苦莫过于生离死别。单位重要员工不幸去世后，所在单位可以按约定俗成的方式举行白事仪式以缅怀逝者，勉励生者，安慰家属，但一定要征求家属的意愿。

重要员工去世，单位应有条不紊地组织好丧礼。首先，要成立治丧小组或治丧委员会。治丧机构属于临时机构，治丧工作结束就自动解散。

治丧小组一般由已故者单位的主要领导和相关人员组成。如果去世者就是主要领导，则由现任的最主要的领导担任治丧小组负责人。治丧小组的职责是处理和决定治丧工作中的重大事宜。

治丧小组负责对外发讣告、写横幅、挽联、准备签到用品；负责告别仪式当天照顾家属、布置灵堂和现场总指挥；负责治丧费的管理和使用，慰问家属；负责和家属联络并与家属协商处理丧事和善后工作事宜，如起草逝者生平介绍等；负责联系火化、灵车租用和遗体整容；负责告别仪式当天运送、安放遗体和场外指挥并引导队伍入场，必要时派一名医生照顾家属；负责告别仪式当天拍照，及派人随家属赴殡仪馆办理火化手续等。

（3）发讣告的礼仪

讣告是报丧用的文书，要求语言准确、简练、严肃、郑重，以体现对逝者的哀悼。一般来说，员工去世后，其家属或单位治丧机构要尽快发布"讣告"，应在向遗体告别之前，将逝者的消息尽早通知死者的单位、亲友、同事、事业上的合作者和素有一定良好关系的人，并说明葬礼将于何时何地举行，以便逝者的亲友及时地做出悼念的必要准备，如送花圈、挽联等。讣告的发布方式有很多，可以以信函的方式发出（所用信笺、信封，往往带有黑色的边框），也可以用电话电报传递。如果需要通知社会上广泛的相识者，可通过新闻媒体，如电视台、报纸或电台向社会发出。如果是张贴的讣告，则按照传统习惯不用红色，一般用白纸，上书黑字。根据发布的方式，讣告分一般式讣告、公告式讣告以及新闻报道式讣告三种形式。

（4）向死者家属致送唁函礼仪

按照我国的传统，一般对丧事比喜事还要郑重，吊丧应酬是一种非常重要的交际应酬。单位同事或公司客户有丧事的，都应主动关心。"雪中送炭"比"锦上添花"更能显示出情谊的珍贵。

接到"讣告"的亲友熟人，可以写唁函、发唁电给死者的家属，以示慰问与哀悼。

致送唁函时，应表示闻报噩耗以后的悲痛心情，追念自己与死者的交往与友谊，表达自己的哀悼之情，并向死者家属表示亲切的慰问。

书写唁函时字迹工整，不要潦草，以示尊重。而且在唁函中不要夹叙其他的事情，在落款署名时除了年高位尊的长辈外，通常都有称谓。若要请他人代办花圈事宜时，也要在唁函中写清楚。唁函亲笔书写，以示尊重。

（5）出席吊丧的礼仪

得知同事或客户去世的消息，与逝者关系亲密的可以登门吊唁，到逝者家中慰抚逝者亲属，帮助逝者的家属料理丧事。这是对逝者的敬意、对生者关心的一种最实在、最受欢迎的方式。但如果逝者的亲人因哀伤不愿见亲友，则应为其着想，不登门打扰。

从公司直接去丧家吊丧（若没有灵堂）时，男士应着素色西服，系黑领带。如来不及换衣，则应在平时着装上系一条黑色领带。女士若着黑色、藏青、灰色等普通素色衣服的话，可不穿丧服。

单位是否准备祭典费用，要看具体情况。仔细了解先例，选择适当的方式（不遵守先例有时会破坏平衡关系）。

有些与逝者或逝者亲属关系比较亲密的同事、客户，或者是逝者亲属生活比较困难的，私人也可适当赠送钱或物。送钱一般用白纸信封装，外面写"奠仪"，俗称"白封包"。送物者一般是送烟酒，以供逝者亲属办丧事之用。

路远的话，应先发唁电，随后可以参加吊丧、送花圈等，总之，一切应由公司决定。

（6）致送花圈礼仪

在听到噩耗以后，大都准备一只花圈，以敬献于灵前。撰写挽联，悬挂于灵堂墙壁。挽联的内容，可以大力颂扬死者生前的业绩，尽情抒发与亡人的真挚友情，还可以表达人们的无限哀思。

一般送花圈表示对逝者的哀悼。可以单独送，也可以几人合送，还可以以一家人的名义或单位的名义送。

死者的亲朋好友在向丧家致送花圈时,重点要正确书写缎带或白纸上的题词,表明敬献花圈的人与死者的关系。上联写称谓,若为同事、同学可写"××同志安息";若为亲属可写"××千古";若为儿女应写"父(母)亲大人千古"等。对于下联,若为同事、同学、亲属可写"××敬挽";若为儿女或与死者为夫妻关系,则应写"泣血"(父母)或"泣挽""泣泪"(夫妻),切不可写"敬挽"。

可在葬礼举行前,通过葬礼承办人或花店办理送花事宜,如果讣告上写明"敬辞鲜花",则应当遵从。送花时,应附上写有悼唁字句或"献给×××"字样的飘带,并附有赠花者的姓名。要注意的是,外国习惯不用纸花。

(7) 悼念仪式准备工作

举行丧葬悼唁仪式,是表达人们对逝者的敬意和悼唁,寄托生者的哀思。

一是布置好遗体告别仪式的会场。工作人员应提前一小时到达悼念厅或告别场所,布置花圈、挽幅、挽联,挂好遗像,准备签名簿、黑纱、白花和签到笔墨,安排领导、逝者家属、来宾的休息场所和车辆停放及悼念队伍的场地,调试音响灯光,保证悼念或告别仪式开始前半小时各项工作就绪。

二是如果已经将逝者遗体火化,就将骨灰盒放在灵堂桌上,覆盖红布(如果是中共党员经过组织批准,可以盖党旗);如果还没火化,则正中放置棺材安放在鲜花丛中。

灵堂或者灵棚正面墙上要挂着写有"××同志追悼会"的横幅,白纸黑字。如果要向遗体告别,横幅上就写上"×××同志遗体告别仪式"。

三是由事先委托的逝者单位人员或亲友,代表逝者家属在会场门口,迎候其他亲友和来宾,引导参加悼念或告别仪式的人员签到、分发生平资料、白花、黑纱等。

四是逝者的亲属站在左边,主要亲属站前排。参加追悼会的来宾站在会场正中,面向逝者骨灰盒或遗体,分排站好。追悼会的主持人,站立前排右边,一半向着参加追悼的领导和群众,一半向着逝世者的亲属。

(8) 遗体告别仪式程序

遗体告别仪式正式开始后,由身份相当的人员或由殡仪馆司仪人员做主持人。奏哀乐,众人在哀乐中默哀三分钟。接着介绍来宾、宣读唁信、唁电,唁信、唁电不用每篇都读,可以宣读其中有代表性的几篇,再简单说明一下其他唁信、唁电的单位或者姓名,以及总共收到的篇数就行了。如"还有×××同志生前好友、战友、同事、家乡父老以及国际友人等,共发来唁信、唁电××

封。"宣读完唁信、唁电,主持人宣布单位致悼词,随后亲属致答词。全体人员向遗体三鞠躬后,亲友来宾绕遗体一周向遗体告别。向遗体告别时,家属走在前,然后领导跟上,其余人员依次走进告别灵堂瞻仰遗容。告别后,家属列队以便接受与会人员握别慰问。悼念或告别仪式结束后,可以组织家属在遗体前照相。随后,在家属签字同意火化后由殡仪馆工作人员将遗体运抵火化间,家属可以护送遗体火化。

⊙ **Tips**

参加悼念仪式应等仪式结束再离开,不要中途退场。

---

(9) 参加悼念礼仪

一般情况下,出席丧事活动要优先于其他任何形式的活动。开追悼会,既是悼念亡者,也是激励活着的人更好地学习和工作。

悼念最好、最简单的方式是参加逝者的追悼会。追悼会是庄严肃穆的场合,参加者应怀着沉痛的心情,带着严肃的表情与逝者做最后的告别。

现代丧事一般不发请柬,是否前往吊丧全凭个人情况决定。一般来说,逝者家属希望尽量多的人前来吊丧。所以,如果得知同事或客户有丧事的消息,应前往参加追悼会。尤其是关系较好的同事、师长、领导逝世,不参加吊丧是一种失礼行为。

参加追悼会的服装要庄严肃穆,着装以单色、素雅为宜。黑色或其他深色、素色服装为首选,男士系无花黑领带,内着白色或暗色衬衣。女性不要穿彩色艳丽或带有花边刺绣之类的服装。不要抹口红,不要佩戴饰物,不要使用花手帕。在参加遗体告别仪式时,要脱帽致哀。

在接待处,登记后,应拿出名片和奠仪。

参加遗体告别仪式时,要神情肃穆,言谈举止端庄沉静。进入告别厅时要佩戴好白花或黑纱,并依次进入,不可三五成群,更不可喧哗、嬉闹。默哀时不可东张西望,向死者三鞠躬时不可漫不经心。遗体告别时,切忌放声大哭。参加葬礼的人倾向于不要过分流露悲伤,因为会增加死者亲属的悲痛。同死者家属握手时,可以不说话,也可以低声说一两句悼唁或慰问的话,如"接受我深切的哀悼""请节哀""多保重"等。参加葬礼的同事、客户慰问家属时要郑重握手,但不能用力或摇晃。会场庄严肃穆,人们默默祈祷,向死者沉痛致哀。任何人不得破坏其悲哀沉痛的气氛。如敬献花等动作要轻,走路的脚步宜缓。

会未开完,不要擅自离开会场。出席追悼会时,应目送棺材抬走为止。

对悼念仪式过程不熟悉时,可事先向有关职能部门或上司请教,违反常规的举止将有损公司形象。如果因不在本地,或行动不便等原因,不能亲临悼念,可以用唁电、唁函悼念。

> ⊙ **More**
> 在葬礼这样庄重肃穆的场合,每个参加者都要注意自己的举止,这既是尊重,又是自重。为表示对逝者及家属的尊重,及维护现场肃穆的气氛,行为上有很多禁忌必须要注意,如在仪式现场三五成群、谈笑风生,大声地接打电话;在举行告别仪式时漫不经心,或中途退场;还有浓妆艳抹、披红戴绿等,这些行为都是对逝者及其家属的极不尊重,是参加丧礼的大忌。在丧礼上步伐要沉重缓慢,显示出心情的沉痛。还有在语言上也要注意。如对逝者可称为"过世""走了",忌讳说"死"字。

(10)慰问死者家属礼仪

生离死别是人的一生中最痛苦的事情,对于失去亲人的当事人,更是肝肠寸断。

在慰问死者家属时,不应只是表示对其的同情,而且更应了解死者家属的各种情况,如死者家属的身体状况,死者亲属的家庭困难、思想顾虑等,给予适当的关怀,积极帮助解决,以打消其顾虑,减轻其忧虑和痛苦。

丧事结束,宾客一一与亲属道别。在与主人告辞时,一定要注意礼节。此时,亲属心中仍有余哀,处理问题可能难得周全。我们应该谅解人家,并且要从关心体贴的角度进行多方劝解和安慰。话别之词不要提及可能引起亲属回忆而伤心的事,多讲些今后如何安排的内容。简短的道别,既流露着深挚的感情,又表现出对未来的无限希望。

在整个吊唁活动中,来要叫主,去要辞东。自始至终,要表现出商务人员应有的修养。许多的时候,还要尊重地方习俗和民族风情,要尊重主家,注意礼节。

> ⊙ **Tips**
> 体谅家属,如逝者亲属由于悲痛而对丧事的料理或接待工作有所疏

忽或不周之处,都应予以谅解,不仅如此,还要积极配合家属处理好各项应酬事务,不要因此而心存芥蒂,致使逝者家属更加伤心和悲痛。

丧事办完后,应继续力所能及地关心逝者家属的生活、情绪和工作,逢年过节,如果条件允许应常去探望,如遇有生活困难,还应尽量给予资助。千金难买人情,对生者的关心,也就是对逝者的悼念。

（11）逝者遗属礼仪

家有丧事,亲朋好友、邻里同事前往吊丧,其中免不了礼节性的往来,处理好这些细节,体现了逝者家属的良好素质。逝者逝世后,家属在家设灵堂,以哀悼逝者,接受来宾的吊唁。灵堂的布置以庄严肃穆为原则,正后方墙壁上扎"花牌",有全花、半花两种,大致以深绿色为底,扎上黄色花朵图案。花牌的正前方置灵桌,灵桌后方正中央置四周扎有黄色鲜花并镶着黑边的大幅遗像一尊,相框上应搭设结有花结的黑纱,黑纱从相框上端中间平分垂在相框的两侧,还可以布置一些其他物饰,如松枝、冬青、横幅、鲜花、花圈以烘托气氛。遗像下面有大大的"奠"或"悼"字。灵桌上通常置备鲜花（以黄、白菊花为主）、供果、供菜,中间放灵位,两旁放大香烛一对,另有香炉等。素花篮可以放在灵桌两边,以八字形排开。逝者亲人的挽联挂在遗像两旁正后方的花牌上,其他各界人士致送的挽联、挽幛则可分别挂在灵堂两旁墙壁上。花圈、花篮安放于入门两侧。

灵堂内左右放长桌,长桌上放香烟茶水,还要放一些座椅,以备吊唁者休息。灵堂门外左右或灵堂外两侧地上也要放长桌,一边作为收礼处,一边作为签名处,签名处除了要有签名簿外,还要放一些纸花,当吊唁者签名的时候,送上一朵纸花供佩戴用。办丧事期间,往往也有"人情"收入,普通丧事各方面送礼不外乎花圈、花篮、挽联、挽幛、奠仪（礼金）等。逝者家属应置备礼簿及谢帖,一方面是为了登记礼物及数量;另一方面是写谢帖交送礼者作为证明。礼簿要登记详细,可以作为将来回报的参考。追悼会上丧家要发放谢礼,一般为毛巾、手帕、糖果、糕点等物品。现在有些殡仪馆有专门的谢礼供应,也称为"奠酬"。常见的有毛巾、手帕与巧克力、糖果、糕点的组合。家属为对来宾表示谢意,丧礼后,要请来宾参加丧宴,事后还可以写感谢信等。高寿者逝世后,很多地方都有办"喜丧"的风俗。亲朋好友要向家属要"寿碗",家属分送云片糕等,不一而足。

第四节　岁时：逢年过节勿缺

古往今来,人们根据太阳变化、斗转星移来制定历法。但历法反映的是"客观时间",于是人们又通过岁时礼俗来创造"人世时间",使生产和休闲、劳作和娱乐、人际关系的联络等都被安排得井然有序,从而把时间置于自己的掌握之下,把人的印记烙在时间之上。审视岁时节令,节日的基础是民族信仰、社会信念、自然时间和人世时间,或者叫文化时间的相互叠合,各种各样的节日年复一年地存在着。

职场中不可无节日,节日中不可无活动。岁时礼仪同职场生活密切相关。职场的紧张、约束、控制、压抑需要节日的调适。节日意味着放松、开心、宣泄、喧闹。节日是一种调适,调适心理,调适生理,消除疲劳,唤起工作和生活的热情。通过岁节的间歇馈赠,还可调适职场关系,并使得传统与现实紧紧联系在一起。

岁时礼俗涉及社会生活的方方面面。近代以来,除诞生了一些新的节日以外,传统节日大部分保留了下来,只是庆祝活动有了较大的变化,赋予了新的内涵。

1. 现代主要节日礼俗

（1）元旦

在中国古代,元旦也称"元朔",元旦就是一年的第一天。"元"是开始、第一之意；"旦"是早晨、一天之意。"元旦"这一名称,据说起自传说中的颛顼,颛顼以农历(阴历)正月为首,初一为旦。

团拜乃拜年习俗,指集体拜贺新年。元旦或春节,都含有"一元复始"的意义。这一天,所有企业凡有条件的,照例都要组织团拜活动。此俗早已有之,多出于官僚、同学、同行等。团拜在古代是指"打圈拜",即团转拜。现在团拜之俗仍盛行,泛指团体成员之间在元旦、春节时单位聚会,会上大家互相道贺。

⊙ **More**

1949 年,中国人民政治协商会议第一届全体会议决定：我国采用世界上通用的公元纪年法,把阳历的 1 月 1 日称为"元旦",同时,把阴历(农历)的正月初一正式定为"春节"。"元旦"这天是我国法定假日,全国人民举行庆祝活动。

1月1日也是世界各国通行的辞旧迎新的节日。除了守岁、亲友互访、寄贺卡、赠送礼物等相通的习俗以外,各国也流传着许多古老而别有风情的习俗。

日本的寺庙在岁末午夜时分都要鸣钟一百零八响,以驱除一百零八个魔鬼,保佑人畜在新的一年中平安无事。

印度的一些地区,人们从元旦凌晨至午夜禁食,以此迎接新年的到来。

英国有的地方,丈夫在新年前夜要送给妻子象征家庭和睦幸福的"红包",有的地方则在除夕夜晚带着红酒、糕点拜访亲友,进屋后首先要拨弄壁炉的火,象征"开门大吉""红红火火"。

法国人有除夕夜必须把家中最后一滴酒喝尽的风俗,这天,他们还格外关注天气和风向,以此预兆来年年景,如刮南风则预示一年风调雨顺。

德国人过年举行传统的爬树比赛,人们还组成乐队沿街游行演奏。

意大利人除夕之夜纵情歌舞,欢庆新年,午夜时分把家里的废旧物品从窗口抛出,以示丢弃烦恼与厄运,迎来吉瑞。

西班牙人有除夕夜争食葡萄的习俗,如果在有节奏的午夜钟声中吃完十二颗葡萄,意味着来年每个月都会如意。

美国人则以野外篝火晚会的形式迎接新年,午夜十二点,将旧物扔进火中,大家围着篝火唱歌跳舞,狂欢至黎明。

阿根廷人过年是全家外出洗一次新年浴,将美丽的鲜花撒在水面上,沐浴时用鲜花擦遍全身。

马达加斯加人新年要把鸡头、鸡尾赠送给双方父母,以示敬重,把鸡腿送给兄弟姐妹及其他亲朋好友,象征友好互助。

(2) 三八国际劳动妇女节

1909年3月8日,美国芝加哥女工为反对资本家的剥削,争取自由,争取平等,要求八小时工作制和增加工资,举行了声势浩大的罢工斗争和示威游行。1910 年 8 月,在丹麦哥本哈根召开第二次国际社会主义妇女代表会议,德国社会革命家、国际妇女书记处书记克拉拉·蔡特金向大会提议定 3 月 8 日为世界妇女的斗争日,即"三八"国际劳动妇女节,获大会一致通过。新中国成立后,中央人民政府政务院于 1949 年 12 月 23 日规定"三八"国际劳动妇女节为中国的劳动妇女节日,妇女放假半日。1950 年 3 月 8 日,在北京中南海怀仁堂第一次举行"三八"妇女节纪念大会,以后每年举行各种形式的纪念活动。

（3）国际劳动节

国际劳动节,又称"五一国际劳动节"或"五一节",是全世界无产阶级劳动人民的节日。1866 年,第一国际日内瓦会议提出八小时工作制的口号。1886年 5 月 1 日,以芝加哥为中心,美国全国 35 万人举行大规模的罢工和示威游行,要求改善劳动条件,实行八小时工作制,美国政府出动大批军警进行镇压。美国工人的斗争得到全世界各国工人的支援,迫使资本家接受了工人实行"每天工作八小时"的要求。为纪念这次罢工的胜利,显示"全世界无产者联合起来"的力量,1889 年 7 月,在巴黎举行的第二国际第一次代表大会决定把 5 月1 日作为"国际示威游行日",亦称"国际劳动节"。我国工人有组织的大规模的纪念"五一"劳动节开始于 1920 年,中华人民共和国成立后,中央人民政府政务院于 1949 年 12 月规定 5 月 1 日为我国工人阶级和劳动人民的劳动节,为法定假日。

（4）中国青年节

为了纪念 1919 年 5 月 4 日爆发的反帝反封建的伟大爱国运动,即"五四运动",继承和发扬"五四运动"以来中国青年光荣的革命传统。1939 年 5 月 4日,陕甘宁边区西北青年救国联合会规定 5 月 4 日为中国青年节,当时国民党在广大青年爱国高潮的影响下,也同意了这个规定。后来国民党畏惧青年的革命化,又将 3 月 29 日定为青年的节日,但在中国共产党领导的革命根据地则继续以 5 月 4 日为青年的节日。新中国成立后,中央人民政府政务院在1949 年 12 月 23 日正式宣布把 5 月 4 日定为中国青年节,青年放假半日。

（5）儿童节

1925 年,国际儿童幸福促进会举行了第一次国际大会,会后,一些国家先后规定了自己的儿童。中国根据中华慈善协会的建议,规定从 1932 年起 4月 4 日为中国儿童节。1949 年 11 月,国际民主妇女联合会在莫斯科召开执委会,正式决定每年的 6 月 1 日为全世界少年儿童的节日,即国际儿童节,并号召保障全世界儿童的生存、保健和受教育权,反对帝国主义虐杀和毒害儿童。

⊙ **More**

1949 年 12 月 28 日,中华人民共和国政务院通令规定 6 月 1 日国际儿童节为中国的儿童节。1950 年 6 月 1 日,全国各地举行了中华人民共和国成立后的第一个儿童节的庆祝活动。

（6）中华人民共和国国庆节

1949 年 10 月 1 日,中华人民共和国中央人民政府正式成立,当日下午在天安门广场举行了隆重的开国大典,向全世界庄严地宣告了中华人民共和国的诞生。1949 年 12 月 3 日,中央人民政府委员会第 4 次会议通过决议,把每年的 10 月 1 日定为中华人民共和国的国庆节。国庆节是我国法定假日。

2. 中国主要岁时节日礼俗

节俗与节庆的礼仪活动,是我国历史文化的一个组成部分。不少传统的节俗节庆,就是其中被保留下来的部分。就其庆祝的内容来看,或是以二十四节气为内容进行的节庆活动,我国民间原有春、夏、秋、冬四个节日,即春节（包括元宵节）、夏至节、中秋节、冬至节等；或是由古时对日月星辰、风伯雨师、山林川泽、四方百物的祀典中保留下来的节庆,如端午节、七巧节、重阳节等；或是对故人的缅怀,对亲人的思念的节日,如清明节、中元节。

（1）春节

农历正月初一,为农历的岁首,这是中国民间最盛大、最热闹的传统节日——春节。从汉武帝至清朝末年,中国一直沿用农历纪年法,长达 2080 年之久。1912 年,孙中山在南京就任临时大总统,宣布中国改用阳历。1949 年 9 月 27 日召开的政协第一次会议,将"年"分为"农历"和"阳历"——农历正月初一为"春节",阳历 1 月 1 日为"元旦",春节这一天全国都放假休息。

春节,是我国民间传统中最隆重、最盛大的一个节日。旧俗从农历十二月二十三日"送灶"开始。据说,灶神要在这一天上天去觐见玉皇大帝,报告所在人家这一年之中的行为情况。因此,家家都要在这一天举行"辞灶"仪式。然后是过年,或称"谢年"。现在除一些乡镇地区还保留有这些旧俗外,城镇中的居民一般已不再搞这类仪式,仅保留在春节前几天做团子、年糕和各色包子、水饺的习俗。

一是节前扫尘。春节庆祝活动的准备工作，自节前"掸尘"开始，即家家购办年货，户户洗、刷、蒸、煮，除尘和贴春联，人人洗澡理发，准备春节穿着，一直忙到除夕日（也称大年夜）。

二是除夕守岁。大年三十的晚上叫除夕，"除"是更易的意思，"夕"指夜晚，除夕是说旧的岁月在这一夜结束，新的岁月从这一夜开始。除夕之夜全家团聚，入夜先在祖先遗像前设香案醴酒、果品鸡黍，以示缅怀纪念。然后，阖家团聚吃一餐丰盛的年夜饭（北方地区通常是在子夜吃饺子）。年前，凡家中有在外地工作或学习的亲人，都会不远千里赶回家来相聚。各种企事业单位，除留下必要的值班人员外，也一概放假和歇业，与家人团聚。这顿晚饭要吃得欢欢乐乐，并共饮"守岁"酒。饭后（我国北方是在子夜吃过了年夜饭之后），大人们便给孩子们分发"压岁钱"。子夜零时一响，家家户户鞭炮齐鸣，此谓"子夜竹"，表示"爆竹一声除旧岁，桃符万户迎新春"。不过，为了安全，我国部分城市对燃放爆竹已经作了一些新的规定。守岁至天亮，以期来年的平安和幸福。除夕庆祝至此告一段落。

三是春节拜年。拜年乃春节习俗。传说在远古时代，有一种叫"年"的独角兽，喜欢吃人，腊月三十晚上便出山林掠人而食。于是人们只好放些肉食品在门外，关门躲在家中，直到大年初一早晨，"年"饱餐而去，人们才开门相见，作揖道喜，互相祝贺夜来没有被"年"吃掉，于是到了年初一便有了拜年的习惯。

大年初一第一顿饭在北方是饺子，在南方是汤圆或馄饨、面茶之类，其含义都是取其和美团圆的意思，以表示对美满生活的希望。然后，男女老少都穿上漂亮、体面的衣服，外出探亲访友，互相祝福来年的平安健康。在鞭炮声中，到处都是一派热闹喜庆的景象。

年初一上午，一般不走亲访友，这时，有些企业领导，便利用这一时机组织团拜活动、慰问劳动模范或走访职工家庭。亲友之间的走访，一般都从年初一下午开始，年初二则一般是向岳父母拜年，或向娘舅和舅妈拜年。

四是春节习俗。按旧俗，从年初一到年初五，小孩都不能哭闹，不能打破碗碟；大人也不能打骂小孩。无论大人、小孩，嘴里都不能说脏话。现在虽已没有这许多禁忌，但至少在年初一，人们都还遵守着这些习俗，小孩只要不闯祸，大人们一般也都不去干涉和责骂他们。

春节期间，有些地方至今还有"社火"活动，即举行舞龙、舞狮、耍十八般武艺、踩高跷等充满民族色彩的游艺活动，它们为节日增添了更多的欢乐气氛。

⊙ **More**

从大年初一开始,有些地方的人们先在自己家中祭祀神灵和祖宗,给神灵和祖宗拜年,祈求他们保佑全家新年平安幸福。然后,是家中年少的给年长的拜年。家中的拜年之后,便是亲朋好友、邻里同僚之间互相拜贺新年。而给亲友中的年长者拜年,照例要拎点礼物,同辈之间只是道贺一声,作个揖。拜年本是相互之间的一种美好的祝愿,但也不要使之完全流于形式。拜年活动从初一开始,有时要延续很长时间。傍晚时分到人家拜年称"拜夜节",初十以后叫"拜灯节",所以,有"有心拜年,寒食未迟"的玩笑话。

(2)元宵节

农历正月十五是中国人民的传统节日"元宵节"。农历正月十五是新年的第一个月圆之日,称为"上元",古称"上元节",又称"灯节",农历正月十五是农历新年的高潮,也是一年中最热闹的时候。

元宵节俗相传始于西汉,在唐、宋时期最盛。据说西汉文帝为纪念正月十五扫除诸吕这件事,每年这一天都要出宫与民同乐,便将这一天定为"元宵节"。最初"元宵节"的晚上有燃灯以祭祀太乙星的风俗,这天晚上的灯火要一直燃到第二天天明,这个风俗在民间经久不衰。还有一种说法,认为这天的灯火象征着佛家学说的大放光明,即所谓的"佛舍利光雨花"的传说。

因此,元宵张灯之俗最初只在宫廷举行,后来才传到民间;其节俗活动又与佛教有些瓜葛,再加上道教对元宵节俗的浸染,可以说元宵节虽不是朝野、释道一时一事造成,但却是它们合力铸成了后世完整丰富的节俗。

⊙ **More**

上元节的名称,出自道教的说法。道教把每年的正月十五日、七月十五日和十月十五日,分别定为三神,即上元天官、中元地官、下元水官的诞辰,因此,这三个日子就分别叫上元、中元、下元。正月十五日这天的元宵节便也叫作上元节。

元宵节有观花灯、闹社火、吃元宵的习俗。

火树银花不夜天,是元宵节最美丽的景观,即张灯、放火。我国从唐代起,每逢元宵节都必须张灯,故又称灯节。按民间习俗,正月十三灯节活动便已开始,俗称"头灯"。到正月十五日元宵节当天晚上,称为"正灯"。正月十六日称之为"残灯",一般灯节即到此为止。但有些地方要到正月十八日。元宵节不仅有张灯之盛,更有烟花为元宵不夜天增色。爆竹只有声响,花灯只有色彩,烟花则综合二者,既可观又可听,并且有像爆炸一样迅捷或像花灯一样舒缓的动感。其时,万人空巷外出观灯,各色灯彩、烟花千姿百态,令人目眩神迷。人们常说:"除夕火、元宵灯"。旧时家家户户元宵夜张灯结彩,喜气洋洋。现在,各地组织灯火展览,有的还制作灯谜,人们常常结伴赏灯游玩,增添乐趣。因为灯有照亮人间、破除黑暗之喻义,所以,人们借扎灯这种方式来表达对生活的热爱和祝愿世道明亮辉煌的企盼,使元宵灯会的古老习俗延续至今。

正月十五闹元宵之"闹"是元宵节的主要特征。张灯、观灯、赛灯叫"闹花灯"。施放花灯烟火、张灯观赏是元宵节最主要的娱乐活动。社火百戏叫"闹社火",有击太平鼓、扭秧歌、舞龙灯、耍狮子、踩高跷、跑旱船等游戏与百戏歌舞、戏曲表演等,锣鼓喧天、满街鼎沸。元宵之闹,除了花灯烟火、百戏社火的装饰、点染之外,最突出的就是人多。元宵观灯游玩的人们摩肩接踵;过桥挂灯,走百病,打灯谜的人们街填巷塞;连闺阁绣楼里的小姐、丫鬟和平时没功夫游玩的村姑农妇都出来了,人之多就可以想见了。中国古代妇女,尤其是未嫁的姑娘要守贞守节,平时不说夜晚,就是白天也难出门,因此,元宵期间当然要做竟日游的,甚至日出灯昏的时候还恋恋不舍。

人们之所以"闹元宵",是因为元旦之后,人们忙着拜年,虽然新衣美食,但娱乐赏玩的活动却比较少。元宵节则将这种沉闷的气氛打破,把新年春节欢庆的活动推向了高潮。

食元宵是元宵节的又一习俗。食品的元宵和节日同名,或者是元宵节因食元宵的习俗而得名。虽历代各地称呼或异,实质大同小异。一般元宵可分带馅与不带馅两种,元宵馅可以由各种原料制成多种味道。在新年第一个月圆之夜吃着这一食品,有着甜蜜、团圆的象征之意。表示在新的一年,百事遂圆满的祝福。节间互赠元宵也表达了同样的心愿。

一般来讲,元宵节过后,才意味着春节活动的正式结束。其节俗在当代中国仍然盛行。现在,每年元宵节前后,无论乡村还是市镇,人们都要张灯结彩。观灯游赏,烟火也是必不可少的。当代元宵节除灯火之外,更为突出的活动是各种社火,诸如舞狮子、耍龙灯、跑旱船、踩高跷、打腰鼓、扭秧歌、土台戏等。

这种活动不仅盛行于海峡两岸,就是在海外华人居住区也是年年上演,盛行不衰。元宵节,可以算是中国的"狂欢节"。

（3）清明节

清明节属我国历法中的二十四节气之一。节期在公历每年的四月五日或六日。这原本是人们游春踏青的日子。由于旧时在清明节前二日为春秋时代晋文公哀念介之推而定的"寒食节",这一天里禁止烟火,家家吃冷食,以示对死者的纪念,所以,寒食节又称禁烟节。当时,晋国百姓家门口挂柳枝,扶老携幼,上山为介之推扫墓、野炊,以表达怀念之情,这些风俗沿袭至今。日久天长,寒食节的原义已被淹没,逐渐与清明节融为一体,故悼念先人也成为清明节的一项重要节俗。

清明节寒食冷火,折柳插门、祭扫陵墓、野外踏青、植树是必行的节俗节礼,其中以寒食和扫墓为主。

在我国民间,每到清明节这天早晨,家家户户都要采集或买上几枝杨柳枝插在门上,也有做成杨柳球的。

据旧时的说法,姑娘们戴了杨柳球可以红颜不老。现在,一些上了年岁的妇女,还有折几片杨柳叶戴在头上的习俗。这天早餐,民间多吃用青菜汁拌糯米粉做成的"青团"。

根据习俗,清明节人们要举行扫墓活动。到亲人墓地献上鲜花或花圈,并且植树、除草、添土。供上供品、焚化纸钱以表示死者后人对祖先的缅怀。

我国各企事业单位,在这一天常集体组织到烈士墓、英雄纪念碑进行祭扫活动,以表示对先烈的哀悼和怀念。

清明节有踏青春游的习俗,是现代人的一项重要活动。清明前后,我国大部分地区气候转晴,草木萌发,春意盎然,是踏青郊游的好时节,因此,清明节又称"踏青节"。

我国民间,在这一天还有放风筝的习俗。在田野或广场空旷处,人们放起各种各样的风筝。有的还挂上响笛,其鸣声可以传得很远。此外,踏青这一天,人们相聚郊乡绿野蹴鞠、拔河、斗鸡、荡秋千,竞相游戏,享受大自然的万千风情。

我国的有些农村,还有在清明节这天淘井的风俗,并在井边插上杨柳枝,这是隐喻井水清明之意。这项习俗,对提高井水的质量倒是非常有积极意义。

（4）端午节

农历五月初五是中国传统的端午节。按照地支顺序推算,农历五月是"午月"，古人常把五日写成"午日"，"端"即"初"之意，所以，"初五"也就可以写成"端午"。

农历五月初五，是为"端午"或"重五"。古代，"五"与"午"相通，因此，"端五"亦称为"端午""重午"。又因古人用兰草汤沐浴的习俗，故又称"沐兰节"。唐宋时，此日又叫"天中节""端午节"。明清时称其为"五月节""女儿节"。道教称此日为"地蜡节"。端午节是我国民间夏季最重要的传统节日。

据近代学者考证，端午节原是中国古代民族的"龙子节"，它是祭祀龙——传说中的祖先的节日。每到此节日便举行龙祭、赛龙舟、吃粽子等活动。

端午节习俗代代相传，节日活动丰富多彩。端午节有悬艾蒲、喝雄黄（驱五毒）、戴香草、佩荷包的习俗，为了驱邪去病。因为五月天气渐热，正是疾病发生、毒虫活跃的时节，艾草、菖蒲、雄黄都有驱虫杀毒的作用。因此，端午这一天，旧俗从清晨起，家家户户都要在大门口挂起菖蒲、艾蓬和大蒜头。有的不仅挂在家门口，甚至挂在卧室门上。其用意是菖蒲犀利，形如宝剑；艾蓬多节，如钢鞭高悬；而大蒜头则象征一柄银锤。悬挂这些东西可以"除鬼驱邪"、祛病消灾，有的人家这一天还张挂钟馗像，直接表明了"打鬼"的愿望。

过去，端午节的中午都要吃较为丰盛的午餐。而黄鱼与雄黄酒则是必不可少的。因为这时正值黄鱼汛期，人们都爱在这个节日尝新。雄黄酒除了喝以外，还用来在小孩的额上写一个"王"字，并洒向墙壁四周，以祛毒驱虫。

在农村，这一天家家户户都用白芷、芸香、艾蓬和蚊香在室内进行烟熏，以达到杀灭害虫的目的。

此外，人们还在端午这天佩戴用各种香草编制的香包，时兴往儿童手腕、腿腕和脖子上系五彩绳，认为这样便可以驱恶、免疫。这些习俗都在于避邪驱祟辟五毒，但到后来便逐渐变衍出装饰、社交等功能，到现在这些习俗依然流行，不过已不再是所谓辟邪驱祟，而成为一种纯粹的节日习俗了。

吃粽子是端午节的另一习俗。据史料记载，粽子早在周初就已有之，与端午的避邪驱毒一样，也是一种夏令风俗。只是到西晋时，吃粽子的风俗才渐渐被固定在端午。屈原于农历五月五日在湖南汨罗江抱石投水而死，楚人为哀悼他，便在每年的端午以竹筒贮米投于水中祭吊。

端午节的主要习俗还有龙舟竞渡。春秋越王勾践时期就有赛龙舟的习俗。龙舟竞渡是祭祀水神的活动。人们划龙舟，把食物装入竹筒投进水里，是对龙的祭祀。屈原投江后，当地人组织舟船，寻找屈原遗体。经历代相传，龙舟竞渡已成为全国性的竞技活动和体育活动，以及端午节的一项盛大喜庆活动。龙舟船头刻成龙头形状,舟身漆画上龙鳞,船尾有龙尾高翘。旧时,龙舟于五月初一下水,在赛前,参赛者都给诸亲好友送请帖,请他们到时前来观看。亲友们则要剪红布、买烟、燃放爆竹到河边接船。现在的竞赛更为壮观。运动员穿着与龙舟颜色相同的红、黄、蓝、白各色运动衣,随指挥者的哨音奋力划桨,驰向终点。在民间比赛时,龙舟在受到亲戚赠礼后,要划舟转一圈,并唱着歌曲以示谢意,更增添节日的喜庆气氛。

纪念是端午节传统节目的另一项重要内容。据《礼记·同令》记载,仲夏之月"乃命百县,雩祀百辟,卿士有益于民者,以祈谷实"。是说命令各地官民举行雩祭,祭祀古代对老百姓有功德的百官卿士,祈求好的收成。屈原、介子推、伍子胥、陈临、曹娥等人都是人们怀念和同情的历史人物,所以,人们把"龙子节"同他们联系起来。在仲夏之月,在端午节纪念他们则是自然的。

⊙ **More**

在我国广大人民心中,端午节是纪念战国时期伟大的爱国诗人屈原的。相传一生忧国忧民的屈原是在农历五月初五这天自沉汨罗江。但是,关于端午节的起源,也有不同的说法。在山西一带,传说是为了纪念介子推;在关楚西地,据说是为了纪念伍子胥;在浙江绍兴一带,相传是为了纪念曹娥。据古籍记载,这一节日的起源与屈原确无关系。西汉戴德《大戴礼》即言:"五月五日,蓄兰为沐浴。"屈原《楚辞》中也有:"浴兰汤兮沐芳华"的诗句。可见,端午节的一些活动,早在屈原逝世之前就已经在民间流行。

(5)中秋节

农历八月十五日是中秋节,是我国民间的一个重大传统节日。按古代历法的解释,八月在秋季的中段,叫"仲秋",八月十五日又在仲秋之中,称"中秋",因此,中秋节亦称"仲秋节"。中秋节之夜,月亮最圆最大最亮,人们视月圆为团圆的象征,所以,中秋节又称为"团圆节""秋节""月夕""月节"。

中秋节还流传着种种与月亮相关的美丽的神话和传说,其中,最著名的是"嫦娥奔月"。

中秋节的起源与古代秋祀、拜月习俗有关。据史书记载,早在周朝,就有春分祭日、夏至祭地、秋分祭月、冬至祭天的习俗,祭祀的场所是分设在国都东南西北四个方向的日坛、地坛、月坛和天坛。民间也有中秋祭月的习俗。祭月一般在月亮升起后进行，在露天设案，供奉月饼、瓜果等物品。祭拜时，因月属阴，便由女子先拜，男子后拜，也有男子不拜的规矩。祭月后，还要吃"团圆酒""赏月饭"。这天回娘家探亲（俗称"归宁"）的女子，月夜前必须返回夫家"团圆"。祭月的主要供品是月饼，又称"团圆饼"，象征团圆。祭供后，全家分食。据传说，中秋品尝月饼的习俗始于唐代，盛行于宋代。

如今，中秋节恰逢国庆节前后，这就使传统的中秋节更增添节日的气氛。

中秋节时，因正值桂花开放，清香四溢，加上十五日月亮正圆，秋高气爽，分外明丽，因此，"花好月圆"是中秋节的一大特色，旧时，人们都爱于此时折桂作瓶供，放置卧室之中，馥郁的香味，令人心旷神怡。中秋这一天，家家户户都尽可能阖家团聚，共度良宵。

中秋节的节庆活动从早晨就已开始。民间习俗早餐要吃糖芋艿、糖煮糯米藕片、桂花糖制的栗粉糕。有些地方，还要吃自制的芝麻饼。

每当中秋之夜，合家团坐，一边赏月，一边分食月饼。人们借助各种象征团圆的节物和活动，表达一个共同的心愿：祈愿家人团圆、生活美满。"每逢佳节倍思亲"，这是中国人特有的传统情感。对于炎黄子孙来说，即使远在天涯海角，中秋节的明月，也能带去亲人的缕缕相思与祝福。

民间有些地方，这天晚上妇女要盛装结伴出游，直至鸡鸣方还，叫作"走月亮"。

中秋节，旧时一般又是正式确定婚姻关系的"女婿"或新女婿向岳丈表示尊敬和孝意的日子。许多男青年选中这一天初次拜见岳父母。当然，象征性地送一些月饼、美酒、滋补品也是必要的。但如果节礼太重，又会显得庸俗了。在一些农村地区，这一天更要选两支长藕，其节数相应、相等，以取"对偶成双"之意。所赠的其他礼品，也要取双数而忌单数。

（6）重阳节

农历九月初九是重阳节。又称茱萸节、登高节、菊花节。

"重阳"的说法，来源于《易经》的"以阳爻为九"。将"九"定为阳数，九月初九，月和日都逢九两个"阳数"重叠，故名"重阳"。"九九"与"久久"同音，颇应口，故古人认为这天特别值得庆贺。

把"重阳"当作节日大致自战国始，汉代逐渐盛行，而在现代，我国又将重阳节定为敬老节更具有重大意义。重阳节风俗很多，主要有登高、插茱萸、赏菊、饮菊花酒、吃重阳糕等。在这一天，过去民间家家要吃糯米粉蒸制的重阳糕,上面撒有黑芝麻、红绿丝和青豆等,色香味俱全。有的地方还在糕上插上小纸旗。取"糕"与"高"谐音,用吃糕来象征步步登高,"万事皆高"。

重阳节时,正逢菊花开放。因此,古人又总把重阳赏菊作为节庆的一项重要习俗。并把菊花摘下来戴在头上。所谓"鬓边不可无黄菊"讲的是这个意思。重阳时节,稻熟蟹肥,有条件的人家还在这天吃蟹赏菊,更增情趣。

重阳节最重要的活动是登高。古人于高台设宴,饮菊花酒,谓之"菊酒延年"。一些客居异乡的人,这天总要面朝故乡的方向,登高临远,以寄托对故乡、亲人的思念。就是现在,每当重阳日,人们也还十分重视登高活动,如进行爬山、攀登高楼或宝塔等。但大都已是作为一种体育运动来看待了。

重阳这一天,过去民间还有采集一种叫茱萸的药用植物的习俗。此花香味浓烈,民间传说佩戴此物可"祛邪避恶"。

随着我国人口平均寿命的增长,老年人迅速增多,我国已将重阳这天定为"敬老节",除了健身延年之意外,更重要的是反映了中国社会对老年人的关心和尊重。每逢重阳节,还会组织社会各界以各种方式表达对老年人的敬意,为老人创造一个良好的社会环境和生活环境。这一具有生命力的移风易俗之举,必定也会成为重阳节的又一个新风俗。

(7)腊八节

中国的腊八节在农历十二月初八,即公历元月上旬,是中国古老的传统节日。这一天恰好也是佛教节日,相传是释迦牟尼成佛的日子。

"腊"本是我国远古时期的一种祭礼。人们常在新旧年交接时,用猎获的禽兽举行大祭,以祈福求寿、避灾迎祥。古时,"猎""腊"是同一个字,"腊"字原意是"合",并有"接"的含意。古人常把祭祀祖先与天地神灵合在一起,称为"腊祭",因此,称冬末十二月为"腊月"。腊月初八,古称"腊日"。从先秦时起,腊八都是被当作"年节"来过的,但当时尚未固定为十二月初八,直到南北朝时,才固定于此日,用以祭祀祖先和天地神灵,祈求丰收与吉祥。

腊八这天,也是佛教的节日——"佛成道节"。据传佛教创始人释迦牟尼得道成佛之前,曾游遍了印度的名川大山,寻长老、访异人、苦修行,探求人生真谛。由于饥饿疲乏,倒在北印度的摩揭陀国。一牧女用黏米、糯米混合的杂烩饭将其救活。而后释迦牟尼在菩提树下静坐沉思,于十二月初八得道成佛。从此,每至"腊七",寺院僧侣都要取新鲜谷果,洗净器皿,终夜烧煮,天明时熬成熟粥,供奉佛祖,群僧集会,诵经演法,喝"腊八粥",以示纪念。

民间每到"腊八"这一天,家家户户都要吃一顿别具风味的"腊八粥"。这种粥是用五谷杂粮掺花生、栗、枣、核桃仁、杏仁等原料在微火中慢慢煮熟炖烂而成的,香甜可口,营养丰富,是寒冬腊月的饮食佳品。旧时民间吃腊八粥是为了驱鬼邪、逐瘟疫、庆丰收、讨吉祥。有些地方人们吃腊八粥前,还要盛一碗,洒在车、碾、磨上和牛、羊、马猪圈门上,意思是丰收也有工具和牲畜的功劳。

 扩展阅读

媒妁和彩礼

古代对"媒妁之言"的重视,实在不亚于"父母之命"。

"媒妁"一词,一般有两种解释:一种是男媒叫媒,女媒叫妁;另一种则说"媒"的意思是"谋合二姓","妁"的意思是"斟酌二姓",见之于《说文解字》。分析起来,似乎后者更为恰当。因为在封建社会,婚姻是两个家族结合成休戚相关的亲眷,其间必须有中介"谋合";要"谋合"就须审度两个家族的门第、财富等是否相称,即"斟酌"。这就可由一人往来于二姓之间,所以,后世往往不大用"妁",而统称为媒人或大媒了。

儒家认为夫妇是人伦之始,所谓"有夫妇然后有父子,有父子然后有君臣,有君臣然后有上下,有上下然后有礼仪有所错(措)。"(《周易·序卦传》)孔子删定的《诗经》,第一篇就是《窈窕淑女,君子好逑》。对男女家族来说,娶妇更是"上以继宗庙,下以继后世"(《礼记·昏义》),保证家族血缘得以延续的大事。因此古人对待婚姻极为郑重,相应制订的礼仪也很烦琐。周礼的规定有"六礼":

① 纳采。男家请媒人带着礼物到女家求婚。

② 问名。若女家允婚,男家再请媒人携带书礼前去请问女方的名氏,女家则答书具告女方出生年月和她生母的姓氏。

③ 纳吉。男家拿到女方的名氏生辰后,便到宗庙问卜,若卜得吉兆,说明这桩婚姻已经得到祖先神灵的认可,由媒人把吉兆告知女家,当然也要带上礼物。婚姻关系自此确定,相当于后世的订婚。

④ 纳征。也称"纳币",是成婚前男家向女家下的聘礼,包括黑三黄二的五匹帛,称为"玄(黑)纁(黄赤)束帛",束是十的意思。每匹帛有两端(头),五匹即十端成束,再加上"俪皮"(两张鹿皮)。

⑤ 请期。男家择定成婚日期,请媒人征求女家同意。

⑥ 亲迎。到了吉期,新郎亲自前往女家迎娶新娘,时间须在昏夜,所以,

称为昏(婚)礼。新郎还须亲为新娘驾车,以车轮转三周为节,叫作"御轮"。

六礼中,除纳征外,其他五礼的礼物都用雁。据《白虎通义》解释,这是因为雁是候鸟,随时南北,取嫁娶适时之意。又古称雁为随阳鸟,妇从夫,即阴随阳;而且雁的飞行有次序,婚嫁也有顺序,弟不先兄娶,妹不先姊嫁。

六礼烦琐难行,后世在程序上逐渐简化,内容也是历经变革。如纳采、问名、纳吉合并为纳采,单方面的问名改为双方互换写明男女姓名、出生年月日时(生辰八字)和父祖三代姓名官衔的庚帖(也称"龙凤全帖"),成为订婚仪式。同时男家致送订婚礼物,俗称"放小定",当然不再用雁,但其中必包括茶。因为茶树不能移栽,取女子从一而终之义,所以,也称为"下茶"。又如纳征与请期合并,称为"下聘",也称"放大定""过大礼",是正式的聘礼,其丰俭随门第、财力而定,大体包括首饰、衣服、食品等物。亲迎基本上保存了下来,但时间多在白天,而且改用花轿,也就不再"御轮"了,但鼓乐仪仗则是不可少的。

第四章　职场演练礼仪

 本章学习目标

　　◇ 了解实习对于进入职场的重要性；

　　◇ 掌握面试中应聘资料、着装打扮、仪态举止和语言谈吐的相关礼仪内容；

　　◇ 熟悉辞职的基本礼仪和内容；

 本章背景

　　求职应聘是一种自我推销的过程。求职礼仪是求职者在求职过程中应有的仪表仪态规范和礼貌行为。通过求职者的应聘资料、着装打扮、仪态举止和语言谈吐来体现其内在素养。这对于求职者能否被理想单位录用、能否达到求职愿望有着非常重要的作用。有入职，必有离职。良好的开始，也要有完美的结束，有礼有序地做好离职所需的各项工作，体现的是个人良好的教养。

第一节　实习：进入职场的资本积累

　　实习生常常会在不同的单位、组织和部门中进行实习工作，这也就要求实习生有较强的环境适应能力。每个实习生都有自己不同的适应速度和适应轨迹，能适应好一种环境，就将拥有举一反三、适应诸多环境的经验。我们可以把自己的一生看作一个不断适应的过程，每一次适应只是人生某一阶段的一个新起点。面对新的工作环境，实习生必须经历由基本适应到深层适应，再到完全适应的过程。

　　首先，实习生必须了解实习单位、组织或部门的小环境以及办公环境。其实，要做到这一点并不困难。当你踏入崭新的工作环境时，请你做一个有心人,细心地留意工作环境的基本格局,以及办公设备的摆放位置。这有助于你较快地投入并开展工作,避免因为不知道某个办公设备的摆放处而带来的烦恼。与此同时,你也树立了高效的职场形象。当然,并不是每个办公环境都是一目了然的,也不是每个办公设备都是简单易操作的,如果遇到此类问题,建议你"勤学好问"。这对你的工作不会带来任何的负面影响。刚去的几周里,别人不会因为你问题多就觉得你笨。正好相反,多数人都喜欢你向他请教。当请教别人后,无论你是否同意他人的做法,都应该表示感谢,千万不要说诸如"我从来不这么做"或"我以前也试过但不管用"的话。

其次,在基本适应的基础上,实习生必须了解工作单位、组织或部门的大环境。一要熟悉内部组织及规章制度。实习生应把自己看作服务单位、组织或者部门中的一分子,了解内部组织的结构、经营方针和工作方法,并和其他员工一样遵守规章制度,甚至要细心地领会那些不成文的规章制度,以及成文或不成文的习惯做法。这有助于你顺利地开展工作,以免"碰钉子"、犯错误。二要熟悉组织文化。组织文化是一个组织长期以来形成的不可言传而靠行为来体现的思想、观念和态度。自觉融入这种文化中去,积极参加组织中的各种活动,通过平时的工作接触与休闲聊天,熟悉周围的工作人员,真正成为你所在部门的一员。这也为你的工作开启了方便之门。

再次,通过熟悉大环境和小环境,可以认清自己在此环境中所承担的工作角色和职责范围。与此同时,根据新的环境,完善自己的知识结构,使自己尽快地胜任工作。

还要指出的一点是,实习生不仅在政府部门、企事业单位或非营利性组织中提供常态的工作,而且往往会参与诸如国际论坛、国内外学术研讨等会务活动,并提供会务接待、陪同参观等服务。通常情况下,实习生都会事先拿到提供日程安排、陪同的来宾情况、会议及参观地点等基本资料。实习生应该根据资料做好相应的准备。

第一,要了解会议的性质和来宾的情况。不同的会议对工作提出不同的要求。在专业性较强的会议中,作为陪同来宾的接待人员,应该在会议前学习一些相关的知识。在国际性会议中,出现的大多为各国官员、专家学者等。这要求接待人员对来宾的国家及文化背景、生活习惯、礼仪传统等都有一定的了解。

第二,要熟悉会议与参观的地方。一般情况下,会事先安排采点。帮助接待人员了解并熟悉开会以及参观的场所。如果没有安排,应该自行进行踩点。

采点不是走过场。在采点的过程中,要眼到、心到、手到。要精确地记住从宾馆到开会场所的路程与时间。细心地观察开会场所的环境。记住大门、会议室、餐厅、洗手间、逃生通道的具体位置,必要的话,可以画一张草图,把上述内容记录下来。另外,要摸清从大门至会议室、从会议室至餐厅的路线,计算出每条路线的时间,记录下最近的路线。特别是在外参观的时候,最近的路线将帮助你与你的贵宾在一些突发情况后,能尽快地赶上其他与会者。但是,我们也无法避免没有时间采点的情况,而且这种情况并不少见。遇到此类情况时,最重要的是要沉着、用心。尝试着记住你走过的所有路及这些路旁的所有物品或东西。即使不能做到面面俱到,但是对帮助你完成工作是绰绰有余的。

> ⊙ **Tips**
>
> 融入组织文化要讲求方法。譬如,可以经常与部门的其他工作人员一起边吃午餐边聊天。但是,在工作中闲聊是不可以的,因为工作中的闲聊不但会影响你的工作进度,也会影响别人的工作情绪,甚至影响工作环境的安宁。

第二节　求职:态度大于能力

应聘成功与否,往往决定于细节。在人才竞争日益激烈的今天,细节决定成败,面试在礼仪上特别讲究,一个人礼仪上的表现能反映出其内在的素养。求职人良好的礼仪修养,能让面试官产生好感,从而提升竞争力。因此,按照求职礼仪的要求,修正自己的不良习惯,才会为求职成功加分。

1. 未曾谋面的第一印象

在求职者尚未到来之前,一封好的求职信,会给招聘单位留下一个很好的第一印象,这对顺利入围面试是十分重要的。

求职信,属于书信范畴,因此,写求职信必须包括称呼、正文、结尾、署名、日期、目录、附件等方面的内容。其中,正文是求职信的主题,首先要实事求是地说明本人的基本信息,但不要把个人简历照抄一遍;其次要有针对性地说明能胜任应聘岗位的各种能力和经验;最后要表示希望得到答复面试的机会。

精心设计求职信,从而达到出奇制胜的效果,但这并不意味着要标新立异或哗众取宠。求职信的内容务必实事求是,表达准确,文笔流畅,重点突出而有条理,不必过于谦虚,恰如其分地介绍自己的能力和特长即可,篇幅以两页(约1500字)较为合适。打印的求职信要精心排版,并避免拼写错误。在求职信的适当位置可插入精心选择的近照,但不宜选择生活照。无论是贴上去的照片,还是打印出来的图片,都要做到清晰、柔美、不失真。与求职信同时寄出的一些有效证件的复印件,如成绩单、推荐函、学历证、学位证、获奖证书、身份证,或任何其他能证明求职者能力的证明材料等。求职者最好在正文下方列出一个附件清单,这样既方便招聘单位审核,又给招聘方留下负责周到的好印象。

2. 守时观念是第一守则

守时是职业道德的一个基本要求,提前10~15分钟到达面试地点效果最佳。如果路程较远,宁可早到30分钟,甚至一个小时。避免堵车、迷路、交通事故等突发情况造成的迟到。但早到后不宜提早进入办公室,因为提前半小时以上到达反而会被视为没有时间观念。对面试地点比较远,或者地理位置比较复杂的面试单位,不妨先跑一趟,熟悉交通线路、地形,甚至事先搞清洗手间的位置,这样你就知道面试的具体地点,同时也了解路上所需的时间,可以更全面地做好面试准备。面试时迟到或是匆匆忙忙赶到会被视为缺乏自我管理和约束能力,即缺乏职业能力,会给面试者留下非常不好的印象。这里需特别指出的是,如果面试官和招聘人员迟到,那千万不要太介意,也不要太介意面试人员的礼仪素养。如果他们有不妥之处,应尽量表现得大度一些,这样往往能使坏事变好事。因为面试也是一种人际磨合能力的考查。

3. 进入面试单位的第一形象

应聘时不要结伴而行。无论应聘什么职位,独立性、自信心都是应聘者的基本素质要求。到达后,径直走进面试单位,不要四处张望。此时的手机最好设置在振动或者静音状态,也可以直接关机,避免面试时铃声响起,造成尴尬局面。进入面试单位,若有前台,则开门见山说明来意。若无前台,则找工作人员求助。这时要注意用语文明,"你好"和"谢谢"是必说的礼貌用语。经指导到指定区域落座,耐心等候,对接待员要礼貌有加。等候时,坐姿要端正,胸部挺直,脚踏在本人座位下,两膝并拢,将手放在膝上。两腿不要任意伸直,切忌跷二郎腿或不停抖动,两臂不要交叉在胸前,更不能把手放在邻座椅背上,不要给别人一种轻浮傲慢、有失庄重的印象。求职者在等候面试时,不要旁若无人或随心所欲,不要抽烟、嚼口香糖或者毫无顾忌地接听手机,不要来回走动,也不要与别的面试者聊天,不要向工作人员询问单位情况或向其索要材料,不要驻足观看其他工作人员的工作,或在落座后对工作人员所讨论的事情或接听的电话发表意见或评论。

许多求职者往往因为紧张而出现心跳加快,面红耳赤等情况。此时,应控制自己的呼吸节奏,努力调节,尽量达到最佳状态后再面对招聘考官。在等候的时候,正好可熟悉一下环境,稳定一下心神。可以尝试翻阅资料或者杂志,用来转移注意力,调整情绪,克服怯场心理。

4. 与面试官的第一照面

一个人与他人交往的第一印象很重要,外表是人们踏上社会的第一张名片,关系到能否顺利踏入社会,找到一份合适满意的工作。为此,在面试前对个人形象进行设计是必要的。在应聘时,首先要注意自己的衣着和打扮。但是,并非所有的"包装"都能奏效,有时还会适得其反。许多人认为难得有一次面试的机会,一定要大出风头,于是买了许多时髦或者昂贵的服装,这是一个极大的误区。一般正规的企业都欣赏传统保守的正装,所以,服装不一定要穿名牌,庄重得体就好。相较于大买大办,有的人则太不注重服装,穿着过于随便,这也会使招聘人员对你的印象大打折扣。求职时的服饰打扮,以套装较为适宜。关键要整洁干净。注意尺码一定要合身,大一码或小一码都会影响穿着效果。衣服的颜色宜选择适合自己肤色的中性色。穿深色衣服时最好事先拍拍两肩。以免头皮屑掉在上面。具体而言,男士需理好头发,剃好胡须,擦亮皮鞋,穿上颜色素净、干净整洁的服装,衬衫以白色为好,切忌太花哨。穿西装要扣好西服和衬衫扣子,打好领带,领带颜色以明亮为佳,但不应太鲜艳,图案一定要中规中矩,以能带给人一种明朗良好的印象为佳。戴眼镜的人士,镜框的佩戴最好能使人感觉稳重协调。女士的头发一样要梳理整齐,勿顶着一头蓬松乱发,染发烫发注意把握职场人士的尺度,留有长发的需束发。可略施脂粉,但勿浓妆艳抹。穿着应有上班族的气息,裙装、套装是最合宜的装扮,裙装长度应在膝盖左右,太短有失庄重。服装颜色以淡雅或同色系的搭配为宜。不宜穿戴金银首饰。另外,不可忽视不同职位对穿着的不同要求。如果你是应聘一家要求严格的单位,穿蓝色会比较合适,显得很端庄、很职业。建议不要穿黑色、灰色,黑色会给人一种压抑感和威胁感,灰色则给人感觉很呆板缺乏创意。如果在普通单位应聘,着装就比较平常,鞋子和衣服颜色与整个色调是一致的就可以了。如果你要去应聘一些非常有创意的工作,你可以穿得稍微时髦一点。注意讲求色彩,在视觉上就显示出你的创意来,但不要表现得太另类、太超前。

如果没有人通知,即使前面一个人已经面试结束,也应该在门外耐心等待,不要擅自走进面试房间。当自己的名字被喊到,就有力地答一声"是",然后再敲门进入,敲两三下是较为标准的。敲门时千万不可敲得太用劲,让里面听见即可。听到里面说:"请进"后,要回答"打扰了",再进入房间。开门关门尽量要轻,入室应整个身体一同进去,进门后不要用后手随手将门关上,应转过身去,背对面试官将门轻轻合上,然后缓慢转身面对面试官,将上半身前倾30度左右,向面试官鞠躬行礼,面带微笑称呼一声"你好",彬彬有礼而大方得体,不要过分殷勤,也不要过分拘谨。

求职者进入面试室,行握手之礼,应是主考官先伸手,然后求职者再伸手回应。若求职者拒绝或忽视了主考官的握手,则是失礼的行为。因为这是与面试官的初次见面,这种手与手的礼貌接触是建立第一印象的重要开始,不少企业把握手作为考察一个应聘者是否专业、自信的依据。所以,在面试官的手朝你伸过来之后就握住它,要保证你的整个手臂呈90度的L型,有力地摇两下,然后把手自然地放下。握手应该坚实有力,有"感染力"。握手时,双眼要直视对方,自信地说出自己的名字,即使你是位女士,也要表示出坚定的态度,但不要太使劲,更不要使劲摇晃。不要用两只手,因为用这种方式握手在西方公司看来不够专业。握手的手应当是干燥温暖的。到达面试现场后,如果手心发凉,最好用热水捂一下,免得双手冰凉。握手时,长时间地拖住面试官的手,或快速捏一下手掌,都是不合适的。若非主考官主动先伸手,求职者切勿贸然伸手与主考官握手。

在面试官没有请你坐下时,切忌急于落座。请你坐下时应道声"谢谢",然后入座,等待询问开始。入座时要稳、要轻,不可猛起、猛坐,使椅子发出声响。女士入座时,若着裙装,应用手将裙子稍向前拢一下。坐定后,身体重心垂直向下,腰部挺直,上体保持正直,两眼平视,目光柔和,男子双手掌心向下,自然放在膝盖上,两膝距离以一拳左右为宜。女士可将右手搭在左手上,轻放在腿上。坐时不要将双手夹在腿之间或放在臀下,不要将双臂端在胸前或放在脑后,也不要将双脚分开或将脚伸得过远。坐于桌前应该将手放在桌子上,或十指交叉后以肘支在桌面上。入座后,尽量保持正确的坐姿,如果坐的时间长,可适当调整姿态，以不影响坐姿的优美为宜。有两种坐姿不可取：一是紧贴着椅背坐，显得太放松；二是只坐在椅边，显得太紧张。这两种坐法，都不利于面试的进行。

求职者求职时必须带上个人简历、证件、介绍信或推荐信，面试时一定要保证不用翻找就能迅速取出所有资料。如果送上这些资料，应双手奉上，表现得大方和谦逊。

面试开始后要留心自己的身体语言，特别是自己的眼神和微笑。整个面试过程，应全神贯注，目光始终聚焦在面试人员身上，礼貌地正视对方，注视的部位最好是考官的鼻眼三角区，目光平和而有神，专注而不呆板，以恰当的眼神体现出智慧、自信以及对公司的向往和热情。如果有好几个面试官在场，说话的时候要适当用目光扫视一下其他人，以示尊重。面试时还要面带微笑，增进与面试官的沟通。听对方说话时，要时有点头，表示自己听明白了或正在注意听。

说话时可加些手势，但要留意了解中外手势的不同，以免用错了反而造成误解。无论紧张还是兴奋，都不要频繁耸肩或者手舞足蹈。不要有太多小动作，更切忌抓耳挠腮、用手捂嘴说话。

⊙ **More**

加州大学洛杉矶分校的一项研究表明，个人给他人留下的印象，7％取决于用词，38％取决于音质，55％取决于非语言交流。非语言交流的重要性可想而知。在面试中，恰当使用非语言交流的技巧，将为你带来事半功倍的效果。

5. 引起关注的第一突破

求职者在面试时要站正坐直，不要弯腰低头，双手放在适当的位置。千万要注意，不要做玩弄领带、掏耳朵、挖鼻孔、抚弄头发、掰关节、玩弄招聘者递过来的名片等多余的动作。切忌双腿神经质般地不停晃动或跷起二郎腿。自己随身带着的包不要挂在椅子背上，可以把它放到自己坐的椅子旁边或背后。有求职者，自恃学历高，或者有经验、有能力，不愁用人单位不用，在求职时傲慢不羁、不拘小节，表现出无所谓的样子，这都是不可取的。

面试时，求职者和主考官必须保持一定的距离，不适当的距离会使主考官感到不舒服。如果应聘的人多，招聘单位一般会预先布置好面试室，把应试人的位置固定好。当求职者进入面试室后，不要随意将椅子挪来挪去。有的人喜欢表现亲密，总是把椅子向前挪。殊不知，这是失礼的行为。如果应聘的人少，主考官也许会让你同坐在一张沙发上，求职者这时应界定距离，如果太近了，容易和主考官产生肌肤接触，这是失礼的行为。

自我介绍是面试中非常关键的一步，当主考官要求你做自我介绍时，不要像背书似的把简历再说一遍，那样只会令主考官觉得乏味。用舒缓的语气将简历中的重点内容稍加说明即可，如姓名、毕业学校、专业、特长等。简短的自我介绍，涵盖了应聘者的所有工作成绩与为人处世的总结，将在很大程度上决定你在各位考官心里的形象，考官将基于你的材料与介绍进行提问。

面谈时，讲话要充满自信。回答问题时尽量详细，要按面试官的话题进行交谈。面谈要突出个人的优点和特长，并要有相当的可信度。特别是具有实际管理经验的要突出自己在管理方面的优势，最好是通过自己做过什么项目这样的方式来叙述一下，语言要概括、简洁、有力，不要拖泥带水、轻重不分。重复的语言虽然有其强调的作用，但也可能使考官产生厌烦情绪，因此重申的内容，应该是浓缩的精华，要突出你与众不同的个性和特长，给考官留下难忘的记忆。有时可以适当引用别人的言论，如老师、朋友等的评论来支持自己的描述。切记一定要坚持以事实说话，少用虚词、感叹词之类。所述内容要符合常规，介绍的内容和层次应有序地展开，注意语言逻辑，突出重点。尽量不要用简称、方言、土语和口头语。当不能回答某一问题时，应如实告诉对方，含糊其词和胡吹乱侃会导致失败。有的主考官会故意提问一些令你感到受冒犯的问题，用来试探一下你如何对待，考查你的修养和应对的能力，此时要冷静，不能意气用事。拒绝回答是可以的，但口气和态度一定要婉转温和。总之，面试时，一定要保持斯文有礼、不卑不亢、大方得体、生动活泼的言谈举止。这不仅可大大提升你的形象，而且往往会增加成功的机会。

面试官有时会以起身表示面谈的结束，有时也用"同你谈话我感到很愉快"这样的辞令来结束谈话。对此，应聘者要十分敏锐，及时起身告辞。告辞时应同面试官握手，还要将椅子放回原位，然后面带微笑地向主考官致谢。

面试后写一封感谢信给面试官，这不仅礼貌，还可加深印象。在接到不录用的通知后，也要写信或发个邮件表示感谢，以便下次联络。

第三节　离职：结尾同开始一样重要

无论出于何种原因，一个成熟的职场中人，应该在辞职之时多多考虑一下自己该做什么和该怎么做。"反正立马要走人了，因此可以草草了事"的心理是不可取的。一场漂亮的离职不仅能体现个人的良好素质，还能给人留下完美深刻的印象。

1. 离职之前

在离职前，应该在法定的时间内提出辞职申请，以便完成工作的交接。如果有未休完的带薪假期，也应该待工作交接完成后再申请休假。正式离职前仍然要按时上下班，遵守各种规章制度。

离职时，不声不响突然地就递交辞职申请是不礼貌的。应该先与自己的直属上司谈一谈自己的想法。辞职的理由最应该是积极向上的，如"我想尝试一下在自己喜欢的领域里发挥自己的实力"。但最好不是"不满薪水""处理不好人际关系"等消极因素，如果是要照顾生病的家人而不得已辞职，那要把实情直接说出来。这里特别要指出的是，不要试图用辞职作为威胁，让领导提升你或者增加薪酬，大多数领导即使暂时满足了你的要求留下了你，但最终也不会对你有太好的印象。说明辞职理由后，应向上司表达自己的谢意，感谢其长期以来的照顾。

2. 递交一份合格的辞职申请

辞职，首先要递交一份辞职申请，辞职申请一般包括离职原因、离职期限、工作交接、向公司表示感谢等内容，当然也可以增加一些个人意见和建议，推荐合适的接班人等。离职原因也可以不写得很具体，只以一句"因为个人原因"即可。

3. 做好工作的交接

工作交接时，为了方便后任者，可以把交接的工作一一记录，把有关的文件信函整理好，把与工作相关的联系方式罗列好，尽可能地为将要接替你的人提供方便。对于电脑中的数据信息等要细心整理，该删除的删除，该保留的保留，方便接任者上手。自己的名片和工作中收到的名片都应留在公司。

辞职申请获得批准后,才可以将这个消息告知同事们。以免过早通知大家,影响工作。

当辞职申请被批准后,如有可能,在正式离职前的一段时间内,应与直属领导一起登门拜访重要客户,告知对方辞职的信息,还要将自己的接任者介绍给客户,方便接任者后续工作的开展,当自己已经辞职后,如果后任者联系你,询问工作上的事情,应该尽可能地帮助对方。

4. 离职后

跳槽有时是为了有更好的工作条件或者更高的薪水报酬,有时是因为对以前工作有诸多不满,但是如果跳槽后整天抱怨以前的公司,说以前领导的坏话,最多只是一时的嘴上痛快,于己于人都没什么好处。新公司接受跳槽来的你,也许是因为看中你以前的工作能力和业绩,加入新的公司之后,仍然要努力工作,要"入乡随俗",遵照新的公司要求工作,有时要适当放弃在以前公司的工作方式。另外,保守以前公司的商业机密是职业人的基本素养。

 扩展阅读

据统计,规模较大的企业一般每周会收到 500 份左右的电子简历,其中 80% 的简历在浏览者浏览不到 30 秒时就被删掉了。想要吸引浏览者,关键在于是否拥有一份个性化的电子简历。怎样让自己的网上简历更"抢眼"?

一是放大"卖点":第一,成绩和能力。运用数字、百分比或时间等量化手段,直观、集中对能力进行细节描写。列出与求职有关的能力,对各方能力加以归纳和汇总,用词简单明确,观点鲜明,突出你的能力和技能,以骄人的业绩去打动未来的雇主。第二,经历和嘉奖。无论是有偿的还是无偿的,全职的还是兼职的,在保证真实性的前提下,尽量扩充与丰富你的工作经历。用词必须简练,突出业绩和成果。简历里的荣誉和嘉奖是对已有成绩的客观肯定,强调奖项是能力和资历的重要证明,当然还要突出嘉奖与所求职务的相关性。

二是美化"纯文本":用邮件发出的简历在格式上应该简洁明了,重点突出,方便用人单位一眼就能看到最感兴趣的部分。注意简历文本的页边距设定,如果可以,尽量使文本的宽度在 16 厘米左右,这样简历在大多数情况下看起来都不会错行。还要注意措辞和语言,简历文本的内容要反复校对,千万不能有错别字。

第五章　商务往来礼仪

 本章学习目标

　◇ 了解各种致意礼，学会与他人会面时接待的技巧；

　◇ 熟知迎来送往的礼仪；

　◇ 掌握拜访他人的礼节；

本章背景

　　职场多是因公交往。迎来送往是商务活动中最为基本的形式和重要环节，也是表达主人情谊、体现礼貌素养的重要方面。无论是个人还是企业，都应遵循迎来送往的礼仪要求，即便无法做到事事面面俱到，但最起码不能有失礼的行为。

第一节　会面：细微之处显教养

　　会面，在职场中体现的是一个"门面"问题，你的一言一行都将在他人心中形成简单的第一印象。如何在最短的时间内消除彼此之间的陌生感，那么，就应该学会如何博得对方的好感，而规范的礼仪是通向交往成功的第一步。

1. 不同情况下的致意礼

（1）握手

握手是祖先留给我们表示诚意的一种交流方式，如今已是最为普遍的交际礼仪。

握手时，伸出右手，四指并拢，拇指伸开，掌心向内，虎口相接，身体微微前倾，注视对方，面带微笑，手顺势轻微地上下摆动。握手要热情有力、自然大方,可根据场合,一边握手,一边寒暄致意,如"您好""谢谢""再见",等等。握手的时间也有讲究,匆匆握一下就松手显得敷衍了事,握着不放又难免让人尴尬。初次见面,握手的时间以 3～5 秒为宜。

握手应遵循"尊重者决定是否相握"的原则,因此,握手的顺序是:先上级后下级;先长辈后晚辈;先女士后男士。等长者、贵宾、领导或是女士伸出手来,再与之握手更为礼貌。如女士不伸手无握手之意,男士可点头或鞠躬致意即可。有客人来访时,主人应主动伸手行握手礼以表达对客人的欢迎。客人离去时,则应由客人先伸手行握手礼,以表达对主人热情招待的感谢。

不用左手握手,也不要随便用双手和他人握手,除非想表达特别的热情和恭敬。也不要在握手时仅仅握住对方的手指尖。尤其女性,请不要采取手心朝下,手指部分与对方相握的姿势,因为你不是英国女王,最好还是与人手掌相握。多人握手时,应由近至远,依次而握,避免两人握手时与另外两人相握的手形成交叉状。一般不能带着手套握手,但是,女士在社交场合带薄纱手套握手是允许的。不能戴着墨镜握手,除非患有眼疾或者眼部有缺陷。握手时,一手执物不放或者手插口袋也是不可以的。不要拒绝与他人握手,如果手上有汗或者污垢等,要和对方说明一下,以免造成误会。

(2) 拥抱

起源于西方文化的拥抱礼并非任何时候见面都用。一般是在再次见面、老友重逢或送别时,为了表示喜悦之情或不舍之意而行的致意礼。

正确的行礼方法是:双方对立,各自双臂伸开,右臂在上,左臂在下,右手环抚于对方的左后肩,左手环抚于对方的右后腰略上部位。彼此的胸部略向左倾,紧紧相抱,脸颊相贴,再向右倾,紧紧相抱,一般持续 3～5 秒钟。行拥抱礼时,要大方热情,忌讳躲避或尖叫,男女之间不可拥抱过紧或过久。热烈的拥抱还伴有轻拍对方后肩的动作,但不可猛拍对方的背部。

(3) 鞠躬

鞠躬又叫打躬,是我国及日本、朝鲜等国的传统礼节。鞠躬礼比较通行于东方社会,西方社会较少采用。在西欧,有时也行鞠躬礼,这是一种下级对上级或同级之间的礼节。行鞠躬礼时需要脱帽,用右手握住帽檐中央将帽取下,左手下垂后呈立正姿势,两眼注视对方,上身前倾约 15 度,而后恢复原状,并致问候。鞠躬礼的要领是"礼三息":一是吸一口气后弯下上半身或低头;二是在吐气时间完成鞠躬礼;三是在吸气中抬起上半身或头,恢复行礼前姿势。日式鞠躬,双手摊平扶膝,同时表示问候,普通礼上身只要弯曲到下垂的手指尖到达膝盖上方 10 厘米左右的位置即可。双手指尖垂到膝盖上面,就是敬礼,其头部比最敬礼略高。如果上身弯曲到双手手掌盖住双膝的程度,就是最敬礼。朝鲜人在见面和离别时也行鞠躬礼,以表示尊敬和谢意。妇女在行礼时,一手提裙,一手下垂鞠躬,告别时面对客人慢慢退去。

除了这些常见的形式以外,还有点头礼、拱手礼(作揖礼)、鼓掌礼、合十礼、吻脚礼、碰鼻礼等不同的致意礼节。不管是哪种形式,作为国际商务活动的参与者,要注意以下两点:

首先,应该明确这些礼节是出于好意,是为了表达一种友好的感情,因此,对一些从未见过的礼节不必惊慌失措,或者害怕恐惧,而要落落大方,从容应对。

其次,要注意的是,尽管都是致意礼节,但每一种方式运用时的条件是完全不同的,不能贸然仿效,以免贻笑大方。

2. 称呼礼仪有讲究

称呼即称谓,指的是人们在交往应酬时所采用的彼此之间的称谓语。称谓是否恰当,不仅体现了彼此间的身份和关系,还反映出称呼者的教养和心态,更表达了对对方的尊重程度,同时会影响到人际交往活动的效果。通常可分为一般性称呼、姓名称呼、行业性称呼和职务性称呼。

一般性称呼,是最常用的称呼方法。"同志"作为一种不分职业、年龄和性别的称谓被广泛使用。"小姐""女士""先生"是当下使用频率最高的称呼方式,尤其对未婚女子或不能确定婚姻状况的女性,可称"小姐"或"女士"。

姓名性称呼,一般用于年龄、职务相仿的时候或者好友之间,否则,要将姓名、职务、职业等并称才合适。

教授、法官、律师、医生等,因其社会地位较高,颇受尊重,故可以其职业或学位直接称呼,或者在其职业或学位前加上姓名后称呼。这是行业性称呼。

对于有一定社会地位的人,可在其姓或姓名后加上职务身份等特征作为附加称谓,这是职务性称呼。对军人、警察等特殊行业者,一般称其军(警)衔,或在军(警)衔后加上先生。对宗教人士,一般可称呼其神职,也可称姓名加神职。对君主制国家的王公贵族,称呼上应尊重对方习惯。

3. 介绍必须要注意顺序

介绍,是双方沟通的出发点。介绍必须遵循相应的基本原则,即更受尊敬者享有优先知情权。也就是以个人身份、职务等为参照，把职务低的介绍给职务高的，把年轻的介绍给年长的，把男士介绍给女士。但是要注意的是，接待客人到办公室的时候，应将客人介绍给主人，而在其他场合下，应把主人介绍给客人。

给别人做介绍时，在人数众多的场合，如果彼此年龄相仿、职务接近，则可按照从近到远的顺序逐一介绍。面对人数不对等的两方，一般将人数少或者个人介绍给人数多的一方。为他人做介绍时，要注意自己的手势，不要用手指指点点，而是应该伸出右手，举至齐胸处，眼睛注视着介绍对象，介绍时，注意突出双方的身份和职务，尤其是值得骄傲的头衔或身份。切不可乱开玩笑。为双方介绍完毕后应及时离开，让双方自行沟通。

当自己被他人介绍时，应面向对方，微笑注视，举止大方。如果原先是坐着的，被介绍时，应立即起身，除非对方身份比你低很多。等介绍完毕后，双方可握手致意。需要注意的是，在社交场合，男士被介绍给女士后，男士应向女士点头致意，等候女士的反应。女士不伸手，男士不宜主动伸手与之相握。

某些场合，也可能需要自我介绍。自我介绍是他人了解自己的第一步。用于公共场合或者一般社交场合的为"应酬式自我介绍"，这种自我介绍最为简洁，通常只包含姓名一项。适用于商务场合的是"工作式自我介绍"，它包括姓名、工作单位、所属部门、职务和从事的具体工作等。适用于社交活动的是"交流式自我介绍"，为了能更好地与交往对象进一步沟通，介绍的内容应包括姓名、工作、籍贯、学历、兴趣、与交往对象的某些熟人关系等。另外，还有一种"礼仪式自我介绍"，是适用于讲座、报告、演出、庆典和仪式等正规场合的，介绍的内容需要包括姓名、单位和职务，还应加上适当的谦辞或敬辞。

⊙ **Tips**

　　介绍时，名字中有比较复杂或容易引起歧义的字，可以具体说明，特别是借名人或者众所周知的事物来解释，以此帮助对方理解和加深印象。切记不要借用负面的字来解释。

---

4. 不可忽视的名片礼仪

名片是一个人的身份象征，名片上的信息既可帮助他人记住自己，又便于今后的往来联系，是现代社会人际交往不可或缺的信息载体和介绍媒介。交换名片是商务活动中必不可少的重要环节。因此,得体地使用名片,优雅地递接名片,才能给对方留下美好且乐于交往的印象。

名片携带讲求数量充足,易拿易取,分类放置,干净整洁。名片应统一放置于名片夹、公文包或上衣口袋内,女士可将名片放在手提包内。在办公室时,可以放置于名片盒或者办公桌内,不要随意放在钱包、裤袋,也不要与他人名片放在一起,以免忙中出错。

名片递送一般要在双方愿意的前提下,且选择初识之际或分别之时发送。递送名片时,态度要诚恳谦恭。如果你正坐在座位上,必须起身站立,主动走向对方,将名片从名片夹中取出,面带微笑,注视对方,用双手大拇指和食指托住名片两角,文字正面朝向对方,以对方能顺着读出名片内容的方向递至对方手中。递送名片时,要注意一边递交名片,一边诚恳地说:"这是我的名片,请多指教""我的名片,请您收下""我叫×××,请多联系"等。

接收他人递来的名片时,应尽快起身或欠身,面带微笑,目视对方,郑重地用双手的拇指和食指接住名片的下方两角,并点头致谢。接受时双手的高度在胸高位置(男士略低于胸高),注意不要让手指盖住名片上的字。接过名片后,应认真阅读以示尊重,遇到不会读的字,应当场请教。遇有显示对方荣耀的职务和头衔的时候,不妨轻读出声,以示敬佩。阅读后应认真收入自己的名片夹、公文包或者办公桌里。切不可来回扇动他人名片,不可用手弹打名片,不可用名片点击桌面,不可用杯子压盖名片,更不可随便置于桌上、装进裤兜或者将对方的名片遗落。妥善收好名片后,要及时递上自己的名片,若自己没带名片,则应如实说明原因,并向对方表示歉意。

名片递送要遵循一定的顺序。一般由低职位者向高职位者递送,男士向女士递送。多人同时递送时,要注意"先尊后卑"和"由近及远"的顺序依次递送,如分不清职务高低和年龄大小时,则可先和自己对面左侧方的人交换名片,然后按顺序进行。切勿向同一人重复递送名片,也不可挑三拣四或跳跃式地递送。需要注意的是,若陪同领导出席社交活动时,由领导先递送名片,陪同者后递送。

⊙ **Tips**

通用的名片规格为长90毫米、宽55毫米。一般选用耐折耐磨、美观大方的各类纸张印制,必要时可覆膜。纸张适宜选用庄重朴素、单一色彩的,比如,白色、米色、淡蓝色、淡黄色等。通常而言,名片上不宜添加任何无实际效果的图案,也不宜将照片、漫画、花卉、格言等内容印在名片上。

一张合乎要求的名片应包括:①公司标志、商标或公司的徽记;②姓名、职务、公司名称;③公司地址、电话号码、传真号码。需要注意的是名片以简洁雅观为要,不应在名片上印上过多的职衔,若有必要,则应为自己印制几种不同单位、不同职衔的名片。名片主要用于工作交往,因此不宜留有家庭联系方式。名片更不可随意涂改,谨慎使用带有香味的名片。

第二节　接待:用我的态度握你的手

接待工作的好坏直接影响到接待的效果和宾客的满意度。只有掌握正确的接待礼仪,才能做到宾至如归,才能使会谈或交往顺利进行。

1. 日常接待的礼仪技巧

日常接待,一般为对等接待或者低规格接待,但是,这并不代表可以降低接待要求。周到的接待工作,从做好准备工作开始。接待方应了解掌握客人的基本情况,比如,客人所在单位名称、来访者的身份、姓名、联系方式、来访人数、来访目的、来访时间和接待要求等。对于那些前来访问、洽谈或者参会的外地客人,一定要了解清楚对方达到的车次或者航班,反复确认到达时间,以便安排车辆前往迎接。对于来访所需的各类资料,比如,合作意向书、合同样本、会谈材料等,都应与对方确认后,提前准备妥当。充分考虑会面时所需的场地和硬件设备。若对方有一定的身份,或者来访非常重要,要提前沟通,安排好接待领导和其他参与人员。与此同时,接待人员需主动告知客人来访时联络人员的信息。安排接机接站的,必须事先告知客人接机接站者的姓名和身份。如果需客人自行上车,应在对方抵达前,电话或短信告知车辆所停的位置、车辆颜色和品牌、车牌号码和司机联系的方式。

客人即将到达,应前往迎候,如有事无法迎候的,需及时告知对方,并致歉,同时安排其他相关人员前往迎候接待,待处理完事情后,立即参与接待,并再次表达歉意。重要客人,通常需到大门口或办公楼下迎接。远远看见时即可挥手致意,待走近后,热情上前,面带微笑,一一握手寒暄。如果客人带着行李,应在征得同意后,帮忙提拿。对于普通客人,也应到办公室门口迎候。

遇到同事应邀而来的客人,应帮忙联系,但对客人问及的具体事项,在同事没有授权的情况下,不应随便答复。

接待应遵照职权范围,而有分寸地处理和沟通。职权内的,按规定迅速处理;职权外的,应及时请示,努力去办。

对于没有事先预约的来访者,也应热情相待,问清姓名、单位和来访目的,视情况安排处理。切不可事不关己高高挂起。需要对方等待时,应将来访者安排在一个相对舒适安静的环境中,并提供茶水和书刊,以供其消磨等待时光。如果等待的时间较长,应向对方致歉并说明缘由,征求对方意见。

遇到"不速之客",最好的办法就是"请示",不可以自作主张,以免得罪了大客户而不自知。

2. 陪同与引导的礼仪要求

陪同人员和客人同行时,应让客人走在内侧,配合客人步调。负责引导时则需走在客人左前方一两步的地方。带客人去办公室或者会议室的途中,边走边与客人说话,以免让客人感到尴尬。遇到路口、转弯、路不平或者上下楼梯时,可适时地用手示意或语言提醒客人注意脚下安全。上下楼梯、进出电梯或者出入房间,陪同引导都应遵循相应的位次礼仪(参阅位次礼仪)。如果对方是多人,需通过眼神或语言照顾到客方所有人。

3. 工作接待的上茶礼仪

接待客人,茶水是免不了的。对于日常普通的接待,可以使用一次性纸杯。但接待贵宾时,需尽量使用有盖有把的瓷杯或者玻璃杯。同一批客人,需使用一样的杯子招待。除了杯子有讲究外,还要注意茶具的清洁、客人的嗜好、敬茶的方法和续水的时机。最好多备几种茶叶,倒茶之前让客人有选择,尽量依照客人的喜好奉茶。敬茶、递茶、续茶都需遵循应有的礼仪(参阅餐饮礼仪)和顺序(参阅位次礼仪),做到训练有素。茶水应当着客人的面倒,敬茶则从客人的左后侧双手将茶杯递到客人面前。如果没有服务员上茶的时候,陪同人员中职位最低的员工应担当起服务员的角色。还要提醒的是,使用瓶装矿泉水招待客人时,切不可替客人拧开瓶盖,即使当着客人的面也是不可以的。除非客人拧不开,请你去帮忙。

4. 善始善终的接待送别

迎接客人需讲礼,那么,送别客人时更应注意礼貌周全。

首先,客人告辞时,主人应婉言相留,虽是客套辞令,但也非常重要。主人绝不可主动结束或者暗示结束接待。客人真的需要离开时,主人应待客人起身后再起身相送。送别时,握手的主动权在客人,如果客人没有伸手,主人不宜先伸手,以免有催促客人赶紧离开之嫌。

其次,出于礼貌,应把客人送到门口,并目送客人离去,待客人身影消失在视线内再返回。需要注意的是,送客反身进屋后,需轻轻地关上门,切不可在客人刚出门的时候,就"砰"的一声关上门,这是非常不礼貌的。对于重要客人,可以送到电梯口或办公楼门口。送到电梯口时,需替客人按下电梯,待客人进入电梯、电梯门完全关上后方能离开。送至大门口时,要等客人身影行将消失才可转身离开。送客人至交通工具旁时,需待轿车即将消失时再离去。

分别时,应和客人说一些如"慢走,再见""合作愉快""欢迎下次再来"等道别语。

第三节　拜访:每个人都是公司的一张名片

拜访是聚集职场人脉的重要措施及对策,各种场合的礼节性拜访绝不可忽视,这是每个职场人士必须考虑的事情。

1. 贸然拜访是职场大忌

有接待必有拜访。拜访往往是因公前往,因此,选择双方合适的时间和做好拜访准备是基本的要求。

(1) 事先预约。拜访前,要提前和对方约好见面的时间和地点,不做不速之客。任何不约而至都会被看作不礼貌的行为。

日常拜访最好提前一周以上预约,可通过电话、信函或者电子邮件等方式预约。拜访的时间应以不妨碍对方为原则,诸如月初或月末忙碌的时候、周一的上午、周五的下午、午休时间、每天刚上班的半小时和下班前的半小时等都是不妥当的。提议见面时间可提出几个时间段供对方选择,且协商决定的时间要具体,最好约定会面的时长,以便双方安排日程。打预约电话要注意礼貌(参阅电话礼仪),并留好对方的联系方式,做好电话记录。

因公拜访,预约地点首选对方的工作地点,也可以选择位于对方单位附近的咖啡厅或者茶馆。

预约时,需主动告知届时来访的人数和身份,以便对方安排接待。

(2) 做好准备。当准备拜访客户的时候,不仅要整理好仪容仪表,还要把名片、建议书、洽谈书、协议备忘录、单位介绍等相关的资料一一准备妥当。同时,将所谈事项逐一写下,列成清单,这将会使你在拜访中条理清晰、主旨分明。

拜访不是一次简简单单的会面,不同的拜访目的需采用不同的方式,有时可以事先收集足够的客户资料,一来可以在交谈开始时营造一见如故的感觉;二来可以在面谈时切中要害、趋利避害,甚至可以事先预演一下会面过程,对遭遇拒绝的各种可能做好预案和准备,以便到时应付自如。

2. 做客应有的礼貌举止

预约成功后,需准时赴约,如果因特殊情况而迟到、不能赴约或者需要改期,要第一时间通知对方,诚恳致歉。

到达后,可向前台或接待员说明情况,请其转达通报。如果是冬天或者下雨天,进屋后,应立即脱掉穿的雨衣、带的雨具、戴的手套和帽子。雨具应按照要求摆放。

有人引领时,应跟随引领人员前往,途中可找些应景的话题聊聊。引领至指定地点时,要向对方致谢。

进入房间时,即使房门开着,也应先敲门,获得允许后方可入内。应邀就座时,需在主人或领导落座后再坐下,落座的位置需注意相应的礼仪要求(参阅位次礼仪)。落座后,可将携带的公文包放在自己的座位旁或者脚下。有人给你上茶时,都应起身或欠身后致谢。喝茶时,应让茶水自然晾凉,而不应边吹边喝。做客时,不应对主人的任何方面提出否定甚至批评意见,毕竟拜访不是谈判,所以,对于非原则性的内容,即使双方观点不同,也不必过于较真。如果遇到主人失礼之处,只要不涉及人格尊严都应尽可能地克制。做客中,也不要提额外的要求或过分要求,以免给他人增添额外的麻烦。

拜访中,主人有事离开要耐心等待。等待时,不可东张西望,更不可未经同意而四处走动或影响他人工作。

拜访者要知道适时告辞。如果预约时已约定会面时长,那么到时就应告辞。如双方事先并未约定会谈的时间长短,则以半小时至一小时为宜。当双方谈完事情时,正赶上用餐时间,应立即起身告辞。当其他人来访时,自己的事也刚好谈完,则应主动告辞离去,还没谈完,需向对方打招呼,征得同意后,尽快谈完并离开。提出告辞的时机,通常为自己说完一段话之后。提出后,主人往往会客套地挽留,此时应对主人的热情招待表示感谢,并说些"打扰了,谢谢""希望以后能多多合作"等客套话后,起身离开。主人起身相送时,应在主人送上几步后站住,主动伸手与主人相握,诚意地说:"请留步",以示告别。

第四节 馈赠:避开送礼的雷区

馈赠是一种非语言的交际方式。馈赠的目的或为结交友谊,或为祝颂庆贺,或为酬宾谢客,因此,得体的馈赠恰似无声的使者,增进感情,促进友谊,给商务活动锦上添花。

1. 馈赠的时机把握

在商务交往中,馈赠的及时适宜是最重要的。送礼时机要视情况灵活掌握,比如,宴会中,若作为客人参加宴会,应在见面之初就把礼物送给主人,若作为东道主接待来宾,则应在对方告辞前将礼物赠出。我国是一个节日较多的国家,在传统节日相互赠送相应的商务公关礼品,促进双方交流,是不错的馈赠时间。另外,选择在对方的某些纪念日,送礼祝贺也是黄金时间,会起到很好的效果。

2. 馈赠的礼品选择

礼品传达的是送礼方的特有心意,所以,礼品的选择贵在巧、小、少。即礼物应具有特定的意义,并小巧玲珑,便于随身携带。最好的礼品应根据对方的兴趣爱好来选择,当然公司的主打产品、宣传画册等也是不错的选择。礼物并不是越贵重越好,送礼时,应遵守规格对等原则,最好是根据双方的关系、身份和送礼的场合、目的来加以掌握,以对方能愉快地接受为尺度。

3. 馈赠的避忌原则

由于国家、民族、信仰、习惯以及性格、爱好的不同,不同的人对同一礼物的喜好会大相径庭。当禁忌被冒犯时,无论是有意还是无意的,所引起的不快、不满,甚至愤恨是不言而喻的,有时还会引发纠纷和冲突。公务活动中的馈赠,如现金、卡券和昂贵的奢侈品都是不能送的。异性间不能赠送首饰等贴身物品。此外,还要顾及一些名族和地区的禁忌,在礼品的数目、颜色、图案、名称等方面多加斟酌。比如,在中国送礼好双忌单,尤其避讳"4"这个数字,因为"4"与"死"谐音,尽量避免使用。在中国,人们对"9"及"9"的倍数颇为偏爱,但是,日本人不喜欢"9",因此,送礼时要分外注意。再如,白色有纯洁无瑕之意,但是,中国人觉得白色是悲哀之色,因此,比较忌讳。此外,阿拉伯人忌讳他人给自己妻子送礼,日本人忌讳狐狸和獾等动物图案,拉丁美洲国家忌送刀剑和手帕,中国人不给老人送"钟"。这些禁忌不胜枚举,因此,送礼前了解清楚对方的禁忌与喜好,避其禁忌,投其所好是比较恰当的方法。

4. 馈赠的得体方式

馈赠的方式有很多种,既可以当面赠送,也可以选择邮寄、快递或转交。当然,当面赠送是最常见的馈赠方法,在赠送的过程中,可以有意识地向对方传递心意,增加彼此的感情。可以带着礼物直接到客户的公司拜访,也可以邀约客户出来坐坐,并把礼物送上。如果觉得当面赠送不方便时,可以将礼物烦请秘书、第三人或前台转交,甚至可以直接以邮寄、快递的方式送达。值得注意的是,只要不是自己当面赠送时,都应在事后致电明示或暗示对方,进行确认。

5. 接收馈赠的礼仪

商务人员接受别人的礼物也要符合礼仪规范。当送礼方取出礼物时,接受礼物的一方应表现的大方稳重,面带微笑,神情认真,注视对方,待对方递上礼物时,要双手接住,同时说一些感谢之类的礼貌用语。可以当着对方的面将礼物小心拆开,同时要对礼物进行一番赞美。

如果礼物是由他人转交或者邮寄快递所得,要在接到礼物后,及时通知对方已收到礼物并致谢。

如果想要拒绝他人的礼物,不能直接拒绝,而是委婉地给出对方可以接受的理由,如可以说这是公司的规定。

⊙ **Tips**

　　来而不往非礼也,接受礼物以后要在适当的时候予以还礼,这是一种礼貌的行为。但是,在接受礼物后不要马上回赠礼物,因为这样会显得是迫不及待还对方人情似的。比较合适的回赠时机是节日、庆典或者重大活动等,记下曾经接受过对方的礼物,在合适的时间内,或登门拜访送上自己的礼物,或寄以书信表示感谢。此外,还可以在对方面前或者公众场合使用或佩戴对方赠送的礼物,以表心意和尊重。

 扩展阅读

现代人使用的名片,其实也不是新鲜事物,甚至可以说,"名片"就是从古代发展而来的。

古人把名帖作为见面时的礼节之一,名帖越大越精美,也就表示对主人越敬重。最初,古人也用过"大不盈掌"的名帖,但是往往被视为薄礼,后来并不经常使用。

在纸张未普及之前的汉代,"名片"被称为"谒"或"刺"。谒、刺是用竹木削制的长而狭的竹木条。要拜访谒见他人时,一般先通过传话人呈上谒或刺,以使对方了解拜访者的姓名和身份。

纸张出现后,东汉以后便有了纸制的"名片",称为"名帖"或"名刺",名帖是由"谒"演化而来,人们在上面写上姓名、乡里(籍贯或地址)、官爵等信息,使受访者可以简单快速地了解来访者的身份。

到了唐宋时期,又出现了"公状"和"门状"。公状是一种通行于官场中的名帖。下级官员拜见上级官员时,需先呈上自己的公状,上级官员看后如果同意接见,就在公状上批一个"引"字。而门状常用于私人间的交往,但也十分讲究礼节。门状上除了写上自己的姓名、乡里和官职外,还可写上简单的问候语等内容。登门拜访时,可以先将门状交给仆人,请他转告主人,主人见过后,如果同意会面,即命令仆人将来访者请入家中,或者亲自到门外相迎。

明清时期,名帖有了进一步的发展,人们更加重视其外表装帧,首尾多有硬纸相衬,有时还有华美的装饰。

第六章　商务餐饮礼仪

 本章学习目标

◇ 了解宴请的具体礼仪要点；

◇ 掌握用餐中的基本礼仪内容；

 本章背景

礼仪不仅可以有效地展现一个人的教养、风度和魅力，还体现出一个人对社会的认知水准、学识修养和个人价值。当人们想到礼仪的时候，就会不自觉地联想到餐具使用和看起来很容易搞错的用餐规矩。餐桌上的礼仪，都是把人与动物的行为区分开来并提升进化的行为之一。了解宴请和用餐的细致规则，不仅能使你更好地享受美味佳肴，更能提升你的竞争力。

第一节　宴请：尊重对方的脸面

吃饭与任何社会活动都一样，分为开始、过程和结尾三个步骤。必须避免整个过程中随时发生的任何错误做法和不雅的行为。宴请的礼仪要点，给出了规范的形式和指导，从而使每个人在就餐过程中表现得温文尔雅。

1. 预约

高级餐厅和重要的宴请建议提前预约，毕竟确保座位是原则。一般而言，当天是无法预订的。如果在很早以前就预订了座位，务必提前通过电话确认。预约的时候要说清时间、人数、预订者姓名、平均消费、闭店时间等，并询问是否可以携带儿童，是否可以刷卡，是否需着正装，以便做到有备无患。如果预订了套餐，那么，最好事先能确认一下菜单，发现有忌口的食物，可以提前让餐厅更换。如果打算到店点菜,也可以在预约时询问一下推荐的菜品和菜量大小,方便到时顺利点菜。

2. 抵达餐厅

要遵守预约时间到店用餐。如果要取消预订,应该在确认无法前往后,立即告知餐厅。如果迟到了,也要尽早致电告知餐厅,让对方帮助保留座位。抵达餐厅后,女士们可以等待同行男士或餐厅服务员把门打开后,再礼貌地款款进入。高级餐厅一般都有寄存处,外套、围脖和大一点的包都应寄存。贵重物品请放在小包里随身携带。

3. 领位和入座

餐厅都有负责领位的服务员把客人带到座位上。入座前,要站在座位的左侧,待服务员拉开椅子,跨步至椅子的正前方站定,用小腿勾住椅子,慢慢弯腰坐下,不要向后观看,切不可不等服务生拉椅子就自己坐下,也不能盘腿坐。坐下后,挺直腰背,身体与桌子间留有一拳的距离,胳膊不能靠在桌子上,也不能撑在桌子上。入座后,随身的小包可以放在身体与椅背之间,也可以放在膝盖上,底盘较稳的包包可以放在座椅底下的地上,但绝不能放在桌上,也不能挂在椅背上。

4. 着装

去餐厅吃饭,着装要符合餐厅的氛围。普通餐厅的着装只要干净整洁即可,但是出入高级餐厅的时候,不宜穿着过于休闲,诸如牛仔裤、运动鞋、热裤、拖鞋都是不合适的。进餐的重要乐趣在于享用佳肴的色香味,因此,香水的使用量要以不影响周围人进餐为宜,香水喷洒的部位可以为膝盖或裙子的下摆。

5. 饭前饭后注意事项

在菜品上桌前去洗手间,从而避免用餐中途前往是明智的举动。饭前,女士需把口红擦干净,以免在杯子上留下口红印。但是,万一不小心蹭上了口红印,也不要惊慌,可以用餐巾的边缘轻轻擦掉,或者小心地用手指擦干净后,再用餐巾擦手。为了更好地享用美食,用餐时手机应关机或调至静音状态。用餐区域一般都是禁烟的,即使没有禁烟标志,为了不影响他人的用餐,应该去餐厅的吸烟区抽烟,这里所说的吸烟区不是洗手间,因此,在餐厅洗手间内抽烟也是不礼貌的行为。

6. 召唤侍者

面对酒杯被打翻或叉子掉了等情况,都可以拜托服务生来解决。对菜品或服务有任何不满和要求,也可以当场和服务生沟通。但是,要注意的是,召唤服务生的时候,只需要轻轻抬手示意或直接用眼神示意,大声呼喊或打响指都是不礼貌的做法。和服务生要小声说话,表达委婉,态度客气。

7. 结账

结账可以在餐桌上结,也可以在账台上结;可以是 AA 制分摊结账,也可以是被请客款待。一般可以在座位上直接买单。但是,如果是请人吃饭,最好是饭后去洗手间的时候,顺便去账台结账。被邀请的人不能摆出一副理所应当的样子,而是要先道谢,感谢对方的款待,等对方结完账,要诚恳地再次表示感谢。在餐厅就餐时,即使是 AA 制结账,也应先由一人结账,走出餐厅后,大家再平摊餐费。选择在账台结账时,结账的人应提早离席,先去买单,其他人在等待的时候最好不要聚在账台,以免给他人造成不便。

8. 离座

离席讲究时机,礼貌的做法是等大家都准备走的时候再从座位上站起来。千万不能一吃完就马上走人或者打断大家的谈话独自离开。另外,要让长辈或主宾先离席。离席的时候,把餐巾轻轻放在桌上,从椅子的左侧站起,离开前迅速检查一下周围,看看有没有落下东西,随后再离开。

第二节　用餐:个人修养的真实流露

也许你正要与自己的商务合作伙伴一起用餐,也许你正与一桌陌生却很重要的客人共进晚餐。无论是在何种情况下的用餐,基本的规则都是一样的。记得吃有吃相、喝有喝相,这不仅是对主人和其他用餐者的尊重,更是自身教养的一种展示。

1. 不触犯他人的西餐礼仪

随着国际交流的不断增多,我们接触西餐的机会也越来越多。"西餐"是相对于"中餐"而言的,是一种比较笼统的说法。如果要按照各国的不同风俗习惯还可以细分为法国饮食礼仪、英国饮食礼仪、美国饮食礼仪,等等。本书所探讨的西餐礼仪主要是指传统意义上的西餐。

(1) 西餐具的摆放。西餐中常用的餐具有刀、叉、匙、盘等,而且每一种又有十分细致的分别,几乎是按食品不同种类而逐一区分。刀分为鱼刀、肉刀、奶油刀、水果刀等;叉分为肉叉、鱼叉、沙拉叉、水果叉、龙虾叉等;匙有汤匙、茶匙等;盘则有各种大小的菜盘、汤盘、吃盘、面包盘等。酒杯则分葡萄酒杯、香槟酒杯、烈性酒杯、啤酒杯等。另外,还备有公用刀叉、冰筒、冰夹子(或冰匙)、托盘等。

在一般情况下,按照国际统一标准,西餐餐具的摆放顺序是餐盘放在就餐者正面,以此为基准,其余餐具分别置于餐盘的右侧、左侧、上方和右上方。餐盘的右侧由外向里分别放置汤匙、鱼刀、猪牛排刀;餐盘的左侧由外向里,分别放置鱼叉、肉叉、沙拉叉。餐盘的上方由外向里,分别放置盐和胡椒瓶及烟灰缸、甜点叉。餐盘的右上方放置水杯、红酒杯、白酒杯、香槟杯。了解了西餐中的餐具种类及其摆放顺序就可以在吃不同的食品时,选用正确的餐具。

(2) 西餐具的使用方法。西餐最主要的餐具是刀叉。学会刀叉的正确使用十分重要。在西餐中,每道菜都有专用刀叉,不可随意使用。一般刀叉的使用顺序是依摆放顺序从两边的外侧向内侧依次使用。

使用刀叉时,应左手拿叉,右手拿刀。刀刃不可向外,更不要用刀送食物入口,在切食物时,应避免刀切在瓷盘上发出响声。每道菜吃完之后,可将刀叉并拢平排在盘内,表示吃完。若摆成八字或交叉放在盘上,表示还没吃完。如果在用餐过程中谈话,可以拿着刀叉,无需放下,但千万不可嘴里含着食物讲话。不用刀时,也可以用右手持叉,但若需要做手势时,就应放下刀叉,千万不可以用右手持叉在空中挥舞摇晃,也不要一手拿刀或叉,而另一只手拿餐巾擦嘴,也不可一手拿酒杯,另一只手拿叉取菜。

西餐中大大小小的餐匙较多,不可乱用或误用。餐匙的使用顺序与刀叉相同,也是依次由外侧向内侧取用。使用匙时,使其与嘴成 45 度角较好,不可将其含在嘴里。不用时一般应摆于茶碟上,不应放于杯中或餐盘内。

(3) 正确使用餐巾。餐巾打开的时机一般为点完菜或者第一杯饮料上来之后。餐巾打开后,应先对折,然后轻轻放在膝盖上,如果餐巾往下滑,可以把餐巾的两边放在大腿下稍稍压住,但是不能挂在皮带或者裤腰上,也不能围在脖子上,只有儿童才可以将餐巾围在脖子上当围嘴。另外,将餐巾压在餐具下的做法也是不正确的。

餐巾是用来擦嘴的,千万不要因为怕弄脏而不使用。用餐巾擦拭嘴后,将沾有污渍的一面折叠于内侧,而保持美观的做法是可行的。擦手或擦嘴的具体做法是,轻轻翻起餐巾的一角,用内侧擦拭。这里要提醒的是,不能把自己的手绢当成餐巾使用。如果不小心弄倒酒杯,要即刻请服务员来帮忙,千万不要用自己的餐巾擦。

中途离席的时候,要把餐巾轻轻叠放在椅子上,或挂在椅背上。饭后离席的时候,则要把餐巾轻轻叠放在桌上,但是切记不可叠得过于整齐,因为这是表示饭菜不合口的意思。

(4)西餐菜式及相关礼仪。西餐宴会的菜序极其复杂,一顿正规的西餐正餐,依次包括开胃菜—汤—主菜—沙拉、奶酪或点心—甜品或水果—热饮等几道菜式,缺一不可,而且先后顺序不能颠倒。

开胃菜是西餐的第一道菜,通常由蔬菜、水果、海鲜所组成的拼盘,如用煮熟的食物及其汤汁冷却凝结而成的冻状食物或者是虾、蟹或动物的肝脑配合鸡蛋、芹菜及其他作料搅拌而成的泥状食物,比如,鱼子酱、鹅肝酱等。一般而言,餐前小吃作为一道菜有它的专用工具(小刀和小叉)。

有时开胃菜里也会安排一些传统的开胃小点心——面包夹黄油。吃面包时要用专用切黄油的刀子切下一块黄油,同样也放在盘子上。把面包用手掰成一小块一小块的,正好一口能吃掉的大小,吃的时候再在上面抹小黄油即可。吃面包时,不用把所有的精力都集中在吃饭上,可以一边吃饭,一边聊天。这样既可以暂时解决饥饿问题,又使满座的人的心情得以放松,营造一个和谐的用餐氛围。注意只用左手拿面包,让右手始终保持干净,这样可以随时毫无麻烦地与来宾打招呼。

通常情况下,清汤是盛在汤杯中的,浓汤则一般是盛在盘子里。喝汤要用专用的汤勺,一般放在右侧的最外面,是最大的一把。喝汤时,应用汤勺由内向外舀起,盘子是不允许动的。当汤还有一点时,可以把盘子稍稍提起些。如果是汤杯,就可以对着嘴喝,但要用右手。

主菜一般有鱼类、肉类或禽类。

鱼肉极嫩易碎,吃鱼备有专门的餐具,即鱼叉和鱼刀。鱼刀的刀刃钝并且很容易斜切,因为鱼不需要切开,而是要把鱼肉与鱼骨分开。首先用刀在鱼鳃附近刺一条直线,刀尖不要刺透,刺入一半即可。将鱼的上半身挑开后,从头开始,将刀放在骨下方,往鱼尾方向划开。把骨剔掉并挪到盘子的一角,最后再把鱼尾切掉。注意吃鱼时不能翻身,应在吃完上层后,用刀、叉协助将鱼骨剔掉后再吃下层。尽管在切鱼时已经特别小心了,但还是有可能把刺吃进嘴里,那么,就用舌头把刺推到嘴边,用叉子接住,然后放到鱼刺盘上。

常见的肉类包括牛、羊、猪等各个部位的肉,最具代表性的是牛排;禽类包括鸡、鸭、鹅等,最常见的是山鸡。吃这类带骨头的肉一定要用叉将肉排叉牢,刀紧贴叉边下切,以免滑开。切成适宜的小块后再用餐叉食用,吃一块切一块。注意切任何食物都应从食物的最右方切起。吃龙虾、鸡翅、鸡大腿等难以用刀叉分食的食物时,允许用手撕开吃,或用刀叉将肉先割下再切成小块吃。

这里还要介绍一种食物的吃法——蜗牛。世界上许多国家都把蜗牛列入菜单,在西方,蜗牛被称颂为美味佳肴。大多数情况下,一个盘子只放六个脱壳或者带壳的蜗牛。吃蜗牛的餐具是由一个钳子和一个带有两个齿的小叉子组成。用钳子夹住蜗牛壳放在您面前的盘子上或早已准备好的汤勺里。这时可以用小叉子把肉叉出来。如果是海里的蜗牛,就用大头针把肉扎出来。吃蜗牛时,破例允许与面包一起蘸着吃。

沙拉、奶酪和点心都是在吃完主食之后、餐后甜点之前的一道菜,选择其一即可。沙拉在制作的过程中一般都已由厨师代为切好适宜的形状,可以用沙拉叉直接取食。通常情况下,奶酪是与面包以及奶酪餐具同时摆上餐桌的。吃奶酪要用公用的奶酪刀,把它切成一片片的,并用叉子的尖把奶酪叉起来,然后再用个人的餐具把它放入自己的盘子里吃。如果有多种奶酪可供选择的话,建议开始时吃点清淡的,然后过渡到味道稍浓郁的。注意在摆放奶酪时不要把不同类的奶酪放在一起。西餐中点心品种较多,有吐司、蛋糕、饼干、馅饼、三明治、土豆片等。

最常见的甜品是布丁、冰激凌等。上甜品时通常都会同时上使用甜品的餐具,一般是最小的勺,要小口小口的品尝。吃水果通常也配有专用的水果叉,要小心慢吃,千万要当心不要把果肉的汁水溅到衣服上或别人身上。

热饮是西餐的最后一道,正规的热饮为红茶或咖啡。饮用咖啡时要小口细细品赏,不要一饮而尽。

(5)西餐桌上最易忽视的小状况。

① 西餐中的酒。西餐中搭配酒类的酒具也有很多种。每种酒使用的酒杯不同,各种酒杯中可盛放的酒量也不同,不同的酒杯握杯方法也不同,如果一个细节稍不留意,就会让人贻笑大方。

② 洗指碗。西餐中也有一些食物是需要用手拿着食用的,在这种情况

下,服务生会在上菜前先给你一个"洗指碗"。里面装着温水,漂着一片柠檬,有时还有一些小花做的装饰物。西餐礼仪中的"洗指碗"其实与中餐礼仪中的水盂大同小异,他们的功能都是一样,用来洗手的。不同之处在于中餐的水盂是一桌公用的,而西餐里的"洗指碗"是每位食客分别一份的。

③ 凡事由侍者代劳。在一流的西餐厅里,客人除了吃以外,诸如倒酒、整理食具、捡起掉在地上的刀叉等事,都应让侍者去做。从入座开始,领位者会将客人领到相应的位置上。最得体的入座方式是从左侧入座。当椅子被拉开后,身体在几乎要碰到桌子的距离站直,侍者会把椅子推进来,腿弯碰到后面的椅子时,就可以坐下来。进餐时侍者也会经常注意客人的需要。若需要服务,可用眼神向他示意或微微把手抬高,侍者会马上过来。如果对服务满意,想付小费时,可用签账卡支付,即在账单上写下含小费在内的总额再签名。

④ 聊天切忌大声喧哗。在餐厅吃饭时就要享受美食和社交的乐趣,与中餐不同,西餐讲究安静的氛围,如果旁若无人地大声喧哗是极失礼的行为。用餐时,交流音量要小心保持对方能听见的程度,不要影响到邻桌。

2. 见食不忘的中餐礼仪

中餐是我们最引以为豪的传统文化之一。中餐宴请首先需要考虑的就是宴请的时间和地点。时间的选择,首先要兼顾民俗惯例、主随客便、时间控制等。要尽量避开宾主双方不方便的时间,例如,重要的活动日、纪念日、节假日或某一方面不方便的日子或忌日等。其次,在对用餐时间的具体长度上也应进行必要的控制,既不能匆匆忙忙地走过场,也不能拖拖拉拉地耗时间。一般认为,宴会时间应掌控在一个半小时至两个小时之间为宜。用餐地点的选择应着重注意三点:优雅的环境、良好的卫生、方便的交通。根据宴请活动本身的目的、性质、规格、形式以及主人意愿和实际可能状态,进行恰当选择,既不能"装穷",也不可"摆阔"。

中国讲究"民以食为天",根据中国的饮食习惯,在宴请过程中对菜肴的选择和搭配方面不能马虎。

如果宴请时没有提前点菜,可以等大部分客人落座后,将菜单供客人传阅,并请他们来点菜。当然,请客人点菜时你会担心预算问题,因此,要控制预算,最重要的是要做足前期的功课——选择合适档次的宴请地点比较重要,这样客人也能大大领会你的预算。如果你的上级或老板也在酒席上,千万不要因为尊重他,或是认为他应酬经验丰富,酒席吃得多,而让他点菜,除非是他主动要求,否则,会让人觉得不够体面。

如果你是赴宴者,不要在点菜时太过主动,而是要让主人来点菜。如果主人盛情难却,可以点一个不太贵、又不是大家忌口的菜,同时,征询一下桌上人的意见,特别是问一下他人:"有没有哪些是不吃的?"或是"比较喜欢吃什么?"让大家感觉被照顾到。

点菜是门学问,因为中餐菜肴特别丰富,点菜还应考虑不同季节的养生之道,菜肴的颜色搭配以及原材料的多样化,等等。一般情况下,可以作为优先考虑的菜肴有中餐特色的菜肴、本餐馆的看家菜、有本地特色的菜肴。与此同时,从菜的数量上看,热菜的数量一般人均一菜是比较通用的规则,但也要依据人员组成,如果是男士较多的餐会可适当加量。一桌菜最好荤素搭配,冷热均衡。从菜肴组合的比例而言,讲究一至两成冷菜、三成热炒、四成大菜,并以点心代替主食。若是普通宴请,中上菜系就可以。如果宴请的对象是比较重要级的人物,则要点几个够分量的菜,例如龙虾、刀鱼、鲥鱼,甚至再高规格的鲍鱼、鱼翅,等等。

(1) 中餐具的摆放和使用方法。

① 汤勺。汤勺主要用来舀汤、羹,有时也可以用来辅助筷子取食。以勺子取食时,不宜过满,免得溢出来弄脏餐桌或自己的衣服。用勺子取用食物后,应当食用,而不要把它再次倒回原处。用勺子进食时,尽量不要把勺子塞入口中,咬含在嘴里吮吸。若取用的食物过烫,不可用勺子将其折来折去,也不要用嘴对它吹来吹去。暂且不用勺子时,应置之于自己的食碟上。不要把它直接放在餐桌上,或是让它在食物之中"立正"。

② 碗。碗主要用以盛放汤、羹、主食等。食用碗内盛放的食物时,一般不要端起碗来进食,尤其是不能双手捧碗进食,而要以汤勺舀食或以筷子夹食。碗内若有食物剩余时,不可将其直接倒入口中,更不能用舌头舔,这是非常有失文雅的。暂且不用的碗内不宜乱扔东西。不能把碗倒扣过来放在餐桌上。

③ 盘。盘子在中餐中主要作用是盛放食物,其使用方面的讲究与碗略同。盘子在餐桌上一般应保持原位,需要着重加以介绍的是一种用途比较特殊的被称为食碟的盘子。食碟是放在大盘子上稍小一点的盘子。食碟的主要作用,是用来暂放从公共菜盘里取来享用的菜肴。使用食碟时,一次不宜取放过多的菜肴,这样会使食碟看起来既繁乱不堪,又不雅观。不要把多种菜肴混放在一起,既不好看也影响菜肴口味;吃剩的残渣、骨、刺不要吐在地上或桌

上,而应将其轻轻放在食碟中的前端,必要时再由侍者取走、换新碟。

④ 杯子。杯子有酒杯和水杯之分,酒杯是用来饮酒的;水杯主要是用来盛放开水、汽水、果汁、可乐等。使用时最好不要用水杯来盛酒;水杯或酒杯如果不用就不要倒扣,可以让服务员取走。

⑤ 水盂。有时,品尝中餐者需要手持食物进食。此刻,往往会在餐桌上摆上一个水盂,内盛清水,通常还会漂一片柠檬,这是专用来洗手的。在水盂里洗手时,不要乱甩、乱抖。得体的做法是两手手指尖轮流沾湿,轻轻浸洗。洗毕,用纸巾擦干。

⑥ 牙签。牙签主要用来剔牙之用。用餐时,尽量不要当众剔牙。如果非剔不行时,应以另一只手掩住口部进行。剔出来的东西,切勿当众观赏或再次入口,也不要随手乱弹或随口乱吐。剔牙之后,不要长时间叼着牙签。

(2) 筷子的使用禁忌。筷子使用时,上侧的一根筷子夹在食指和中指之间,用拇指按住,另一根筷子用拇指根部和无名指支撑住。夹东西的时候,拇指不动,只移动上侧开合筷尖即可。夹菜的位置要尽量控制在筷子前端 1.5 cm 的范围之内,最多不得超过 3 cm。

筷子拿起时,要先用右手捏住筷子的中间,将两支筷子一起拿起,左手从下方托住,右手随即转动筷子到手的内侧,拿开左手。手的位置应该在距离筷子前端的三分之二处。筷子不用的时候,要放在筷枕上。有托盘,没有筷枕时,也可以把筷子前端靠在盘子的边框上。用餐完毕,如果有筷套,可以将筷子插进打成结的筷套里,或者直接将筷子插入筷套,将筷套的前端折下去一段,表示已经用过。如果有托盘,则要把筷子放在盘子的右边框上,筷头朝内,在可以的情况下,用餐巾纸将使用过的筷头包起来。放下筷子时,左手自上方捏住筷子的中间部分,腾出右手横向拿住后,轻轻放下。

使用一次性筷子要从上到下慢慢掰开,请不用从中间用力一下子掰开。而且不要在菜品上方掰开筷子,应该在自己身前轻轻掰开。

⊙ **Tips**

千万要注意的是,筷子使用还有许多禁忌,各种筷子的使用方法都是绝对不能出现在饭桌上的。

(1) 徘徊筷。不知吃什么好,拿着筷子在各种美食间徘徊不定,这样是很失礼的。

（2）瞬移筷。筷子碰过的食物要夹起来吃点，不能碰过不吃，又去夹别的食物。

（3）挖角筷。夹菜时，不能从菜品的下面把自己想吃的东西夹出来。

（4）探针筷。吃饭和夹菜时，不能在菜品里翻来翻去，挑三拣四。

（5）烧香筷。一定要避免把筷子直直插入米饭里，因为这样如同给亡者准备的贡品，很不吉利。

（6）招来筷。不可以用筷子将餐具拨至自己身前。

（7）刺刀筷。切忌不可将筷子像刺刀一样直接刺起食物食用。

（8）串串筷。筷子是用来夹取食物的，因此不能将食物串在筷子上食用。

（9）泪滴筷。要注意有汁水的菜品。筷子夹起有汁水的菜品时，边移动边流汤滴水的很不雅观，应用盘子或餐巾纸等接住汤水。

（10）超度筷。将食物从这双筷子传递到另一双筷子，犹如超度，失礼而又不吉利。

（11）摘蛋筷。筷子上沾着饭菜，不要试图用嘴将其"摘"掉，也不能在碗边蹭掉，而是要用纸巾将其擦干净。

（12）扫荡筷。不要把碗放在嘴边，用筷子扒拉着吃，这样的行为是极不雅观的。

（13）填鸭筷。吃饭的时候，刚将一筷子食物放入嘴中，则不要再继续往嘴里塞东西，否则，会很失态。

（14）奶嘴筷。对筷尖情有独钟，含在嘴里，品个没完，是十分失态的。

（15）专一筷。不要一直只吃一种菜品。

（16）摆渡筷。不用筷子的时候，将筷子横跨在餐具上面也是不可以的。

（17）牙签筷。绝对不能用筷子剔牙。

（18）指向筷。不要用筷子指着别人，也不要随便将筷头朝上。

① 中餐上菜的顺序。中餐上菜讲究先凉后热，先炒后烧；先咸鲜清淡，后甜味浓厚；最后是点心。有规格的宴席，热菜中的主菜如燕窝席里的燕窝，海参宴里的海参，鱼翅宴里的鱼翅，应该先上，取出最贵的热菜先上，再辅以溜炒

烧扒。一般当冷菜吃剩三分之一时,开始上第一道热菜。不论宴会桌次多少,各桌都是同时上菜。

茶水:在酒店里,因为要等待,所以先来清口茶。但这不是必须的。

凉菜:冷拼,花拼。

热炒:视规模选用滑炒、软炒、干炸、爆、烩、烧、蒸、扒等组合。

主菜:指整只、整块、整条的高贵菜肴,如整头乳猪、全羊等。但这也不是必须的。

甜菜甜汤:如冰糖莲子、银耳甜汤等。

点心:一般宴会不提供米饭,而以糕、饼、团、粉,各种面、包子、饺子等点心替代,如果有客人需要米饭时,可适当上一些米饭。

水果:爽口、消腻。

以上顺序并非一成不变,如水果有时可以算在冷盘里,点心可以算在热菜里。贵重的汤菜,如燕窝等一般为热菜中的头道等。

② 一般取菜礼仪。中式餐饮礼仪的核心精神是"礼让",在席间用餐时更要体现这种"礼让"精神。中餐一般在主人和宾客都入席就座以后就开始上菜了,上菜以后,客人不要先拿筷子,而是要等致辞祝酒完毕,主人邀请示意且主宾动筷时再拿筷子。

新菜上来以后,一般应先让主人、主宾或年长者取用,然后其他宾客再依次取菜。为表示友好谦让,宾客彼此之间也可以让菜,请对方先行品尝。为表示关爱或者敬意,主人、主宾或年长者还可以酌情给同桌的其他宾客夹菜示意,受礼人则要表示感谢。不要强行为别人夹菜、添饭,让人为难。

③ 中餐夹菜的礼节。取菜时不要在公用的菜盘内反复挑拣、夹来放去,以免显得缺乏教养。要取用适量,不可一味地贪吃抢菜,而要考虑同桌其他人是否用过。就近取菜,够不到的菜不能横越餐桌去强行取用,更不要起身离座去取远端的菜。在为别人夹菜时,要尽量使用公用筷子。

④ 正确的吃相。用餐时要坐姿端正,衣着整齐,不要吃得摇头晃脑、抢胳膊挽袖子。吃东西时要尽量文雅,闭口嚼食、吞咽,不要狼吞虎咽、嚼声大作,影响他人的食欲。口中有食物时不要张嘴说话,以免喷饭。如果有人问话也要等咽下食物以后再作回答。餐桌上尽量不要当众剔牙,也不要边说话边剔牙,如果必需时,最好用手或餐巾纸挡住嘴,用牙签轻轻剔牙。

3. 多次少取的自助餐礼仪

西式自助餐,又称冷餐会,顾名思义就是前菜、汤品、主菜、沙拉和甜点等全部餐点自行取用,想吃什么就拿什么,近年来,越来越多的餐厅将中式、西式、日式各种菜肴集合在一起,成为一种复合式的自助餐。一般安排在中午十二点至下午两点或下午五点至七点。商务场合不比日常生活,即使自行取用,但还是有些要注意的地方:

(1)商务场合的西式自助餐,应采取西餐的出菜顺序来取用。

(2)夹菜时,要遵守秩序,人多时,应自觉排队,依序取餐。

(3)夹菜时,以顺时针方向来行走。

(4)取餐时,要将生食、熟食、冷食和热食分开盛装。每取一道餐后应更换新的盆子。切不可拿着用过的脏盘子再去装盛食物。

(5)取餐要遵循多次少取的原则,吃多少拿多少,避免浪费。比较名贵的料理应酌量取用,以免造成他人无物可取的尴尬。

4. 快捷高效的工作餐

工作餐,是现代生活特别是商务交往活动中经常采用的一种非正式宴请形式,目的是借用餐的时间和形式继续进行工作上的沟通。工作餐不同于正式宴会和亲友们的聚餐,所以,不适合家人和与工作无关的人加入,通常在中午举行,时间、地点可以由主客双方临时选择,主人不用发请柬,客人也不必提前向主人正式答复,一般也不排座次。出于卫生方面的考虑,最好采取分餐制或公筷制的方式。

5. 联谊交流的茶话会

茶话会是一种简便的联谊或招待方式,一般设在客厅、会议厅、高档的茶楼。茶话会的会场布置要尽量雅致一些,鲜花能在会场上起到画龙点睛的作用。与庆功会、表彰会不同,茶话会场应设颜色淡雅、品质高贵的花,以天堂鸟、兰花、百合、文竹为宜,让来宾感到清新、雅致。茶话会以饮茶为主,略备小食品、点心或地方风味小吃。从表面上来看,茶话会主要是以茶待客、以茶会友,但是实际上,它的重点不在"茶",而在于"话",茶话会的目的是联谊交流,以交谈为主,所以,不同于茶道的品茶。

茶话会一般不安排座次,宾客可以随意就座,但如果有贵宾在场,则应有意识地让贵宾与主人邻座。茶话会都有一定的主题,或是以研讨为主的专题,或是以联络感情为主的联谊,还有以娱乐为主题的茶话会,等等。根据国际惯例,举行茶话会最为合适的时间是下午四点钟左右。有些时候,也可将其安排在上午十点钟左右。对于一次茶话会到底举行多久的问题,可由主持人在会上随机应变,灵活掌握。若与会者发言踊跃,主办方可延长时间,反之,则应适当缩短时间。不过在一般情况下,一次成功的茶话会大都讲究适可而止,适宜控制在一个小时至两个小时之内。

6. 杯盏交错的酒会

酒会是一种较为活泼、有利于宾客之间广泛接触与交流的宴会形式,规格可高可低。一般是在大型活动,如节日、庆典及招待性演出前后举行。在举行时间的选择上,中午、下午、晚上皆可,但一般安排在下午五点至晚上七点。酒会的特点是以酒水为主,配以各种小吃、食品,多为三明治、小面包、小香肠、咸肉卷等等,由服务员布置在小桌或茶几上,客人以牙签取食。酒会现场一般不设座椅,客人可随意走动、自由交流,来去的时间也较为灵活,迟到或早退都不算失礼。参加鸡尾酒会可以广泛结交新朋友,酒会过程中不时地要与人握手,所以,要注意吃完东西后及时将手擦干净,不要用沾满食物的手与别人握手。与别人握手时应该左手持杯,用干净的右手与他人握手。与人握手要真诚,不要边吃东西边与人握手或握手时东张西望。用点心时不要挡在食品桌前,以免影响别的客人取用。

第三节　品酒：调动你的五感

酒是人类创造的一种经典饮品,不但有着悠久的历史,更有着丰富的文化内涵。酒的发明不但聚合了人类的智慧,体现了人类的创造和认知能力,更能给人类带来无穷的欢乐、启迪,但是,每个国家的饮酒习惯和酒文化都有所不同,招待客人喝什么样的酒,在这过程中如何避免错误和意外? 如果你作为主人,滴酒不沾又怎么办?

1. 亮出酒的"身份证"

自古以来,酒就是人类生活当中不可分割的一部分,是生活当中的一个亮点,是饮品当中的一个精华。世界上的酒各种各样,品牌种类不计其数。但归结起来，依据酿造方式大体可以分为三类：发酵、蒸馏和配制。这三种方式酿造出来的酒有时还需要陈化，即放置在一定的容器中储存一段时间。

发酵酒是将制酒的原料、水和酵母放在容器中，让其酵化后得到的液体。发酵酒的酒精度数一般较低，并且略带甜味。发酵酒中最有名的是啤酒和葡萄酒。

蒸馏酒是将发酵酒通过蒸馏的办法将其提纯，减少水分、降低甜度。因此，蒸馏酒一般都是烈性酒、高度酒。西方的烈性酒，如白兰地、威士忌、伏特加都属于蒸馏酒。我国的白酒也都是这种方法酿造出来的。

配制酒顾名思义是通过配制的方法酿造出来的酒。配制法的运用很广，很多酒都是由两种以上的酒配出来的。最典型的配制酒是鸡尾酒，而且这种酒是现场将两种以上的饮品进行配制得来的。配制并不是凭空无据地配制，一般都有固定的配方，包括鸡尾酒。这些配方都是经过多年的试验之后才得来的。

2. 酒与杯的完美结合

"好酒配好器"，不同种类的酒应该搭配相应的酒杯，只有用合适的酒杯盛装这些美酒，才能让酒展现出完美的品质。

红葡萄酒配郁金香型高脚杯，郁金香形杯身容量大，葡萄酒可以在杯中自由呼吸，才能使酒香被完全释放出来。杯口略收窄，则酒液晃动时不会溅出来，且香味可以集中到杯口。大杯肚还可以快速散掉常年存放的陈腐气息，避免干扰酒的醇香。干红葡萄酒的饮用温度相对于白葡萄酒要高，大约是15～20摄氏度，因此，可以在室温下饮用，不用冰镇。持杯时，酒杯的高脚可以方便饮用者用拇指、食指和中指捏住杯茎，这样手不会碰到杯身，避免手的温度影响葡萄酒的最佳饮用温度。干红葡萄酒在饮用前可以先打开酒盖醒醒酒，或者将酒倒入醒酒瓶中，让其氧化一阵儿，这样饮用时，酒味更加纯正和柔和。

白葡萄酒配小号的郁金香型高脚杯，小杯肚和小杯口容易聚集酒的香气。干白葡萄酒与干红葡萄酒稍有不同，其最佳的饮用温度在0～5摄氏度。由于白葡萄酒饮用时温度要低，白葡萄酒一旦从冷藏的酒瓶中倒入酒杯，其温度会迅速上升。为了保持低温，饮用时，将酒瓶置于冰桶中。每次倒入杯中的酒要少，斟酒次数要多。饮用者应注意用手握住杯柱，或者杯托。而不直接握杯肚,以免手指和手掌温度传到酒中,从而破坏酒味。

香槟,即气泡葡萄酒,适宜以杯身纤长的直身杯或敞口杯饮用,纤长的杯身让酒中金黄色的美丽气泡上升过程更长,让人有更多的欣赏和遐想。

干邑或 XO 白兰地则配郁金香球型矮脚杯。持杯时,矮脚杯便于用手心托住杯身,借助人的体温来加速酒的挥发。

中餐中常喝的白酒,由于酒精浓度高,为了避免酒席上喝得过快而过量,所以,用来盛酒的容器会比较小。

酒杯的形状、大小、弧度会改变酒的味道,掌握了酒的个性,才能靠酒杯的功能引发出酒的精华之处。

3. 酒与食物的相得益彰

在西餐中,酒水与菜肴的搭配十分讲究。一般在正式的宴会上,每吃一道菜,便要换一种酒水。在宴会上所选用的酒水,多为不同类型的葡萄酒。它们大体上可分为三类。

(1)是餐前酒。由于入口顺滑香甜,汽酒是一种上佳的餐前酒。汽酒,实际就是含有二氧化碳气泡的葡萄酒,其酒精度相对较低。饮用此类酒品,除了入口顺滑以外,还具有很强的观赏性。特别是开瓶时的一刹那间,瓶内空气冲开瓶塞的响声,被人们认为是增添喜庆气氛的最佳伴奏。汽酒中最有名的是法国的香槟酒。由于有很强的观赏性,汽酒历来被认为是一种最好的礼仪酒,经常出现在签字和欢庆等仪式上。汽酒在饮用时,可以握住杯身,倒入杯中的汽酒应尽快喝完。服务生应注意就餐者在饮完之后,再予续杯。可在吃开胃菜时享用的主要有鸡尾酒、香槟酒等,作用是在于引起食欲。

还有啤酒。啤酒素有"液体面包"之称,是一种最受欢迎的酒品,其特点是酒精度数低,一般在 4 度左右。啤酒还含有丰富的二氧化碳,是理想的餐前酒,作餐前酒时,可以用带把儿的专用啤酒杯饮用,一般饮净之后,再续酒。正式的宴会中,啤酒也可以伴餐。伴餐时,应使用水杯。

(2)是佐餐酒。又称之为餐酒,是正式用餐时与主菜搭配的。葡萄酒是以葡萄为原料,经过发酵、陈化后配制的饮用酒品。葡萄酒的酒精度数普遍较低,富含维生素和其他有益的微量元素,是非常理想的宴会酒。据葡萄酒中所含甜度分为四种:全甜葡萄酒、半甜葡萄酒、半干葡萄酒、全干葡萄酒,其中,全干葡萄酒是最理想的伴餐酒。

根据葡萄酒颜色又分为红葡萄酒、白葡萄酒和桃红葡萄酒。红、白葡萄酒配餐的基本原则是：红酒配红肉，白酒配白肉。这个意思是讲，干红葡萄酒应该与肉质鲜红的荤菜相配，特别是牛、羊、猪肉；干白葡萄酒应该与肉质浅淡的荤菜相配，主要是指海鲜鱼类。应该说这个原则是一个基本原则，在实际的运用中要以菜肴烧制口味的浓淡为主要依据。味浓、汁重的菜肴应以干红葡萄酒为佐餐酒，红葡萄酒味苦，可去油腻。而味淡、汁轻的菜肴应以干白葡萄酒为佐餐酒，因为白葡萄酒味酸可以去腥。

（3）是餐后酒。用于餐后饮用，可化解油腻。常见的有以糖液和白兰地混合成的香甜酒。

4. 斟酒、敬酒与干杯

通常，酒水应当在用餐前斟入酒杯。按常规，如果在酒店、餐厅点酒，应由主人先尝第一口，认可后，再依次按从主宾到主人的顺序顺时针方向斟酒。有时，主人为表示对来宾的敬重、友好，也会亲自为客人斟酒。若是服务员斟酒，不必拿起酒杯，但不要忘了向服务员致谢。如果是主人亲自斟酒，则应端起酒杯致谢，甚至是起身站立或欠身点头致谢。还有一个常用的斟酒谢礼——"叩指礼"，即用右手食指、中指捏在一起，指尖向下，轻叩几下桌面表示谢意。主人为来宾所斟酒应是本次宴会上最好的酒，并应当场启封。要面面俱到，如有客人实在不喝酒，也应为其倒上饮料。依顺时针方向，从自己所坐之处开始，也可以先为尊长、嘉宾斟酒。根据宾客的实际情况为每位宾客斟酒适量。服务生斟酒时，应该注意右手持瓶，左手拿一块白方巾护瓶口。斟酒抬瓶时，应注意稍稍旋转瓶身，这样可以避免遗酒。侍酒时，干红葡萄酒应在客人快饮到杯底前续酒。而干白则应等客人完全饮净后再续酒。

祝酒应在特定的时间进行，通常为宾主入席后至用餐前，有时也可以在吃过主菜之后至上甜品之前。正式祝酒时，主人和主宾需发表一篇专门的祝酒词。

敬酒，指在宴会上由主人向来宾提议，提出某个事由而饮酒。可以随时在饮酒的过程中进行。敬酒干杯时，需要有人率先提议，可以是主人、主宾，也可以是在场的其他人员。提议干杯时，应起身站立，右手端起酒杯，面带微笑，目视他人，口颂祝福之词。如祝对方生活幸福、身体健康、工作顺利、事业成功以及双方合作成功等。中餐的干杯还要"碰杯"。碰杯的时候，应该让自己的酒杯低于对方的酒杯，表示你的尊敬。与对方相距较远时，可以"过桥"之法作为变通,即以手中酒杯之底轻碰桌面以示碰杯。在主人或他人提议干杯后,要手拿酒杯起身站立。即使是滴酒不沾,也要拿起杯子做做样子。将酒杯举到眼睛高度,说完"干杯"后,将酒一饮而尽或喝适量。然后,手拿酒杯与提议者对视一下,再落座。

一般情况下,敬酒应以年龄大小、职位高低、宾主身份为先后顺序,一定要充分考虑好敬酒的顺序,分清主次。即使和不熟悉的人在一起喝酒,也要先打听一下身份或是留意别人对他的称呼,避免出现尴尬。但如果在场有更高身份或年长的人,也要先给尊长者敬酒。

为表示友好,活跃气氛,可相互敬酒或碰杯。在对方敬酒时,通常不要拒绝对方的敬酒,即便不能喝酒,也要端起酒杯回敬对方,为表示热情要与对方碰一下杯,然后把杯子送到嘴边表示去喝的动作。品酒时,一般都是啜饮,而不能一饮而尽,喝"干杯"酒。

如果因为生活习惯或健康等原因不宜喝酒,可以婉言谢绝,同时委托出席宴会的亲友、部下、晚辈代喝或者以饮料、茶水代替。作为敬酒人,要充分体谅对方,千万不要强行劝酒。

最后,需要特别强调的一点是:不管是在哪种场合饮酒都要有自知之明,努力保持风度,做到"饮酒不醉为君子"。任何时候,都不可争强好胜,故作潇洒,饮酒过多,不仅易伤身体,而且容易出丑丢人,惹是生非,反而破坏了宴会的氛围,也损害了自己的形象。

⊙ **Tips**　　　　**如果你作为主人,滴酒不沾怎么办?**

有几种解决办法可供你选择:一是如果你认为有必要解释一下,只要告诉客人是个人的原因你不饮酒,但并不反对饮酒;二是你可以拿一杯放一片柠檬或酸橙的奎宁水或者一杯姜汁汽水。这两种看上去都像混合饮料。而一般说来,当人们祝酒时,用水来回应,或只把酒杯举到唇边而不喝,这种做法没有什么不礼貌。

第四节　咖啡:暗香涌动的诱惑

茶有茶道,喝咖啡亦有咖啡礼仪。喝咖啡不仅是一种休闲的生活方式,更是一种社交手段,是职场人士必懂的一项技能。

1. 咖啡杯的使用

咖啡杯与普通的杯子是不一样的,咖啡杯可以释放出高浓度的负离子,遇水会发生电解质作用,产生出带有负电的氢氧基离子,使水中的大分子团变小,增强了水的溶解力和渗透力。为保持咖啡的醇香,并减慢温度下降的速度,咖啡杯一般都比较厚。从咖啡杯的尺寸可以判断一杯咖啡的强烈程度。100毫升以下的小型咖啡杯,多用来盛装浓烈滚烫的意大利浓缩咖啡或单品咖啡。200毫升左右的中杯是最常见的咖啡杯,一般的花式咖啡只要不是特别复杂都可以使用这样的杯子,大小刚刚好,可以有足够的空间添牛奶和糖。300毫升以上的大杯可以加大量牛奶,像拿铁或摩卡,让牛奶与糖充分混合并散发出阵阵诱人的香味。

2. 喝咖啡时的礼仪

咖啡杯的正确拿法,应是拇指和食指捏住杯把儿再将杯子端起。在餐后饮用的咖啡,一般都是用袖珍型的杯子盛出。这种杯子的杯耳较小,手指无法穿过去。但即使用较大的杯子,也不要用手指穿过杯耳再端杯子。

添加咖啡时,不要把咖啡杯从咖啡碟中拿起来。咖啡倒入时不要太满,倒至3/4或2/3杯即可。给咖啡加糖时,砂糖可用咖啡匙舀取,直接加入杯内。如果是方糖,则是先用糖夹子把方糖夹在咖啡碟的近身一侧,再用咖啡匙把方糖加在杯子里。如果糖是小袋装的,可以把糖袋横撕个小切口,缓缓倒入杯内。用过的糖袋不要乱扔。如果直接用糖夹子或用手把方糖放入杯内,有时可能会使咖啡溅出,从而弄脏衣服或台布,这是十分失礼的。咖啡匙是专门用来搅咖啡的,搅拌后,咖啡匙应放在咖啡碟后方或侧面,饮用咖啡时应当把它取出来。切忌不可用咖啡匙舀着咖啡一匙一匙地慢慢喝,也不要用咖啡匙来捣碎杯中的方糖。

咖啡杯应当放在饮用者的正面或者右侧,杯耳应指向右方。用左手捏住杯耳,以右手拿咖啡匙,轻轻地搅拌,不要伤到杯子内侧的装饰,更不要发出器皿撞击之声。饮咖啡时,可以用右手拿着咖啡的杯耳,左手轻轻托着咖啡碟,慢慢地移向嘴边轻啜。不宜满把握杯,大口吞咽,也不宜俯首去就咖啡杯。如果刚刚煮好的咖啡太热,可以用咖啡匙在杯中轻轻搅拌使之冷却,或者等待其自然冷却,然后再饮用。用嘴试图去把咖啡吹凉是很不文雅的动作。喝咖啡时,不要发出啧啧声响。

第五节　茶饮：润物无声的美妙

蒙妮嘉·狄更斯(英国著名作家狄更斯的孙女)在《轮到我泡茶》中写道："数以千杯的锡兰茶使报馆充满活力。"茶与可可、咖啡并称为世界三大饮料。中国具有悠久的饮茶历史，形成了特有的茶文化，并影响了日本、英国以及其他许多国家。在工作单位或在家中接待客人，沏茶、上茶已成为不可或缺的待客礼节。

1. 敬茶

饮茶，首先要区别茶叶。根据加工和制作的方法，茶叶可被分为绿茶、红茶、乌龙茶、花茶、砖茶等多个品种。饮茶之时，根据茶叶的品种，可选择不同的泡茶工具，以冲泡出适宜的茶汤。袋泡茶，则是将绿茶、红茶、乌龙茶或花茶装入纸袋内，饮用时只需将纸袋置于杯中冲泡即可的一种方便饮品。

以茶敬客时，要注意客人的嗜好、上茶的规矩、敬茶的方法和续水的时机。上茶前，可先询问主宾的喜好，并为其提供几种可能的选择。如果只有一种茶叶，则要实事求是地说清楚，以免造成不必要的尴尬。

家中接待，通常由家中的晚辈或者家庭服务人员为客人上茶。接待重要客人时，则应由女主人，甚至主人亲自为之奉茶。工作单位接待，一般由秘书、接待人员或专职人员为来客上茶。接待重要的客人时，则应由本单位在场的职位最高者为之亲自奉茶。

奉茶时，先为客人上茶，后为主人上茶；先为主宾上茶，后为次宾上茶；先为女士上茶，后为男士上茶；先为长辈上茶，后为晚辈上茶。上茶的顺序可以以上茶者为起点，由近而远依次上茶，或者以进入客厅之门为起点，按顺时针方向依次上茶。有时，也可以以客人的先来后到为先后顺序上茶，或者由饮者自己取用。

以茶待客时，可事先将茶泡好，装入茶杯，然后放在茶盘之内端入客厅。上茶时，应双手奉上，即使一只手上茶，也不可使用左手。切勿将手搭在茶杯的杯口，或浸入茶水。一般从客人的右后侧将茶杯递上去，在上茶的同时，可轻声告之"请用茶"。若对方向自己道谢，应答以"不客气"。若打扰到主宾谈话，应道一声"对不起"。茶杯应放在客人面前或右手附近，注意不可将茶杯放在客人的文件上或是其行动时容易撞翻的地方。用茶壶斟茶时，右手拿壶把，左手轻按壶盖,按先宾后主的顺序斟茶。斟茶时,不要将茶杯从桌上拿起,更不可用手触摸杯口。斟茶不可过满,以七分满为最佳,以防止热茶从杯中溢出来烫伤人。斟茶后,茶壶须重新注满茶水,再放回桌上,并置于茶杯右侧,切忌壶嘴对着宾客。

为体现主人诚意待客应勤斟茶、勤续水。续水的间隔,一般为第一次隔30分钟,之后每40分钟续一次即可。为来客续水一定要讲主随客便,且以不妨碍对方为佳。续水的时候,尽量不要在客人面前进行操作。非得如此时,可一手拿起茶杯,远离客人身体、座位和桌子后,将水续入。

2. 品茶

主人奉茶处处以礼待人,客人饮茶也应悉心品味。主人询问时,可在对方所提供的几种选择中任选一种,若不喜饮茶,应向主人及时说明。如果主人已上茶,切不可面露不悦,不喝即可。如果主人告知所饮用的是名茶,则饮用前应先观赏茶汤,饮用后加以赞赏。

他人为自己上茶、续水时,即使无法起身站立、双手捧接,也应及时以面带微笑、点头致意或欠身施礼等适当的方式以表谢意。若女主人或者长辈为自己上茶、续水时,应及时起身站立、双手捧接并道谢。

使用带杯托的茶杯时,可以只用右手端起茶杯,而不动杯托。也可以用左手将杯托连同茶杯端至胸前,然后以右手端起茶杯饮用。使用无杯耳的茶杯时,应以右手握住茶杯的中部,注意不要双手捧杯,更不可用手握住杯口。饮盖碗茶时,可用杯盖轻轻将漂浮于茶水上的茶叶拂去,切不可用口去吹。饮用红茶或者奶茶时,不可用勺子舀着喝,也不要将茶勺放在杯中,搅拌后可将其放在杯托上即可。

饮茶时,应一小口一小口地细细品尝。茶太烫的话,切不可用口去吹,而应待其自然冷却后饮用。饮茶时,不可连茶汤带茶叶一并吞入,若有茶叶进入口中,切勿将其吐出,或者嚼而食之。

 扩展阅读

传统礼仪中,根据需要表达的心意的轻重会斟酌使用不同的请和辞。一般古人有"三请三辞"的规矩。

以请人吃饭为例,主人第一次提出邀请:"今天来我家吃饭吧?"这叫"礼请"。客人第一次推辞:"不用了,这太麻烦您了。"这叫"礼辞"。礼请和礼辞,顾名思义，只是礼仪性质的邀请和推辞。

　　主人于是再次邀请："怎么会麻烦呢？请您一定赏光。"这叫"固请"。固请表明主人确实是希望邀请客人，这时候如果客人愿意，就可以接受邀请了。如果确实无法接受邀请，便再次推辞："抱歉，还有些事情……"这叫作"固辞"。固请和固辞，顾名思义，表达了明确的意愿。

　　这时主人就要审慎考虑了。如果主人确实非常希望请客人来，那就第三次提出邀请："都准备好了，要没什么特别的还是来吃饭吧。"这叫"终请"。客人听到主人的终请，明白了主人的心意，更要慎重考虑，这时如果再次推辞："实在抱歉，确实有时走不开。"就叫"终辞"。终请和终辞，顾名思义，表达了主人和客人的最终态度。原则上，客人终辞，主人就不能再提出请求了。

第七章 商务会议礼仪

 本章学习目标

　　✧ 牢记组织各类会议的礼仪要点；

　　✧ 掌握参加各类会议的基本礼节；

 本章背景

　　商务会议是商务活动中必不可少的一个环节。成功组织会议或者参加会议，是一种有效的沟通手段。因此，会议上的各种礼仪也成了一门必须掌握的学问。

第一节　组织：细节决定成败

　　对公司而言，会议是非常重要的场面。会议的成功与否取决于会前的准备工作。会议准备充分，便意味着会议成功了一半。

1. 确认会议主题和进程

　　每次会议都有一个主题，公司会议的主题往往是研究决定重要事项，以更好地促进公司发展，因此，会前要谨慎研究会议的目的，确认召开会议是否有意义，明确会议中亟待解决的问题；还要确认会议要开多久？需要何人发言？一般出席会议的人数以 10～15 人较为合适，要选择对议题的结论具有影响力的人选，以提高会议效率。对发言人，要事先告知，以便发言人可以根据会议主题、目的、任务等进行准备。作为发言人，要尽早准备和熟悉会议资料，为了避免因现场紧张而忘记要说的话，会前可将发言内容整理成要点，记录下来。

　　为了尽可能让全员出席会议，确定召开日期和时间时，要斟酌与会者出席的可行性。

2. 决定会场的布置和座次

根据出席人数选定会场，并确认桌椅的摆放位置和数量。如果会场设在公司外，则应选择交通便利的地方。另外，还需会前确认会场的隔音效果、灯光效果、视听设备、会议设施、座席名牌、茶水服务等是否完善。在可行的情况下，实地考察，尽早预定会场。

会场布置要合乎会议的目的。主办方和与会者的席位都要事先安排妥当。一般情况下，小型会议不设主席台，以面对会议室正门的位置为主席位，其他与会者在其两侧自左而右地依次就座。也可以背依会议室主要景致，如讲台、字画等设立主席位。小型会议一般不设发言席，发言者可以在座位上直接发言。大型会议需要分设主席台和群众席。主席台的座次需按照前排高于后排、中央高于两侧、左侧高于右侧的规则摆放。会议主持人一般就座于主席台前排中间或前排两侧，或者按身份排座，但不可安排于后排。发言席一般在主席台的正前方或右前方。大型会议中，主席台下的一切座席都是群众席。群众席可排位，也可以不排位。需要排座时，可以按与会单位或部门名称的笔画数或拼音首字母等排序，也可以按照约定俗成的方法排座次。排座次时，一般以面对主席台为基准，自前往后横排座次或者自左而右竖排座次。

3. 做好会前准备和接待

会前了解会议出席人员的范围，如果明确有外单位人员参会，要确认是否发放正式的邀请函以及发放的方式。给外单位的纸质邀请函需包括主题、主办单位、会期、出席对象、报到时间、报到地点和与会要求等要点。邀请函务必保证提前几天送达，以便对方准备。电话、网络或者书面通知，都应去电确认对方是否参加。单位内部的会议，一样需确认出席人员的范围，可口头、网络或书面通知相关参会人员，通知一般包括主题、出席对象、开会时间、开会地点和与会要求等。

根据会议的性质、规模和层次，在必要时应与有关新闻部门、保卫部门等沟通。会前要准备好会议材料，如纸张、本册、宣传资料、书写用具等，根据与会人数做到人手一份。会议材料可提前放至与会者的座位上，也可以放在会议室入口处，由参会者自行领取。对于机密材料，会后要收回。为了方便回收和核对，可在会前统一编号，并与参会者姓名一一对应。如果有些材料在会议中途发放,则要从客人开始,接着是老板、领导、权威等位尊者。

凡是一些大中型、跨地区、跨部门的会议,一定要安排好与会代表的接待迎送工作。如果对方是德高望重或者年老体弱者,还应该安排车辆、人员前往接送。

> ⊙ **Tips**　　　　　**会议资料准备的注意事项**
>
> (1) 使用 A4 纸打印。
>
> (2) 将会议内容简明扼要地汇总成文。文件要浅显易懂,数值可用图表表示,归纳要紧凑。
>
> (3) 复印会议资料时要注意页数,不要印脏或者印歪。
>
> (4) 绝密而不能对外公开的文件要注意管理。

第二节　与会:做个积极的参与者

一场好的会议,不仅能够帮助企业更加顺利地达到切实而高效的管理,而且还有助于员工与老板之间的有效沟通,因此,学会会议礼仪,做个积极的参与者,这样才能让沟通变得更有价值。

1. 做好会议主席和主持人

会议主席和主持人的能力,很大程度上决定着会议的进行和结果。因此,主持会议者要对会议进行全盘考虑,组织会议有序开展,对不同的意见必须站在中间的立场上加以调和。

会议时间一到,会议先由主席或主持人向全体与会人员致敬,然后按发言顺序开始进行讨论。有时,会议一开始就直奔主题会导致气氛紧张,因此,作为会议主席或者主持人可先跟其他与会者寒暄,营造出轻松的会议环境后,再正式进入议题。在进入讨论前,有初次参加者,可以向大家作简单的介绍。顺着席位一个接着一个发言时,遇到决策人、领导、部门主管等要跳过,请他们最后发言,这是为了保证发言的创新性,避免由于领导发言而过早下结论。

对于冗长的发言,会议主席或者主持人应适当加以劝阻,正确的方法是在讲话的段落之间直接阻止。对于肆意插话、擅自离席、占据他人发言时间的行为要多留心,避免发言人的尴尬。对于少数意见和反对意见,要排除个人的感情因素和利己思想,客观对待问题,寻找出合理的意见或建议。对于会议讨论的偏离主题,要及时设法让其回归主题。

在大会结束前十分钟,会议主席或主持人要抓住中心,总结会议内容,区分并确定决定事项和未决定事项,向与会者布置研讨课题。如有需要,可约定下一轮会议的召开时间。最后,宣布会议结束。

2. 会议中的举止要求

会议礼仪的第一步就是遵守时间。如果不得已迟到了,要轻轻敲门,略施一礼后进入会议室,在最靠近门口的座位落座。如果大声致歉后入席,可能会导致会议中断,是不可取的方法。

参会衣着因视会议主题而定,但是绝不可以穿着休闲装、运动装参会。会议开始前,应把手机设置为振动或者静音状态,如果会议非常重要,甚至可以关闭手机,以免分心。会前去一下洗手间也是可行的。如果没有排定座次,到达会议室后,选择符合自己身份的座位入座即可。会议中,发呆走神或者毫无主见都是不可取的。会场上需要拍照,应该避免发出快门的咔嚓声。会中因紧急事情要中途离席,要轻手轻脚,避免影响发言者和其他与会者。长时间离开或者提前退场,应该向会议组织者或自己的主管领导打招呼,说明缘由,征得同意后方才离开。

会场中有人发生尴尬情况,比如发言时说错话,会场里有人响亮地"排尾气",礼貌的处理方法是尽可能当作没事发生一样。不要当场哈哈大笑,更不要事后再把这当成笑料和当事人或者他人提起。

3. 听他人发言的礼貌

听别人发言时,要考虑到发言者的感受,因此,认真倾听,才能向发言者传达出尊重之情。

听他人发言时,要坐姿端正,面向发言者,用友善的目光注视着对方,表情愉悦地听取对方讲话。当发言中有赞同的观点时,可以轻轻点头,必要时,可以边点头边做笔记。如果有疑问或者不同的见解,一定要等到发言者结束发言后再提出。

4. 自己发言的礼仪

会上发言是展示个人能力的绝佳机会,因此,与会者的发言方法尤为重要。发言要切合实际,使用谁都能听懂的表达方式,发言内容要客观。良好的阐述方法是,从结论开始叙述,然后简要说明理由,条理清晰,要点突出。发言内容不要偏离会议主题。为了使发言更有说服力,可以把预先调查的资料整理成数据,在发言时罗列出来,让具体的数据说话。发言时持消极态度、对待反对意见傲慢无礼或者极其卖弄自己的知识,这些都是不可取的。发言最长应控制在五分钟以内,觉得时间差不多了,在大体上可以告个段落的地方中止发言,将主要讲话用一两句话简单概括后,礼貌地让给下一位发言者。

一般情况下,会议上的发言者都是由会议主席或者主持人指定的,如果与会者较多,可举手询问:"我可以发言吗"? 征得同意后才可发言。

5. 代替他人参会时的要领

代替他人,尤其代替领导参会,有紧张情绪是很自然的事情,但可以把它作为一次锻炼自己的机会。会前做好充分的心理准备,提前五分钟到达会议室门前,整饰一下自己的衣着打扮,深呼吸,定一定神,敲门进入。如果有工作人员,应先行礼再进入。进入后要自报姓名,如"我是××,代替××经理来参加会议。"即使代替他人发言,一样要发音清晰、从容不迫。说话时,面向会议主席,目光对着听话人的脸,但也不能老盯着会议主席一人,而是要照顾到与会的每一人,比较合适的做法是将目光缓缓转向在场的每一位参会者,观察反应,适当把目光暂停在赞成赏识自己的与会者。对于资料的阐述要言简意赅、突出重点。发言结束要致谢,然后静观会议主席的反应。面对提问要自信而明确地回答,一时答不上的问题,不要慌乱,只要这么说就可以了:"关于这个问题,现在身边没有资料,会后查明了再告诉您。"

6. 面对会议中的提问和回答

会议的目的是通过交流和讨论,得出更好的结论或解决方法,因此,会议中提问和回答的方法非常重要。会议中的提问不是为了压倒对方,而是为了更好地交流意见。提问和回答时,不要忘记尊重对方。

提问前,可以使用一些铺垫语,诸如"不好意思,这个问题我不是很明白……",提出的问题要进行梳理,内容要与会议主题一致。简明扼要地提出问题后,最好明确指定回答者。提问时,切忌连珠炮式、自问自答式或者意图不明的提问方法。

对于提问,回答方要认真回答,可行的方法是,记录下对方提问的要点,逐一做出解释。为了照顾到提问方的感受,回答时可以先从肯定对方的意见开始,然后再提出自己的见解,比如"我认为××的想法很好,不过……",听到不同意见时,要冷静接收,理性判断对方的意见与自己的意见哪个更合理。如果要表达反对意见时,应注意表情和语调始终要柔和,措辞委婉,反驳要以确凿的事实为依据,表达方式可以温和幽默。无论如何激烈的争论,挖苦嘲讽、谩骂指责或者武断否定都是不可取的。如果自己的意见被误解了,也不要慌乱着急,要承认是自己表述不清造成了误解,然后进行说明,这样才不会破坏会议的气氛。

7. 会议记录和会议纪要的写法

正式的会议场合,会议记录必不可少,当然,除非是会议记录员,一般与会者无需将所有的发言记录下来,只记重点即可。会前可事先将会议名称、召开日期、开会地点、会议主题、出席者姓名等填写完整。会议开始后,会议主席的大会致辞和发言者的讲话内容逐一记录。会议记录一般采用速记的方法。如果是提问,要事先预留记录回答的空白处,等到回答时再记入其间。如果是意见,赞成或反对的意见均要明确记录下来。会议记录时,注意"就是说""那就是""因此"等关键词后面引出的话。记录时有不清楚的地方,在会议结束时,要在现场立即确认。会议记录必须客观公正,不可掺入个人感情和喜恶。

会议纪要是记录会议经过、决定事项和讨论结果的文书。会议纪要包括会议名称、会议主题或议题、召开日期和时间、开会地点、出席者、讨论内容、决定事项和结论、今后的处理方案以及会议纪要的分发部门。会议一结束,就应该及时整理会议记录,将其归纳成文。会议纪要的结论要写成条款形式。既定的实施计划和处理方案,要将负责人、实施日程等毫无遗漏地记录在案。对于赞成或者反对的意见,应尽可能详细记录两者支持的比例和讨论的大致内容。

第三节　洽谈:有声世界的沟通

商务谈判是指贸易双方为了改变相互关系而交换意见,为了取得一致而相互磋商的一种信息传播行为。谈判,是商务往来不可缺少的一项重要活动,融洽友好的气氛是谈判得以顺利进行的重要条件。洽谈是重要的商务活动,表现的是从业者职业、敬业、干练、高效的形象。洽谈既要讲究谋略,更要符合礼仪。

1. 做好洽谈准备，把握洽谈对象

与人会面时，首先映入眼帘的是对方的容貌和穿着，是否能给人留下良好的第一印象就从这一刻开始。洽谈者必须遵循职场形象礼仪的要求(详见第一章)，穿着熨烫平整的西服衬衣或套裙，不必佩戴价格昂贵的领带胸针或者袖钉皮带，只要穿着干净利落、正统规范即可。要注意的是，男士不可蓬头垢面，不准留须或留大鬓角；女士不可浓妆艳抹，不使用浓烈的香水，不留奇怪发型或染彩色头发。整体形象须整洁和健康。

为使洽谈顺利进行，会面前应做好充分的准备，只有周密的事前准备才是把握成功的关键。事先收集、整理、分析相关的资料信息，并整理汇编后带至现场。当遇到说一大堆的解释都无法表达清楚的时候，通过数据和图表往往能让对方一目了然，相关的资料就起到了非常重要的作用。对于难理解的内容，有时视觉资料能够更易让对方接受和理解，这样才能加速谈判的进程。但是，要注意的是，数据或者信息资料的权威性很重要。如果数据或者信息资料有误，此后可能会产生问题，要慎重使用。另外，涉及钱款的数据，要认真反复核实，不要因粗心大意而记错或错算。

"知己知彼，百战不殆"。了解对方企业的名称、行业地位、产品特质、服务要求等商业情况是至关重要的。同时，要了解对方洽谈者的性格、习惯、行为方式，乃至年龄、地位、经历和嗜好等，这对洽谈的顺利进行是必不可少的。对自己的性格、特点和习惯进行梳理，扬长避短，可在洽谈中灵活运用自己长处，促进洽谈的进行。

为保万无一失，不仅应当提早布置好洽谈场所的环境，预备好相关的用品，而且要特别重视礼仪性很强的座次问题(详见第十章)，另外，事先还可集中洽谈的相关人员，就现场可能出现的提问进行问答预演。

即便是新进公司的普通职员，即使洽谈对象比自己年长、有经验、地位也比自己高，但是，作为公司的洽谈代表，要认识到自己的身份是公司的代表，因此，要精神抖擞、自信沉着地行使自己的权利。

2. 挖掘客户需求，掌握洽谈技巧

进行洽谈时，各方的主谈人员在自己一方居中而坐，其余人员则按照职位高低先近后远、先右后左地分别在主谈人员的两侧就座。如果有翻译人员，可以安排就座于主谈人员的右边。举行双边洽谈时，一般使用长桌或椭圆形会议桌，让宾主分坐在桌子两侧。桌子横放时，对门的一方为上座，属于客方。桌子竖放时，以进门的方向为准，右侧为上座，属于客方。举行多边洽谈时，一般使用圆桌，淡化尊卑界限，但是，就座时，仍然讲究各方的与会人员同时入场，同时就座。其中，主方人员必须在客方人员之前就座。

谈判之始，言谈举止要尽可能创造出友好的气氛。为了给对方带来好感，建议比对方先一步用明朗的声音爽快地打招呼。如有名片，应双手递接。彼此介绍寒暄后，可选择共同感兴趣的话题进行攀谈，创造轻松的谈判氛围，再转入正题。交谈中，注视对方双眼至前额的三角区域，用眼神表示自己的专注和诚恳，当然咄咄逼人的眼神是不可取的。

光有热情和努力还不能取得谈判的成功。如果对方并不觉得有相应的需求，任你如何苦口婆心地说明，都无法打动对方。因此，把握和挖掘客户需求是洽谈中很重要的技巧。

在磋商阶段，也就是俗称的"讨价还价"阶段，因为涉及双方利益，一定要注意保持应有的风度和礼貌。在坚持原则的情况下可以做些必要的让步，心平气和地尽量"求大同、存小异"是比较礼貌的做法。谈话时可适当使用手势，但动作不要过大，更不要手舞足蹈、指指点点。

洽谈中的提问回答，要注意时机和方法。应选择气氛和谐的时候提出问题，表达得体，提问的言辞不可过激，追问时不可喋喋不休、咄咄逼人，以免引起对方的反感和恼怒，但原则性问题应力争不休，只是态度仍应是开诚布公。对方回答问题时，不可随意打断，如有疑义，待对方说明完再提出。对方回答完毕，应表示感谢。谈判达成协议后要举行签约仪式，签约的礼仪规范可参阅第本章第六节的相关内容。

第四节　推介：看得见的态度

推介的目的是让客户对自己的产品或者服务产生兴趣。为了更好地吸引听众，推介方案的表达方式、表现形式和框架结构等方面都需要做足功课。

推介所需的宣传资料需提前准备。即使原始资料再多，也要精简归纳，宣传资料尽量控制在五页 A4 纸的范围内。如果实在有必须说明的内容，但又归纳不下，可以采用附件的形式。宣传资料中，柱状图、饼状图等表现形式更直观易懂，因此，与文字、数据、表格等相比，用图说话更通俗，且易被接受。

推介使用的工具多种多样,常用的工具有电脑和投影仪。如果使用投影的方法进行推介,那么,被投影的资料中的文字起码要在二十四号字体以上,字号太小会难以看清。推介所需的工具要根据场合、方式、听众群性质、参与人数以及会场大小等情况综合考虑。正式推介前,要对投影仪和其他工具进行检查,即使是接线板这样的细小环节都要逐一检查。

如果想第一时间抓住听众的注意力,让他们产生倾听的欲望,并把这种兴趣保持到推介结束,那么,推介前的预演必不可少。预演可以帮助推介者掌握整场推介会的大致时间分配,对可能出现的问题做好准备。

推介的开头很重要,良好的开头才能使推介顺利进行。因此,自信而不紧张的状态很重要,努力做到第一声说话清脆洪亮。推介时,要用自己的语言对推介资料进行说明,而不是枯燥地照本宣读,最好能配上通俗易懂的例子,以帮助听众更好地理解。推介时目光要正视听众,还要注意说话的语气语调,抑扬顿挫的声音,富有节奏的推介进程,并穿插适宜的肢体动作才能激发听众的兴趣。说到重点时,一定要用"我所介绍的内容中最重要的有以下三点……"等进行强调,以引起听众的重视。推介过程中,要注意听众的反响,增进双方的交流。发言中,要实时了解听众是否听懂,可以在发言告一段落的时候说:"刚才介绍的内容,不知诸位是否都听明白了?""如果有不明白的地方,请提出。""没有的话,我们就进入下一项,可以吗?"

第五节　展会：面对客户的首轮效应

展会,有助于推广介绍商业产品和技术,促进产品的宣传和流通,因此,无论是组织方,还是参与方都应遵循相应的规范和惯例,做到有所为,有所不为。

展位上的工作人员应当统一着装,最合适的着装选择是本单位的制服或印有本单位 LOGO 的宣传衫。如果没有统一的制式服装,可以穿着深色西服和套裙。如果安排礼仪小姐迎接宾客,礼仪小姐可选择穿着色彩鲜艳的单色旗袍。全体展会工作人员,除礼仪小姐外,都应佩戴标明本人所属单位、职务和姓名的胸卡,如能印有彩照则更佳。展会期间,工作人员不应佩戴首饰,女士可化淡妆,男士须注意天天保持脸部清洁。

在展会中,全体工作人员要意识到自己的形象代表着公司形象,实时维护好团队整体形象。迟到、早退、无故脱岗、东游西荡等有损团队形象的行为是不被允许的。

展会开始后，工作人员应站立迎客。当观众走近自己展位时，工作人员应面向对方，脸带微笑，稍许欠身，伸出手臂，掌心向上，指尖指向展台，并告知对方"请您参观"。观众参观时，工作人员可随行其后，可简明扼要地做些讲解或以备对方向自己咨询。对于观众提出的问题，要一一地详尽解答。观众离去时，要送至展位外，并向对方欠身施礼，真诚地说"谢谢光临"或"再见"。

在任何情况下，工作人员均不可对观众讥讽嘲笑或恶语相向。对于不守展会规则、乱摸乱动或乱拿展品的观众，仍需以礼相待，礼貌劝阻。如果屡劝不止，可请展会保安人员协助，切忌擅自进行打骂、扣留或者非法搜身。

第六节 签字：三思而下笔

签字仪式，即重要的协议、协定、议定以及联合公报、联合声明或重要合作项目的合同书等，都需要进行书面签署的一项仪式。签字仪式应严格遵照规范进行。

进行签字仪式前，应事先布置好签字厅，要求干净整洁，按照相应的座次礼仪要求摆放（参见第十章）。签字厅中设置专用签字桌，摆放上签字文本和用具。涉及涉外跨地区的签字仪式，还要按照座次礼仪准确摆放或者悬挂双方国旗。

参加签字仪式的有签字人、领导人、致辞人、主持人、见证人、助签人、媒体和礼仪人员等。参加仪式的双方人员应事先安排妥当，一般为参加谈判的全体人员。双方参加的人数以相当为宜，身份必须与代签文件的性质相符。双方签字人的身份和职位应该大致相当。

签字仪式作为缔约各方共同签署会议的最后的文件的公开仪式，其程序有着极强的礼仪性。所有参加签字仪式的人员均应注意自己的仪表仪态，力求穿着得体，举止大方。

双边签字仪式中，待双方参加人员到齐后，签字人就座，其他人员各就各位。双方签字人首先在本方保存的文本上签字，再由各自一方的助签人相互传递文本，请签字人在对方保存的文本上签字，最后由双方签字人交换已签字的文本，并相互握手。此时，双方参加签字仪式的人员应鼓掌表示祝贺，并由礼仪小姐递上香槟酒，参加仪式的人员共同举杯庆祝。

多边公约的签字仪式中，以文本所使用的主要文字为准。签字仪式上，只设一个座位，按各国国名的字母顺序依次上去签字。如果参加签字仪式的国家只有几个,也可以按数设坐,其他程序参照双边签字的仪式的程序和礼仪要求。

 扩展阅读

商务会议行为指南

(1) 发言时不可长篇大论,滔滔不绝,原则上以三分钟为限。

(2) 不可从头到尾沉默到底。

(3) 不可取用不正确的资料。

(4) 不要尽谈些期待性的预测。

(5) 不可做人身攻击。

(6) 不可打断他人的发言。

(7) 不可不懂装懂,胡言乱语。

(8) 不可对发言者吹毛求疵。

(9) 没有特殊情况,不要中途离席。

(10) 谨慎使用"应该""一定""必须""需要""不得不""不能""不可能""绝不""闭嘴""你别管"等十个词。最好用一些缓和的语言替代这些词语。

第八章 商务仪式礼仪

 本章学习目标

　　◇ 了解仪式礼仪的内容；

　　◇ 知晓各类仪式的程序；

　　◇ 掌握参加仪式应注意的礼仪要点；

 本章背景

　　仪式是一种不断重复的行为程式，是一种有意识的习惯。仪式中的礼仪，一般而言是约定俗成的，并随着时代的发展而不断丰富和发展。

第一节　仪式：商务礼仪的展示

　　仪式化的商务礼仪对我们的职场生活和人际交往非常重要。仪式是不断重复的过程，话语、姿势和行为都属于其中，此外，它还拥有深刻的象征意义。每种仪式都有固定的开始和结束，而且这个安排为所有参与者接受。对于某些特定的事件，仪式每次都以同样的形式进行，并以此种方式深深植入人们的大脑记忆当中，传递安全感，让人放松，让人安宁。

1. 仪式形成工作机制，建构职场秩序

　　仪式的使用与其价值、目标和运作模式息息相关，因而许多大公司都在尝试建立"固定的仪式"，如"新人入职仪式"。加入公司的新员工唱着公司的赞歌，胸前佩戴本公司的徽章，由公司董事长、总经理发表训导激励性的讲话，最后以复诵誓词结束，整个仪式皆在庄严肃穆的气氛中进行。新员工带着诚挚、热切的表情，为自己能在某一有名的大公司中工作引以为荣，油然而生的是忠

诚于自己的企业,并拥有了责任感和血肉相依关系的职业"自豪感"。这使员工与公司利益和经营目标紧紧绑定在了一起。这种仪式化的工作进程已经是企业领导机制中的一部分。

仪式让我们联系起来。人们通过仪式可以在不同力量、不同视角和不同方式之间建立平衡。这种秩序和结构对我们的职场生活和人际交往非常重要。上班有问候仪式,下班有告别仪式,工作中的协调仪式,交流中的位次仪式……这些仪式帮助建构着对组织的认同。上班问好,下班再见已成为职场自觉,每个人在潜意识中都有把行为仪式化的需求,同时人们又在利用那些已经训练有素的行为方式,从而更好地融入职场生活。仪式使人们有可能在共同的行为中邂逅、相知并相互融合。

2. 仪式营造职场时空,赋予职场欢乐

职场生活需要健康的时间结构。职场的作息时间提供着时间的仪式。中午铃响,是我们午餐仪式的开启瞬间;下班铃响,是我们一天工作的结束仪式。仪式能够帮助人们缓和剑拔弩张的情绪,进而合理地投放精力。

仪式提供空间和方式。有人吃饭的时候一定要看报纸,有人到办公室一定先喝上一杯清茶,有人永远在餐厅的同一张桌子上吃午饭……不论人们是否意识到,每个人确实都有自己的小仪式。个人的固定习惯构成了自身每天的安排和流程。仪式令人们有所依傍,仪式帮助我们处理生活中的窘境,唤醒我们心中的美好情感,是心灵的港湾和力量的源泉。

仪式能增强人们的喜悦感。除了从上班到下班的日常仪式,人们每年还会重复庆祝一些特殊的时刻,比如,生日、年会、节日等。为了表达对这些高潮时刻的尊敬,人们盛装出席,大快朵颐,摆脱平日的烦琐,迎接不断涌现的、值得记忆的时刻。集体仪式有助于共同体的建构和对"我们"这种感受的增强。

3. 仪式需要积极参与,凝聚职场关系

积极主动地参与到仪式行为中,而不是做一个旁观者,这是成功的关键。通过仪式内在的行为模式,增强人们的自信,鼓励人们面对充满压力的环境。

仪式构造生命中的过渡。参加同事的婚礼,见证彼此的承诺和亲朋的庆贺。有同事与世长辞,是肃穆的葬礼和哀悼仪式承载着我们的伤痛和告别。

仪式由固定的行为模式构成,将我们日常生活的节奏和循环周期仪式化。仪式在行为过程中固定了情感,梳理了情绪,指引我们的位置和方向,增加个

体的归属感和集体的凝聚力。

4. 仪式约束职场行为,点亮职场生活

仪式传递意义。商务交往礼仪关系上的仪式感会让人们形成一种对自我行为的约束。商务交往要和谐必须注重礼仪的约束,借助仪式,我们交往中的善意得到了阐释,并被赋予了意义。这并非理性所为,而是发生在那些依赖直觉的仪式过程中。使人们更有安全感,深感自己倍受尊重。

现实生活的一些职场几乎完全由物质主宰,能力、效率和功能正是职场需求的品质,于是,人们需要越来越多的能量,借助它的机制来保护"理想中的自我形象"。商务礼仪规范养成的职场良好习惯能使人们心灵安稳,处事泰然,能更好地面对职场生活提出的要求,加以融合,得到安全感和稳定性。因此,职场需要仪式化的商务礼仪。

第二节　庆典:以仪式呈现形象

庆典是各种庆祝仪式的统称,是商家围绕重要纪念日或自身重大事件举行庆祝的一种专题活动。商务庆典是商家最重要的形象塑造和礼仪活动。商务庆典的意义在于展示商务形象,仪式礼仪是商务庆典成功的重要保障。

1. 庆典的组织工作

在安排庆典内容时,应考虑周到详细全面。其中,包括出席者的确定、来宾的接待、环境的布置和庆典的程序等四项重要内容。应及早确定好出席者名单,精心安排好各项招待工作,布置好庆典现场,并有条不紊地安排好庆典仪式的程序,使整个庆典仪式在欢乐喜庆的气氛中完成。

在庆典时间的选择上,要注意选择主要嘉宾、主要领导及大多数来宾能够参加的时间。还必须要考虑到周围居民生活习惯,避免因过早或过晚而扰民,一般安排在上午 9:00~10:00 之间最恰当。

庆典的地点选择应视庆典的规模、影响力、单位的实际情况以及交通情况来确定。单位内部或门前广场,以及外借的场所等都可以作为庆典的举办地点。仪式现场的大小应和出席者人数成正比,使庆典场面井然有序,庄严而隆重。

⊙ **Tips**

切忌庆典场地过于狭小,人员拥挤不堪,让人感到杂乱无章,乱哄哄一片。如果要在室外举办庆典,就要考虑到噪音、交通或治安,以及天气状况。而且不能对周边居民或者其他单位造成重大干扰。如果庆典当天是阴天,特别是下雨天气,要做好防雨准备,以免对庆典活动造成影响。即便查询了天气预报是晴天,也要对可能的天气突变做好预案。如果庆典的出席人员较多,牵涉面广,所以,不到万不得已,不能延期、改期,甚至取消庆典。

庆典仪式的环境装饰应突出热烈、喜庆、隆重。仪式现场可张灯结彩,彩旗飘扬,还可张贴一些宣传海报和标语,以及说明庆典内容的大型横幅,将整个场面烘托得无比热烈和喜庆,亦可请礼仪队、乐队、铜锣队演奏音乐或敲锣打鼓。但是,这类活动应当适度,不要热闹过头,更不可铺张浪费。

在举行庆典前,务必要把音响、传声设备、影像、摄像屏幕准备好、调试好。尤其是供来宾讲话使用的设备。背景音乐的选择应以欢乐、喜庆的乐曲或庆典音乐为宜,切忌播放与庆典相背离的音乐。播放的乐曲,应提前经过相关人员审核,然后方可播放。

商务庆典是商家对外联络的重要时机。确定出席者名单时,始终应当以庆典的宗旨为指导思想。庆典的出席者通常包括以下人士:上级领导、社会名流、大众媒体、合作伙伴、社区关系、单位员工。

邀请的具体名单一旦确定,就应尽早发出邀请函或通知。为慎重起见,用以邀请来宾的请柬应认真书写,并装入精美的信封,由专人提前半个月左右送达对方手中,以便对方早做安排。

向来宾赠送的礼品在选择上要注意价格适中。赠送给嘉宾的礼品,如果价格过高,容易让嘉宾觉得受之有愧甚至有受贿的感觉,同时也让单位承担了没有必要的支出;而如果价格太低,又会让人觉得被轻视。对于庆典礼品的选择,可以选用单位的产品,也可以在礼品及其外包装上印有单位的企业标志、产品图案、广告用语、联系方式等。但注意印制不能太抢眼。礼品要制作精美,且具有一定的纪念意义,使拥有者对其珍惜、重视。与此同时,还要考虑具有较广泛的使用范围,以取得宣传效应。

2. 庆典的流程安排

庆典仪式一般包括宣布庆典开始、单位领导致辞、嘉宾代表讲话、安排文艺演出、邀请来宾参观等几个步骤。在主持人宣布庆典开始后，全体肃立，奏国歌，后可唱本单位的歌曲。单位主要领导致辞可包括介绍嘉宾、对来宾表示感谢和介绍此次庆典的缘由等。需要注意的是，致辞的重点是报捷，以及说明庆典的可"庆"之处。一般而言，出席庆典的上级主要领导、特邀嘉宾、协作单位等都应有代表讲话或致辞。

文艺演出这项程序有时可以省略。如果准备安排演出，应当慎选内容，注意不要因图热闹而有悖于庆典的宗旨。如果邀请来宾参观单位的有关展览或设施、环境等，应尽可能由主要领导出面陪同，如果主要领导确实有事不能陪同，在向来宾解释之后，可由职务稍低的领导陪同，这项程序有时也可以省略。

⊙ **Tips**

单位主要领导致辞中，对外来的贺电、贺信等，没有必要一一宣读，可以挑其重要的几封宣读，然后公布一下对没有宣读贺电、贺信的署名。公布名称的时候，可以依照"先来后到"的顺序，或是按照其具体名称的汉字笔画进行宣读。对于嘉宾讲话应提前邀请、沟通，并明确对方发言人的姓名、职务及大致发言时间等，避免现场邀请时出现"谦虚"、推来推去的尴尬场面。

⊙ **Point**　　　　　　　**现场致辞的注意事项**

1. 从容登台

庆典发言应首先做好心理准备，不要心情紧张，不知所措。登台时要稳稳当当，不要慌张地奔跑过去，更不要拖拖拉拉，半天也没有登上讲台，给人留下不好的印象。

2. 以礼为先

发言者在发言之初应向大家问好。在表示感谢某人时应目视对方，并向该人施礼，大家给予掌声时，应鼓掌回应。在发言结束时应向大家表示感谢。

3. 注意仪态

发言时，发言者要自然大方，不拘谨。站立时不要东扭西歪，比比画画,给人留下特别张扬的印象。

4. 掌握时间

发言一定要在规定的时间内结束,否则,不但影响庆典的正常进程安排,还会影响现场的气氛效果,容易使听众产生烦躁情绪。发言时切忌东拉西扯、闲聊、没有主题,令人厌烦。

5. 内容切题

在这种喜庆、热闹的场合发言必须言简意赅。祝贺的话语要大吉大利,让人听了高兴;颂扬之词要切合实际,才能真正起到鼓舞人心的作用。

3. 庆典的现场接待

与一般商务接待相比,商务庆典的来宾接待有更突出的礼仪性特点。不但应热心细致地照顾好全体来宾,而且还应通过规范、热情的接待工作,使每位来宾都能心情舒畅,感受到组织方真挚的尊重和敬意。因此,庆典一旦决定举行,应尽快成立庆典筹备组。筹备组成员通常由各方面的有关人员组成,在公关、礼宾、财务、会务等各方面"分兵把守",各管一段。

在庆典礼仪上一个精明能干的接待人员队伍代表着单位的整体形象,会给来宾留下很深的印象。接待人员应统一着装,男士应精神抖擞,女士应亭亭玉立,并具有极强的表达能力和应变能力,以便做好接待工作。切忌人员懒散,不修边幅。更不要成群结队地议论嘉宾,或在嘉宾发言时指指点点,甚至起哄,鼓倒掌,让嘉宾感到尴尬。

具体的接待工作有来宾的迎送、引导、陪同和招待。热情有礼的迎送来宾,对于某些年事已高的来宾,就要安排专人陪同始终,以便关心和照顾。而对于贵宾,须由单位主要负责人亲自出面接待。如果请嘉宾用餐,则需要事先对嘉宾的具体人数有个准确统计,如有可能最好应事先了解主要嘉宾的饮食禁忌。还要事先安排好菜单、座次。安排自助餐是一种较为受欢迎的用餐形式。

4. 参加庆典的礼仪

商务庆典是商家举办的隆重的商务活动之一。参加庆典的举办方人员有责任以实际行动来确保庆典的顺利和成功,至少不应该因为自身的举止不当,而使来宾对庆典做出负面评价。参加庆典的来宾,不仅是个人形象的展示,更是对组织方的尊重和重视。因此,在商务庆典中,无论是商务庆典的主办者,还是应邀参加庆典的来宾,都应恪守庆典礼仪,做到仪容要整洁、服饰要规范、时间要遵守、表情要庄重、态度要友好、行为要自律、发言要简短。这样才能使各方满意,从而增进感情,密切合作关系,对今后进一步合作产生积极影响。

对于参加庆典的人员应非常注意自己的仪容。事先应保持清洁的个人卫生,男士应理发、修面,不要头发不整、胡须不剃参加庆典活动。女士应稍做修饰,化淡妆,做发型,但不要过分打扮,浓妆艳抹,让人反感。参加庆典时切忌蓬头垢面、面色无华、愁眉苦脸。

庆典是一种庄重的仪式,在参加庆典时,应穿着礼仪性服装。男士应穿着深色西服套装、白衬衫、单色领带、黑色皮鞋;女士则应穿着职业装、连衣裙、深色高跟皮鞋。本单位参加庆典的人员应穿着本单位的工作服。切忌服装五花八门,千奇百怪。

⊙ **Tips**

　　忌穿休闲装、家居装参加庆典活动。

参加庆典的人员应遵守庆典的时间,按时到达,不要迟到、早退,更不可无故缺席。庆典的开始时间和结束时间一定要按计划进行,切不可随机运作,不守信用。

庆典是庄重的仪式,参加庆典时应时刻注意自己的表情,应严肃认真、表情庄重。切忌表情不严肃,一脸的诙谐、嬉皮笑脸,或者愁眉不展、若有所思的样子。在庆典中常有升国旗等较为正式的活动,这时应起立、脱帽对国旗行注目礼。切忌不脱帽、不起立,或与他人交头接耳。特别是本单位的员工应时刻注意听讲,遵守会场秩序。在庆典期间,参加人员应听从安排,不要东走西窜,三五成群聊天,或在下面打手机、看报纸、吃零食等。更不要有睡觉、打呵欠、伸懒腰等影响他人的行为。若有事出去时,应有礼貌地请他人让路,切忌乱挤乱叫,引起旁人侧目。

庆典结束之后如果有宴请,一定要注意餐请礼仪。同桌中,要等身份高者、年长者落座后自己再坐下,他们动筷后再动筷。如果向同一人敬酒,应等他们敬过之后再敬。不要在餐桌上有擤鼻涕、吐痰、咳嗽等禁忌的举止。对菜肴不应挑肥拣瘦或大发牢骚。

> ⊙ **Tips**
>
> 　　一般来宾送纪念品,以花瓶与花篮最为喜庆大方。还可以题以祝贺、颂扬之词,再加上称谓与落款,便于留作长久的纪念。

5. 涉外商务庆典礼仪注意环节

　　各种涉外商务庆典活动,如奠基、竣工、开工、落成、揭幕等典礼的成功必须具有针对性,重礼仪,讲实效,不讲排场,不搞铺张。

　　如涉外商务庆典活动在室内中小型场合举行,一般不必张挂国旗。庆典场所应设主宾区,中外方主要贵宾应按国际惯例各就各位,贵宾一般按礼宾次序依次排列,以体现主权平等、机会均等、身份对等等原则,结合实际情况周密考虑。压低中方主宾席次取悦外方,或者把外方主宾丢在一边的做法都是不对的。

　　外事庆典活动,应相应配备适当的语种翻译,重要活动还应设同声翻译。语系相同的国家,语种的选择可以兼顾,但也要注意其他因素,如政治因素。

　　外事庆典中的致辞讲话,一般不要超过三人次,时间安排在十分钟内为宜。

> ⊙ **Tips**
>
> 　　涉外商务庆典上中外方的讲话、致辞都应翻译。不能只给中方翻译,不给外方翻译,不然会使外宾莫名其妙。

　　涉外商务庆典的内容设计,要注意到业务特点、气候特点和环境特点,要扬长避短,精心组织。此外,环境特点也不能忽视。若庆典活动现场环境有局限性,往往应充分考虑象征性设计。在外事庆典活动中,以中国民族风格和特色的节目穿插表现固然好,但也不应庞杂、过滥。应给人以添一分过多,减一分太少之感。

　　涉外商务庆典活动,生活照顾要热情周到,不仅要站在主办者的角度考虑,也要站在客人的角度考虑问题。只有这样,才能反映工作水准,优化活动效果。

　　邀请客人应尽可能经过确认。对活动的日期、时间、地址、方位、抵达方法、编组方法、程序和内容安排应预先告知。现场的行进路线和多个活动区域及其顺序均应有指示牌显示。客人的包袋、衣物、车辆(司机)、餐饮等服务,礼品选择采办,以至交通工具安排,某些活动必要的防护用品,甚至突发情况的应对都应悉心准备,以策周全。如有主办单位在邀请客人的请柬上附以小型公司纪念章,应请客人参加活动时佩戴,这样就可较好地处理在大饭店举行活动的识别问题,从而收到较好的效果。

第三节　开业:最佳的首次亮相

开业仪式也叫开业典礼,是指在企业创建、正式营业、项目完工、工程落成或是某项工程正式开始的时候,为表示庆贺或纪念,而按照一定的程序隆重举行的仪式。开业典礼是企业向社会公众的首次公开亮相,这"第一印象"体现着企业领导人的组织能力、社交水平以及企业的文化素质,它往往也会成为社会公众对企业取舍和亲疏的重要标准。开业典礼进行的时间极其短暂,但影响很大,开业仪式礼仪历来备受重视。

1. 开业仪式的筹备

开业典礼是组织宣传的最佳时机,应尽可能地展现自己的经营特色和与众不同之处。切忌弄虚作假,造成不良影响。可以选择有影响力的大众传播媒介集中进行宣传,也可以邀请有关媒体在开业仪式当天到现场进行采访报道,以便对外宣传,提高知名度。店铺开张、公司开业、迁址营业,为使顾客周知,引起人们的注意,往往会写开业启事,张贴在商店门前或附近公共场所允许的广告栏中,有时,也可通过新闻媒介广而告之。内容一般都是开业仪式举行的日期、地点、开业单位的经营特色,开业之际对顾客的优惠(如果是销售类企业)等。

开张启事、开业公告是为了扩大业务,内容一般比较简洁,只需注明开张时间、经营范围、服务宗旨即可。如有必要,还需注明商店(公司)地址、交通路线、电话号码、电报挂号、邮政编码、开户银行及账号等。开张启事的内容必须实事求是。开张启事、开业公告一般在开业前一周之内发布。

开业仪式影响力的大小,往往取决于来宾身份的高低与其数量的多少。在力所能及的条件下,要力争多邀请一些知名人士参加,为开业仪式增添更多光彩。精心挑选出邀请宾客的名单,提前发送请柬。若有必要,可以注明"请复函为盼"等文字,受邀者在可能的情况下回复是否接受邀请。在邀请来宾时应事先安排，认真填写请柬，并装入精美的信封内，由专人送到对方手中，切忌错填或漏填，更不可误送。

给来宾赠送一份礼品或者是纪念品也是开业仪式所必需的。给来宾的礼品，可以在来宾签到或者进场的时候，人手一份地派发，或者提前放到来宾的座位上。也可以在来宾离开的时候派发。如果是贵宾，可以在贵宾离开的时候，由单位相关负责人亲自馈赠。如果礼品较大或者不止一件，应该事先给来宾准备好手提袋，以免给来宾带来不便。

开业典礼现场一般应在本单位内显著的地方，如公司或商店的门口。如果由于种种原因不能在本组织内举行，也可以租用其他条件较好的地方举行。在反对铺张浪费的同时，应当量力而行，着力美化庆典现场的环境。按惯例，举行开业仪式时宾主一律站立，所以，一般不布置主席台或座椅。为显示隆重和敬客，可以在来宾尤其是贵宾站立的地方铺设红地毯。为了烘托出热烈、隆重、喜庆的气氛，现场可以悬挂彩灯、彩带大气球，张贴一些宣传标语，并且张挂标明庆典具体内容的大型模型。

除此之外，来宾的签到簿、本单位的宣传材料、待客的饮料等也须提前备好。对于音响、照明设备，以及开业典礼举行之时所需使用的用具、设备，必须事先认真进行检查、调试以防其在使用时出现差错。

开业仪式中，主持人的作用非常重要。主持人可以是本单位相关人员，但必须形象良好、口齿清晰，能灵活应变。要求主持人事先必须了解每位嘉宾的姓名和基本情况，以免介绍中出现不必要的难堪。还要注意不能因为嘉宾身份的高低、生疏有别而在介绍中表情和语气有冷热差异。主持人必须身穿套装、正装，男士一般是西式套装、打领带；女士一般是制式套装。

负责签到、留言、题词、接待、剪彩、鸣炮、奏乐以及摄影、录像等有关服务工作的人员，应及时到达指定岗位。

⊙ **Tips**

开业仪式要做好组织安排工作。现场安排应有组织、有步骤、热情、周详。在举行开业仪式的现场，一般安排专人负责来宾的接待工作，以免出现混乱的局面。各项议程的安排应当紧凑，富有节奏感，开始的时间不要拖得太长。另外，还必须有充足的工作人员应急，以免临时忙乱。结束后，应当向来宾一一道别，并致谢意。

2. 开业仪式的程序

"热烈、隆重、节俭"是开业典礼仪式的基本要求。因此,举办开业典礼时亦应主张节俭,量力而行。切忌大摆排场,铺张浪费,更不要将钱花在烟花爆竹、吃喝玩乐上。开业典礼大都由开场、过程、结束三大程序构成。

开场奏乐是欢快的、有寓意的,也可以请专业乐队现场演奏,主持人在乐声中,邀请嘉宾就位以增强典礼的喜庆气氛。宣布典礼开始时,鼓炮齐鸣,如果条件允许,可以邀请专业人员在开业仪式中进行文艺表演。表演一般持续十分钟。主持人在表演结束后上场,介绍主要来宾。按来宾的身份从高到低的顺序进行介绍。

> ⊙ **Point**
>
> 　　开业典礼的主持人不仅应事先安排好来宾发言的顺序,而且还要根据议程所占的时间委婉地转告来宾发言的时间。
>
> 　　上级领导的致辞首先要对企业的开业表示祝贺,对来宾表示感谢;其次,要对企业开业的意义予以评价;再次,对企业的发展提出建议和要求;最后,以礼节性的言辞祝企业兴旺发达。
>
> 　　来宾致辞首先应对企业的开业表示祝贺;其次,对企业开业的意义予以评价;最后,以礼节性的言辞对企业表达祝愿。
>
> 　　单位领导致辞,首先,是对与会者的感谢;其次,要向来宾表示谢意;接下来,介绍企业的筹备背景、过程以及其他情况;再次,介绍今后的打算,表示信心和决心等;最后,对来宾表示感谢。
>
> 　　请外单位嘉宾致辞的话必须事先邀请,并说明请其发言的时间长度。各方贺词应言简意明、热烈庄重、真诚祝愿、友好善意,切忌信口开河、长篇大论。

过程是开业典礼的核心内容。主持人在开业典礼的进行过程中,首先,发表简短致辞,向各位来宾的来临表示感谢,并扼要介绍本公司或商场的经营特色和经营目标;然后,请各单位来宾代表发表祝词。各发言人之间的时间间隔要安排得紧凑一些。等各路人员发言完毕,主持人会宣布典礼结束,这时就到了典礼的结局阶段。

宣布开业典礼完毕,主人即可引导客人进店或公司参观。在参观过程中,可介绍本企业的主要设施或特色商品,以融洽与同行的关系,也可与同行进行短时间的座谈,或请来宾在留言簿上签名。

开业仪式结束后,商店即正式对外开放。店领导和售货员可在店门口迎接顾客光临。在营业过程中,售货员应适时地向顾客表示感谢,欢迎顾客常来光顾。商店还可准备一些购物袋,上面印有开业典礼的字样,赠送给顾客作为纪念。

3. 参加者的礼仪

开业仪式的参加者,不管是普通来宾还是贵宾,维护好自己的形象既是对举办方的尊重,也是展示个人形象的需要。所有出席开业典礼的人员都应该衣着得体,仪容整洁。

来宾到了仪式现场,应该首先向开业单位的负责人或者接待者表示祝贺。应邀参加开业仪式的嘉宾,应准备一份贺礼或者以一定方式表达祝贺。如果不能亲自参加开业仪式,可以发一份贺电表示祝福。贺电发出的时间,应该以开业当天能收到为宜,也可同时附上礼金。

⊙ **More**　　　　　　　　**开业贺礼的选择**

（1）开业贺幛。用来表示开业庆贺的、上面题有语句的整幅绸布就是开业贺幛。开业贺幛的用语一般使用吉利的称颂词,语言一般为四字句,要求个性化,富有表现力,最好切合行业和特点。因为贺幛一般挂在厅堂或店堂之中,尤为引人注目,让人过目不忘,从而给开业者带来喜庆,并能招揽生意。如医院贺幛可写"妙手回春"或"华佗再世"等。

（2）贺匾。贺匾可以悬挂在开业的公司/店面,起到装饰、宣传的作用。这是开业赠礼的重要选择。

（3）贺篮。开业赠礼的鲜花贺篮也很多。赠贺篮时,要同时在贺篮的绸带上写上祝贺之话和赠送单位或个人的名称。

（4）礼金。可以赠送礼金。礼金的多少根据各地的惯例、双方的关系及己方的经济状况来确定。礼金一定要用红纸包起来,不能随便装在白纸或者普通信封里。

（5）其他赠礼。送一尊招财猫或者一盆富贵竹也是不错的选择。

仪式开始后,不要东张西望,也不应做其他小动作,或者当众抽烟、打呵欠。当主持人介绍某人的时候,应注目被介绍人并示敬,忌漠不关心、毫不在意。介绍自己时,可以起立或者欠身点头、微笑致意,不能面无表情、不加理睬、坐着不动。

作为主办方,在举行开业典礼仪式时必须安排人员专门负责招待和服务来宾的工作。切忌客人到来时无人过问、不理不睬。另外,对待来宾,主办方人员即使不是接待人员,也要以主人翁的身份热情待客,做到有求必应,主动相助。

接待贵宾时,应由单位主要负责人亲自接待,并将贵宾引领到休息室休息。

在接待其他来宾时,可以由单位的接待人员负责。如果来宾较多,要为来宾准备好专用的停车场、休息室。

一般开业仪式还要安排答谢酒会招待所有来宾。答谢酒会是在开业庆典结束之后进行。

如果需要安排所有与会来宾合影留念的话,则是在开业仪式结束后、答谢酒会开始前。

⊙ **Tips**

从仪式礼仪的角度来看,开业仪式其实不过是一个统称。在不同的适用场合,也往往会采用其他一些名称,如开幕仪式、开工仪式、奠基仪式、破土仪式、竣工仪式、下水仪式、通车仪式、通航仪式,等等。它们虽然在仪式的具体运作上存在着一些差异,但是,它们都是要以热烈而隆重的仪式来为本单位的发展创造一个良好的开端,所以,它们与开业典礼的仪式礼仪有着异曲同工之妙。

第四节 剪彩:剪出靓丽的风采

每当一个大工程、大建筑物落成或展览会开幕、公司开业的时候,常会举行剪彩仪式。所谓"剪彩",就是在新落成的建筑物或新开张的公司、开幕的展览会门前,横系着一条中间结有花球的彩带,邀请名人或领导在隆重的仪式上用剪刀剪断彩带,然后才开始使用或营业。

按照惯例,剪彩仪式既可以是开业仪式中的一项具体程序,也可以独立出来,由其自身的一系列礼仪性的程序组成。

1. 剪彩仪式的程序

有关剪彩的礼仪细节看似简单,其实非常烦琐。商界人士在举办或参加剪彩仪式时务必要小心谨慎,争取给公众以及同行留下一个好印象。

剪彩仪式的准备工作主要涉及场地的布置、环境的卫生、灯光与音响的准备、媒体的邀请、人员的培训、剪彩用具的准备等。在准备这些方面时,必须认真细致、精益求精。

⊙ **More**　　　　　　**剪彩仪式的请柬发送礼仪**

为了邀请社会各界人士和亲朋好友参加,剪彩仪式往往要印发请柬。印发请柬要注意:

(1)请柬要精致、美观,不能用油印的通知形式,给人一种不庄重的感觉。

(2)文字要简洁,措辞要热情、有礼貌,要写清被邀者的姓名、仪式的地点、日期、机构名称及联系电话。

(3)被邀者的姓名要书写整齐、美观,不能潦草马虎,给人一种不被重视的感觉。

(4)请柬应当在仪式之前一周左右的时间发送,以便使受邀者及早做好考虑和准备。如果对方无暇前往,会跟你联系,以便重新安排。

(5)对有名望的人士或主要领导,一般应派举行仪式单位的主要负责人亲自接送,以显示诚恳和尊重。

剪彩仪式的场地,一般安排在本单位地址所在的广场、正门口的大门,展销会、博览会门口。如果是新建设施,新建工程竣工启用,会场一般安排在新建设施、工程的现场。在活动现场可以略做装饰。剪彩现场必须悬挂写有剪彩仪式的具体名称的大型横幅。

在剪彩仪式上,通常只为剪彩者、来宾和本单位的负责人安排座席。剪彩仪式开始后,应敬请剪彩者和来宾就座。剪彩人员应就座于前排。若数人剪彩时,应按剪彩时的位置顺序就座。

一般来说,剪彩仪式宜紧凑,忌拖沓,所耗时间愈短愈好,少则一刻钟即可,长则不宜超过一个小时。在主持人宣布仪式开始后,乐队应演奏音乐,现场可燃放鞭炮,全体到场者应热烈鼓掌。此后,主持人应向全体到场者介绍到场的重要来宾。奏国歌时须全场起立,必要时亦可随之演奏本单位的标志性歌曲。

致辞者依次应为东道主的代表、上级主管部门的代表(如果没有上级主管部门的则没有此项)、地方政府及其他协作单位的代表等。发言的内容应言简意赅,并呈现欢乐气氛,发言的重点分别为介绍、感谢与致贺,发言的时间每人不超过三分钟。

剪彩之后,主持者要再次向与会者表示谢意,主人应陪同来宾参观被剪彩之物,也可以准备签名簿,让与会者签字。

按照商界惯例,在剪彩仪式结束之后,通常以自助餐招待来宾,或以纪念性的小礼品相赠。

2. 剪彩用具的礼仪

与举行其他仪式相同,剪彩仪式也有大量的准备工作需要做好,尤其对剪彩仪式上所需使用的某些特殊用具,诸如红缎带、新剪刀、白手套、托盘以及红地毯,应仔细地进行选择与准备。

(1)红缎带礼仪。红色缎带即剪彩仪式之中的"彩"。按照传统做法,它应当由一整匹未曾使用过的红色绸缎,在中间结成数朵花团而成。目前,有些单位为了厉行节约,而代之以长度为两米左右的细窄的红色缎带,或者以红布条、红线绳、红纸条代替也是可行的。一般来说,红色缎带上所结的花团不仅要生动、硕大、醒目,而且其具体数目往往还需同现场剪彩者的人数直接相关。通常情况下,以多于参加剪彩人数一个为佳,使剪彩人伫立在两朵花团之间,显得既正式又庄重。

(2)新剪刀礼仪。专供剪彩者在剪彩仪式上正式剪彩时所使用的剪刀,必须是每位现场剪彩者人手一把,而且必须崭新、锋利。在剪彩仪式结束后,主办方可将每位剪彩者所使用的剪刀经过包装之后,送给对方以资纪念。

在剪彩仪式之前,工作人员应对剪刀进行仔细的检查,确保剪刀能飞快剪断红缎带。

> ⊙ **Tips**
>
> 用于剪彩的剪刀必须是崭新而锋利的,切忌在剪彩时由于剪刀不锋利,而使剪彩人员一再补刀,艰难地将缎带剪断。

（3）白手套礼仪。白色薄纱手套是专为剪彩者所准备的。在正式的剪彩仪式上，剪彩者剪彩时最好每人戴上一副白色薄纱手套，以示郑重其事，使整个剪彩仪式显得尤为庄重。在准备白色薄纱手套时，除了要确保其数量充足，确保每人一副之外，还必须使之大小适度、崭新平整、洁白无瑕。有时，亦可不准备白色薄纱手套。

> ⊙ **Tips**
>
> 　在剪彩仪式上，剪彩人员应佩戴白色薄纱手套，切忌手套较脏，有瑕疵，大小不合适，使剪彩者戴手套时感到尴尬。

（4）托盘礼仪。托盘在剪彩仪式上是托在礼仪小姐手中，用作盛放红色缎带、剪刀、白色薄纱手套的。在剪彩仪式上所使用的托盘，最好是崭新、洁净的。它通常首选银色的不锈钢制品。为了显示正规性，可在使用时上铺红色绒布或绸布。就其数量而论，在剪彩时，可以一只托盘依次向各位剪彩者提供剪刀与手套，并同时盛放红色缎带；也可以为每一位剪彩者各配置一只专为其服务的托盘，同时使红色缎带专由一只托盘盛放。后一种做法显得更加正式一些。

（5）红地毯礼仪。红地毯主要用于铺设在剪彩者正式剪彩时的站立之处。其长度可视剪彩者人数的多寡而定，其宽度则应在一米以上，使其看起来庄重大方。在剪彩现场铺设红色地毯，主要是为了提升其档次，并营造一种热烈喜庆的气氛。有时，亦可不铺设。

> ⊙ **Tips**
>
> 　在剪彩现场铺设红地毯，可使剪彩仪式更加热烈，喜庆。切忌只铺设很小一块或很狭窄的一条，弄巧成拙。

3. 剪彩人员的礼仪

剪裁人员主要是由剪彩者和助剪者构成。剪彩仪式上服务的礼仪小姐，可以分为迎宾员、引导员、服务者、拉彩者、捧花者、托盘者。

在剪彩仪式上担任剪彩者是一种很高的荣誉。剪彩仪式档次的高低，往往也同剪彩者的身份密切相关。所以，在选定剪彩人员时，最重要的是要把剪彩者选好。根据惯例,剪彩者可以是一个人,也可以是几个人,但是一般不应多于五人。通常,剪彩者多由上级领导、合作伙伴、社会名流、员工代表或客户代表担任。剪彩仪式是非常正式的场合,所以,剪彩者应穿套装、套裙或制服,将头发梳理整齐,颜面要洁净。剪彩仪式上不应戴帽子,或者戴墨镜,也不应穿着便装,给人的感觉应当是容光焕发,精神而有修养。

> ⊙ **Tips**
>
> 　在剪彩仪式正式举行前几天就要确定剪彩者的名单。名单一经确定,应尽早告知对方并尊重对方个人意见,使其有所准备,若对方不愿参加,切勿勉强对方,可另请他人。需要多人同时担任剪彩者时,还要分别告知每位剪彩者现场其他剪彩者的身份。这样做是对剪彩者的一种尊重。切忌在剪彩仪式现场安排剪彩人员,强拉硬拽,或临时找人代替剪彩者,影响剪彩仪式的顺利进行。

　助剪者,指的是剪彩者在剪彩过程中为其提供帮助的人员,即礼仪小姐。礼仪小姐要求相貌姣好、身材颀长、年轻健康、机智灵活、声音甜美、性格活泼、为人热情、善于交际。助剪者在剪彩过程中要表现得井然有序、步履稳健、神态自然、落落大方。

　助剪者应化淡妆、盘发,身着款式、面料、色彩统一的单色旗袍,也可以身着深色或单色的套裙,配肉色连裤丝袜、黑色高跟皮鞋。除戒指、不大的耳环或耳钉外,不应佩戴其他任何首饰。值得注意的是,礼仪小姐的穿着打扮必须统一。必要时,也可以临时聘请专业机构的礼仪小姐。

　迎宾员的任务,是在活动现场负责迎来送往。引导员的任务,是在剪彩的时候负责带领剪彩者登台或退场。服务者的任务,是为来宾特别是剪彩者提供饮料或者奉茶,安排休息。拉彩者的任务,是在剪彩时展开、拉直红色缎带。捧花者的任务则在剪彩时手托花团。托盘者的任务,则是为剪彩者提供剪刀、手套等剪彩用品。

　在助剪人员的安排上可根据人员多少而定。在一般情况下,迎宾员和服务者应不止一人。引导员既可以是一个人,也可以为每位剪彩者各配一人。拉彩者通常是两人,即在最两边适当用力拉住红色缎带。捧花者的人数则需要视花团的具体数目而定,即一花一人。最好为每位剪彩者配一位托盘者。

4. 剪彩仪式的礼仪

进行正式剪彩时,剪彩者与助剪者的具体做法必须合乎规范,否则,就会使效果大受影响。

(1)登台礼仪

当主持人宣布进行剪彩之后,礼仪小姐应率先登场。

上场时,礼仪小姐应排成一行行进。从两侧同时登台,或是从右侧登台均可。登台之后,拉彩者与捧花者应当站成一行,拉彩者处于两端拉直红色缎带,捧花者各自双手手捧一朵花团。托盘者须站立在拉彩者与捧花者身后一米左右,并且自成一行。

剪彩者登台时应从右侧登台,若为多名剪彩者一同登台时应按照主剪彩者在前的顺序,排列成一行依次登台。

在剪彩者登台时,引导者应在其左前方进行引导,使之各就各位。当剪彩者均已到达既定位置之后,托盘者应前行一步,到达前者的右后侧,以便为其递上剪刀、手套。

剪彩者行至既定位置之后,应向拉彩者、捧花者含笑致意,托盘者递上剪刀、手套,亦应微笑着向对方道谢。

当主持人向大家介绍剪彩者时,剪彩者应面含微笑向大家欠身或点头致意。

(2)站位礼仪

在剪彩仪式上,剪彩者的站位次序是有一定规定的,通常情况下,剪彩者为一人时,可居中而站。若为多人可按照居中为尊,右侧为尊的规则站立。越远离中间位置的位次就越低。切不可胡乱排列,有失礼节,使剪彩者感到不快。

(3)剪彩时礼仪

在正式剪彩前,剪彩者准备好后,应向拉彩者、捧花者示意,待其有所准备后,集中精力,右手手持剪刀,表情庄重地将红色缎带一刀剪断。若多名剪彩者同时剪彩时,其他剪彩者应注意主剪者的动作,与其主动协调一致,力争大家同时将红色缎带剪断。

按照惯例,剪彩以后,红色花团应准确无误地落入托盘者手中的托盘里,而切勿使之坠地。为此,需要捧花者与托盘者的合作。剪彩者在剪彩成功后,可以右手举起剪刀。

第五节 交接：畅通切换流水线

交接仪式，在商界一般是指施工单位依照合同将已经建设、安装完成的工程项目或大型设备，例如，厂房、商厦、宾馆、办公楼、机场、码头、车站或飞机、轮船、火车、机械、物资，等等，经验收合格后正式移交给使用单位之时，专门举行的庆祝典礼。

举行交接仪式的重要意义在于，它既是商务伙伴们对于所进行过的成功合作的庆贺，是对给予过自己关怀、支持、帮助和理解的社会各界的答谢，又是接收单位与施工、安装单位巧妙地利用此时机，为双方各自提高知名度和美誉度而进行的一种公共宣传活动。

1. 交接仪式准备

交接仪式有一定特殊性，其准备工作主要有邀请来宾、选择场地、准备物品三个方面。

（1）邀请来宾

一般应由交接仪式的东道主——施工、安装单位负责。在具体拟定来宾名单时，施工、安装单位亦应主动征求自己的合作伙伴——接收单位的意见。接收单位对于施工、安装单位所草拟的名单不宜过于挑剔，不过可以对此酌情提出自己的一些合理建议。确定邀请来宾人员名单后，应提前传达或寄达正式的书面邀请，以示尊重。

> ⊙ **Tips**
>
> 在一般情况下，参加交接仪式的人数自然越多越好。如果参加者太少，难免会使仪式显得冷冷清清。但是，在确定参加者的总人数时，必须兼顾场地条件与接待能力，切忌贪多。邀请海外媒体的人员参加交接仪式时，应认真遵守有关的外事规章和外交纪律，必须事先进行报批手续。

（2）布置现场

在对交接仪式的现场进行选择时，通常应视交接仪式的重要程度、全体出席者的具体人数、交接仪式的具体程序与内容，以及是否要求对其进行保密等几个方面的因素而定。

根据常规,一般可将交接仪式的举行地点安排在已经建设、安装完成并已验收合格的工程项目或大型设备所在地的现场。有时,也可将其酌情安排在东道主单位本部的会议厅,或者由施工、安装单位与接收单位双方共同认可的其他场所。

将交接仪式安排在业已建设、安装完成并已验收合格的工程项目或大型设备所在地的现场举行,能使全体出席仪式的人员身临其境,获得对被交付使用的工程项目或大型设备的直观而形象的了解,也更方便来宾的现场参观,但往往准备的工作量大。

将交接仪式安排在东道主单位本部的会议厅举行,可以免除大量的接待工作,会场的布置也十分便利。特别是在将被交付的工程项目、大型设备不宜对外参观,或者暂时不方便外人参观的情况下,以组织方单位的会议厅作为举行交接仪式的现场虽然很方便,但缺乏身临其境的直观感受。

当然,宾馆的多功能厅、外单位出租的礼堂或大厅等处,都可以用来举行交接仪式。在其他场所举行交接仪式,尽管开支较高,但可省去大量的安排、布置工作,而且还可以提升仪式的档次。

在交接仪式的现场,可临时搭建一处主席台。必要时,应在其上铺设一块红地毯。在主席台上方,应悬挂一条红色巨型横幅,上书交接仪式的具体名称,如"××工程交接仪式",或"热烈庆祝××工程正式交付使用"。

在举行交接仪式的现场四周,尤其是在正门入口之处、干道两侧、交接物四周,可酌情悬挂一定数量的彩带、彩旗、彩球,并放置一些色泽艳丽、花朵硕大的盆花,用以美化环境。

(3) 预备物品

主办交接仪式的单位,还需为交接仪式的现场准备一些用以烘托喜庆气氛的物品,以及其他的必备设施等。特别是作为交接象征的验收文件、一览表、钥匙等物品,以及赠送给来宾的小礼品等。切忌物品准备不齐全,缺少东西,影响整个交接仪式的顺利进行。

在交接仪式上用来赠送给来宾的礼品,应突出其纪念性、宣传性。被交接的工程项目、大型设备的微缩模型,或以其为主角的画册、明信片、纪念章、领带针、钥匙扣等小巧、精制的礼品,非常受来宾的欢迎。

⊙ **Tips**　　　　**交接象征之物的有关物品**

包括验收文件、一览表、钥匙等。验收文件,是指已经公证的由交接双方正式签署的接收证明性文件。一览表,是指交付给接收单位的全部物资、设备或其他物品的名称、数量明细表。钥匙,则是指用来开启被交接的建筑物或机械设备的钥匙。在一般情况下,因其具有象征性意味,所以预备一把即可。

（4）赠品安置

在交接仪式上,来宾往往会带来一些祝贺的礼品,其中,以赠送祝贺花篮为最多。在安置花篮时按惯例以先后顺序为准,不排列名次,将花篮排放在主席台的正前方或安排在门口两侧。在此两处同时摆放也是可以的。不过,如果来宾所赠的花篮较少,则不必将其分开陈列在外。切忌将花篮杂乱地堆放在那里。

⊙ **Tips**

在一般情况下,参加交接仪式的人数越多越好。但在客观上确定参加者的总人数时,必须兼顾场地条件与接待能力,切忌贪多。

2. 交接仪式程序

主持人宣布交接仪式正式开始。这时候,全体与会者应当进行较长时间的鼓掌,以热烈的掌声来表达对于东道主的祝贺。在此之前,主持人应邀请有关各方人士在主席台上就座,并以适当的方式暗示全体人员保持安静。奏《国歌》,并演奏东道主单位的标志性歌曲。全体与会者必须肃立。该项程序,有时候也可以省略。

交接的时候,应将有关工程项目、大型设备的验收文件、一览表或者钥匙等象征性物品正式递交给接收单位的代表。这时候,双方应面带微笑,双手递交、接收有关物品。在此之后,还应热烈握手。至此,标志着有关的工程项目或大型设备已经被正式地移交给了接收单位。

如果条件允许,在该项程序进行的过程之中,现场可以演奏或播放节奏欢快的喜庆性歌曲。

与其他仪式一样,交接仪式也要有各方的代表致辞。他们依次应为:施工、安装单位(即组织方)的代表、接收单位的代表、来宾的代表等。这些致辞,一般都是礼节性的,并以喜气洋洋为主要特征。宜短忌长,只需要点到为止的寥寥数语即可。

宣告交接仪式正式结束后,可安排全体来宾进行参观或观看文娱表演。此时此刻,全体与会者应再次进行较长时间的热烈鼓掌。

按照仪式礼仪的总体要求,交接仪式同其他仪式一样,在所耗费的时间上也是宜短不宜长。在正常情况下,每一次交接仪式从头至尾所用的时间,一般不应当超过一个小时。这就要求交接仪式在具体程序上讲究少而精。正因为如此,一些原本应当列入正式程序的内容,例如,进行参观、观看文娱表演等,都被视为在正式仪式结束之后所进行的辅助性活动而另行安排。

主办单位在拟定交接仪式的具体程序时,应注意必须在大的方面参照惯例执行,尽量不要标新立异,另搞一套。而且必须量力而行,在具体的细节上不必事事贪大求全。

3. 参加交接仪式的礼仪

交接仪式涉及多方,在参加交接仪式时,不论是东道主一方还是来宾各方,都存在一个表现是否得体的问题。唯有参加仪式的每个人都注重礼仪、加强自律、维护形象,才能共同保证交接仪式的成功进行。

(1)东道主礼仪

举办交接仪式时,接收方的人员尤其要注意自己的仪容仪表。应当衣冠整洁,端庄大方,服装合适得体,应穿着单位制服或西装、职业装参加交接仪式。切忌在交接仪式上衣冠不整、蓬头垢面,失礼于来宾。

举办交接仪式期间,接收方的人员应举止得体,时刻注意自己的行为。不要无视来宾的存在,在会场上审来审去、打打闹闹、成群结队;或在背后对来宾进行议论,甚至在来宾发言时不理不睬,不鼓掌,表现得极没有礼貌。在为来宾鼓掌时,不能厚此薄彼。当来宾道喜时,要热烈鼓掌以示感谢。

不管是专门负责接待,还是陪同解说的工作人员,东道主一方的全体人员应热情接待来宾,当来宾有事情需要帮助时应主动上前帮忙。对来宾提出的问题应耐心细致地为其进行解答。即使力不能及,也要向对方说明原因,并且及时向有关方面进行反映。切忌对来宾漠然置之,不予理睬,甚至将来宾推来推去,拒绝帮助。

(2)参加者礼仪

对交接仪式的东道主表示祝贺是来宾不可缺少的礼仪。在接到东道主的正式邀请后,应及时回电或回信表示衷心的祝贺。而且在参加交接仪式时应同东道主握手,并再一次表示祝贺。如果被邀请者与组织方关系密切,还应该提前预备一份书面贺词,供被邀请代表来宾发言时之用。其内容应当简明扼要,主要是为了向组织方道喜祝贺。切忌在参加交接仪式时不言不语,没有任何表示。

在参加交接仪式时可适当地带一些礼品,以示祝贺。礼品以牌匾、花篮贺幛等为宜,并用红缎带附上贺词。不宜选择贵重不合适交接仪式赠送的贺礼。赠送贺礼时可由来宾在参加交接仪式时当面交给东道主即可。

接到东道主正式邀请通知后,对参加时间和参加地点应记清楚,以便在交接仪式举办时准时参加。如果不能准时参加,应及时向东道主解释清楚,以便组织方有所安排。切忌接到邀请后不予重视,姗姗来迟或无故缺席。

> ⊙ **Tips**
>
> 　花篮一般需要在花店订制,用各色鲜花插装而成,并且应在其两侧悬挂特制的红色缎带,右侧写"恭贺××交接仪式隆重举行",左侧写本单位或个人的正式全称。可以由花店代为先期送达,也可由来宾在抵达现场时面交组织方人员。

第六节　仪典:庄重不在于繁复

一个盛大、庄严、隆重、热烈的仪典仪式,不但可激发来宾的热情,也可提高观众对仪典仪式的重视程度,从而对活动留下完美深刻的印象。

1. 周年庆典

一些社会效益、经济效益较好的单位,常常利用周年纪念日,尤其是五年或十年的大庆来宣传本单位的成就,规划未来远景,以鼓舞士气、凝聚人心、扩大影响。庆典活动往往搞得轰轰烈烈,成就和规划往往激动人心,从上到下,从内到外,造成宣传攻势,不愧为一种很好的公关活动。

与一般的庆祝典礼不同的是周年大庆一般都备有纪念册,通过文字、图片、图表等全面介绍该组织的情况和主要产品以及未来设想。纪念刊物有助于树立企业形象,可作为纪念宣传礼物送给来宾、新闻媒介人员。

工厂、商场、公司等周年的庆祝活动,可专门制作有纪念意义的礼品发给来宾,如纪念章、印有本单位庆典活动字样的茶杯、毛巾、T恤衫、提包等。

还可以搞"周年成就展览",对该单位集体或个人取得的成就加以集中宣传,实物、文字图片、幻灯、录像等手段都可以加以利用,并备有专人负责接待参观。

庆祝仪式还可以形式多样,搞得生动活泼、声势浩大。

2. 开幕仪式

开幕仪式仅仅是开业仪式的具体形式之一。通常指公司、企业、宾馆、商店、银行正式开业之前,或是各类商品的展示会、博览会、订货会开始之前,正式举行的相关仪式。每当开幕仪式举行后,公司、企业、宾馆、商店、银行将正式营业,有关商品的展示会、博览会、订货会将正式接待顾客与观众。

依照常规,举行开幕式需要较为宽敞的活动空间,所以,门前广场、展厅门前、室内大厅等处均可用作开幕仪式的举行地点。

⊙ **More**

开幕仪式的主要运作程序共有六项。

(1) 宣布仪式开始,全体肃立,介绍来宾。

(2) 邀请专人揭幕或剪彩。揭幕的具体做法是揭幕人行至彩幕前恭立,礼仪小姐双手将开启彩幕的彩索递交对方。揭幕人随之目视彩幕,双手拉启彩索,令其展开彩幕。全场目视彩幕,鼓掌并奏乐。

(3) 在主人的亲自引导下,全体到场者依次进入幕门。

(4) 主人致辞答谢。

(5) 来宾代表发言祝贺。

(6) 主人陪同来宾进行参观。开始正式接待顾客或观众,对外营业或对外展览宣告开始。

3. 闭幕仪式

当主持人宣布闭幕仪式开始后,应由主方相关领导简要地对活动进行全面总结,并对与会者表示感谢。然后由另一方相关领导人致辞,祝贺举办圆满成功。双方彼此赠送礼品和纪念品,闭幕式结束。

4. 开工仪式

开工仪式是刚创建的工厂准备正式开始生产时所举行的仪式。在工厂开工仪式上,司仪小姐应穿着传统的礼仪服装,而工厂的全体员工则应穿着干净、整洁的工作服饰。开工仪式上,切忌敞胸露怀,挥拳捋袖,夏天男士不能穿背心、拖鞋、短裤。开工仪式开始后,全体人员起立,介绍各位来宾。司仪引导本单位领导和来宾来到开工现场,启动机器开关,工厂正式开工。在全体人员的掌声中,工厂全体员工正式上岗工作。此时,本单位领导陪同来宾参观工厂生产情况。

5. 奠基仪式

奠基仪式,通常是一些重要的建筑物,比如,大厦、场馆、亭台、楼阁、园林、纪念碑等在动工修建之初正式举行的庆贺性活动。

对于奠基仪式现场的选择与布置,有一些独特的规矩。奠基仪式举行的地点,一般应选择在动工修筑建筑物的施工现场。而奠基的具体地点,则按常规应选在建筑物正门的右侧。在奠基仪式的举行现场应设立彩棚,安放该建筑物的模型或设计图、效果图,并使各种建筑机械就位待命。

（1）准备奠基石。奠基石是奠基仪式的主角,所以,在准备奠基石时应全面考虑,确保奠基石的美观大方。在一般情况下,用以奠基的奠基石应为一块完整无损、外观精美的长方形石料。通常情况下,奠基石应为汉白玉材料,并在其正面光滑平整处刻上"××奠基"及"××年×月×日"的字样。刻字要清楚,进行适当修饰后,使其更加醒目。在奠基石上,通常文字应该竖写。在其右上款,应刻有建筑物的正式名称。在其正中央,应刻有"奠基"两个大字。在其左下款,则应刻有奠基单位的全称以及举行奠基仪式的具体年月日。奠基石上的字体,大都讲究以楷体字刻写,并且最好是白底金字或白底黑字。

（2）奠基石位置。奠基石位置的放置必须经过严格的测量,不要随意安置。通常情况下,奠基石应设立在该建筑的侧面靠近墙角的位置,并要将字迹清晰地露在外面,奠基石上还要系上红缎带的花团,使其更加庄重。

在奠基石的下方或一侧,还应安放一只密闭完好的铁盒,内装与该建筑物有关的各项资料以及奠基人的姓名。届时,它将同奠基石一道被掩埋于地下,以示纪念。

（3）奠基者礼仪。执行奠基的人员为身份最高的奠基者，当他们接过工作人员递过的铁铲时，应象征性地铲一点土埋向奠基石根部，并铲土一次即可。

（4）奠基仪式的运作程序。仪式正式开始后，介绍来宾，全体起立，奏国歌。主人对该建筑物的功能以及规划设计进行简介。来宾致辞道喜，随后正式进行奠基。此时，应奏响锣鼓，或演奏喜庆乐曲。首先，由奠基人双手持握系有红绸的新锹为奠基石培土。随后，再由主人与其他嘉宾依次为之培土，直至将其埋没为止。奠基仪式时，应象征性地铲土埋向奠基石根部，切忌将铁铲弄得叮当作响，或多次铲土埋向奠基石。

6. 破土仪式

破土动工仪式是在建筑开始正式动工时进行的仪式。在进行破土动工时应特别注意现场准备情况，因为破土动工仪式的地点一般会选在工地中央或者一侧，但工作人员应提前将仪式现场整理平整，清扫干净，并进行简单的装饰。切忌尘土飞扬、坑洼不平、泥泞难走等。

由于破土动工仪式的环境较为艰苦，所以，照顾好各位来宾是理所当然的事情。工作人员应事先在现场搭建临时的帐篷或移动板房，以供来宾休息。破土动工现场应事先做好准备，千万不要让来宾遭受风吹雨打，有失礼仪。

7. 揭幕仪式

揭幕仪式如果为大型机构建筑、名人塑像、重要作品等落成时举办的仪式，其场面应庄严而隆重，塑像、重要作品或机构名称牌上应蒙上红缎布，并在其正面悬挂"××揭幕仪式"的标志。场地四周应彩旗飞舞，鲜花环绕。

在揭幕仪式上，来宾需要致辞，致辞的来宾为以下几种类型：名人塑像应为其家属致辞；重要作品应为其设计者致辞；机构建筑落成应为该单位的领导人致辞，切不可选错致辞来宾，有失礼貌。来宾致辞时首先要对有关单位的支持表示感谢，并表示祝贺。致辞的语言要简明扼要，不要详细叙述该名人的历史或重要作品创作的经历等，显得啰唆，令人反感，也耽误了揭幕仪式的进行。

揭幕时，应邀请进行揭幕的嘉宾走到塑像、重要作品或机构名称牌近前，揭开蒙在其上面红缎布的一角，然后轻柔地、缓慢地将整块红缎布揭下。当红缎布落下时，全场人员应热烈地鼓掌，以示祝贺。

8. 竣工仪式

竣工仪式,有时又称落成仪式或建成仪式。它是指本单位所属的某一建筑物或某项设施建设、安装工作完成后,或者是某一纪念性、标志性建筑物——诸如纪念碑、纪念塔、纪念堂、纪念像、纪念雕塑等等建成之后,以及某种意义特别重大的产品生产成功之后所专门举行的庆贺性活动。

举行竣工仪式的地点,一般应以现场为第一选择。例如,新建成的厂区之内、新落成的建筑物之外,以及刚刚建成的纪念碑、纪念塔、纪念堂、纪念像、纪念雕塑的旁边。竣工仪式中,除了介绍来宾、奏国歌、发言和致辞、揭幕或剪彩,全体人员还需向竣工仪式的"主角"——刚刚竣工或落成的建筑物,郑重其事地恭行注目礼。仪式结束后,进行参观。

9. 落成仪式

落成仪式包括许多种:如厂房落成、办公大厦落成、纪念碑落成等。参加落成礼仪时参加者应适当地表现自己,使之与该场合相融洽。参加落成仪式必须区别场合,令人兴奋的落成仪式应表现得很愉快、高兴,庄重严肃的落成仪式应表现得肃然起敬。切忌在庄严肃穆的落成仪式上欢呼雀跃,如纪念碑落成仪式等。

10. 下水礼仪

嘉宾在被邀请行掷瓶礼时应身着礼服,并双手捧酒瓶,然后用力向船头投掷,使酒瓶破碎、酒花四溅。切忌用力过猛或没有力量,使酒瓶破碎后没有达到理想的效果或没有破碎,影响大家的心情,更不要失手伤着其他参加仪式的人员。当嘉宾掷完瓶后,大家热烈鼓掌,放飞信鸽、气球等,向船上撒鲜花和彩带。

参加者时刻以喜悦的神情烘托整体气氛,特别在嘉宾掷瓶后,应向新船行注目礼,然后报以热烈而兴奋的掌声。新船下水仪式上,参加者切忌大呼小叫或发怪声,破坏整体喜庆的氛围。更不要自己拿着一瓶酒随意往船上投掷。

11. 通车仪式

新建道路正式通车时会举行隆重的通车仪式。举行通车仪式时应做好现场和首航车辆的装饰工作。

在被作为仪式现场的道路或桥梁等新建交通建筑一端应彩旗飘扬、彩带飞舞,横幅招展。用于首航的车辆应插上彩旗,配上红花,并挂上适当的宣传标语,使通车仪式红红火火、热闹非凡。

12. 通航仪式

通航仪式是指飞机或轮船在正式开通某一新航线时所举行的大型庆祝活动。其主要操作程序与通车仪式基本相同,除通航的主角为飞机、轮船外,其他场面和气氛基本相同,也是非常隆重的典礼仪式,但飞机首航仪式不可放飞气球。

第七节　活动:仪式处处皆有礼

活动中注重礼仪,有助于营造良好的商务氛围,良好的商务氛围是商务活动成功的重要条件。一个企业,如果能够热情周到地接待客户,尊重对方,就会使对方感受到诚意并乐意同你打交道。在一个宽松和谐的氛围中,找到双方都满意的结合点。

1. 赞助仪式

赞助是指组织或个人对某一社会事业、事件无偿地给予捐赠和资助。赞助会是某项赞助举行时采用的具体形式。因为赞助活动能较大程度地提高企业的知名度,为企业树立良好的形象,因而得到许多企业的高度重视。

(1) 赞助内容

赞助内容:体育事业;文化艺术事业;教育、科研事业;社会福利事业;社会公益事业;救灾扶贫事业等。

(2) 赞助方式

赞助的方式通常有四类:①金钱。赞助方以现金或支票的形式,向受赞助者提供赞助。②实物。赞助单位或个人以一种或数种具有实用性的物资的形式,向受赞助者所提供的赞助。③义卖。赞助单位或个人将自己所拥有的某件物品进行拍卖,或是划定某段时间将本单位或个人的商品向社会出售,然后将全部所得,以现金的形式再向受赞助者提供赞助。④义工。赞助单位或个人派出一定数量的员工,前往受赞助者所在单位或其他场所,进行义务劳动和有偿劳动,然后以劳务的形式或以劳动所得来提供赞助。

（3）赞助会的礼仪

赞助活动实施之际，往往需要举行一次聚会，将有关的事宜公告于社会。这种以赞助为主题的赞助会，在赞助活动中，尤其是在大型赞助中大都必不可少。赞助会一般由受赞助者操办，也可由赞助者操办。

一是场地的布置。赞助会的举行地点，一般可选择受赞助者所在单位的会议厅，也可租用社会上的会议厅。会议厅要大小适宜，干净整洁。会议厅内，灯光亮度适宜。在主席台的正上方，悬挂一条大红横幅，在其上面，应以楷书书写"××单位赞助××项目大会"，或者"××赞助仪式"的字样。赞助会会场的布置不可过度豪华张扬，略加装饰即可。

二是人员的选择。参加赞助会的人员要有充分的代表性，人数不能过多。除了赞助单位、受赞助者双方的主要负责人及员工代表之外，赞助会应当重点邀请政府代表、社区代表、群众代表以及新闻界人士参加。所有参加赞助会的人士，与会时都要身着正装，注意仪表，动作举止要与赞助会庄严神圣的整体风格相协调。

三是会议的议程。赞助会的具体会议议程应该周密、紧凑，其全部时间不应超过一小时。

赞助会的主持人，一般应由会议主办方的负责人或公关人员担任。在宣布正式开会之前，主持人应恭请全体与会者各就各位，保持肃静，并且邀请贵宾到主席台上就座。在奏国歌之后，还可奏本单位标志性歌曲。此前，全体与会者须一致起立。

赞助单位代表首先出场，口头上宣布其赞助的具体方式或具体数额。随后，受赞助单位的代表上场。双方热情握手。接下来，由赞助单位代表正式将标有一定金额的巨型支票或实物清单双手捧交给受赞助单位代表。必要时，礼仪小姐要为双方提供帮助。在以上过程中，全体与会者应热烈鼓掌。

随后，双方代表分别发言。首先由赞助单位代表发言，其发言内容重在阐述赞助的目的与动机。与此同时，还可将本单位的简况略做介绍。然后由受赞助单位代表发言，集中表达对赞助单位的感谢。根据惯例可以邀请政府有关部门的负责人讲话。其讲话主要肯定赞助单位的义举，呼吁全社会积极倡导这种互助友爱的美德。该项议程有时也可略去。至此赞助会结束。

会后，双方主要代表及会议的主要来宾应合影留念。此后，宾主双方稍事晤谈，来宾即应告辞。

2. 慈善仪式

赞助社会慈善事业,这是企业向社会表明承担社会义务和责任的重要形式,也是协调好企业与政府、社会关系的重要途径。尊重他人、尊重弱者是体现商界人士教养水平的重要标志,商界人士在为残障人士、疾病患者提供慈善服务时,应当充分尊重他们,以体现良好的文明素养和教养程度。

（1）与艾滋病患者交往的礼仪

与艾滋病患者交往不能躲躲闪闪,面露厌恶之态,而应像常人一样亲切问候或握手致意,该亲近则亲近,该谈笑则谈笑,在此时对患者表示亲昵,常能传达一种语言所不能表达的情感。

与艾滋病患者交往应尽量多谈一些使其感到愉快、宽慰的话语和事情,避免谈论可能刺激对方或对方忌讳的话题。

与艾滋病患者交往应掌握情况,有的放矢,注意与医生、家人保持一致的口径。要善于控制自己的感情,不能流露出悲伤的情绪,以免加重对方的精神负担。

探望艾滋病患者时,要讲究日常礼仪。如应叩门告知,使对方感受到应有的尊重。去医院探病,要遵守医院的规章制度,进病房要安静,脚步尽量放轻,不要大声喧哗。与病人谈话,态度要谦和温柔、亲切热情。对于执意要坐起来接待来者的病人应上前搀扶一把,探病时间要适度,过长会使病人疲劳,过短会使病人觉得是敷衍了事。对病人托办的事应尽力去办。向病人告别时,要表示下次会再来看望,以使艾滋病患者满怀希望和信心。

商务人员自身应该洁身自爱、珍爱生命、尊重人权,把防治艾滋病的信息传递下去,把爱心传递下去。

⊙ **More**

HIV 的传播只有性交传播、血液传播（输血、血液制品、共用针具）和母婴传播三个途径。艾滋病不会经握手、拥抱、共餐、共用办公用品、共用厕所、公共游泳、共用电话、打喷嚏、蚊虫叮咬传播。

（2）与残障人士交往的礼仪

歧视是对残障人士的精神折磨,商务人员应以助人为乐、扶危济弱为荣,对残障人士富有同情心,千方百计为他们提供服务、创造条件、帮助他们,使他们看到生命的价值和感到社会的温暖。

绝不要对残障人士使用侮辱性的称呼,更不应该将残障人士作为逗乐、欺侮的对象。嘲笑别人的生理缺陷是一种可耻的不文明行为。例如,称"残废""聋子"就不礼貌;称"残疾""聋人"可接受;称"残障""听障人士"最文明。

和残障人士相遇时目光很重要,要用正常的目光看待,千万不要好奇;不能把目光停留在他们的残障部位,如果事先不知道,一看见后就应很快把目光移开去;不能上下打量对方。

和残疾人士谈话,要特别注意回避与其生理缺陷有关的词语和内容。就像和正常人交往一样,使其感到人们并没有对他们另眼看待。

3. 捐赠仪式

捐赠仪式是某单位向另一单位或者个人捐赠某种物品而举办的仪式。捐赠仪式相对其他仪式来说有其一定的特殊性。

除了捐赠方、受赠方的相关领导及相关人员出席仪式以外,根据捐赠的社会意义和捐赠物的价值,还可以邀请相关社会名流、政府官员出席。捐赠仪式中除了捐受双方代表分别致辞外,如果邀请了社会名流或者政府官员,还可以请他们致辞。

主持人一般由对捐受双方及捐受事宜都比较了解的人士担任。礼仪人员在捐赠现场,既可以作为引导员,也可以作为现场服务人员,如端茶、捐赠物品时的协助工作等。

如果在不涉密,而且条件和能力允许的前提下,应该尽可能地邀请媒体参加报道。

捐赠仪式可以是在室内,也可以是室外。可以有主席台。主席台的座次,按照常规主席台的座次安排即可。同时,每张桌上应该放有人手一份的名牌及饮料。无论是在室内还是室外,背景都要有"××××捐赠仪式"字样的装饰或者条幅,上面应标明捐受双方的名称。

捐赠仪式总的时间长度一般在一小时左右。由主持人介绍现场来宾。来宾的介绍一般是以身份由高到低、先客后主为序。来宾致辞时,如果有上级领导或者社会名流,甚至国家领导人应该请他们先致辞,然后由捐赠方相关领导致辞,接着由受赠方相关领导致辞。捐赠致辞宜短不宜长。

进行现场捐赠时,捐赠方捧出捐赠物,如果捐赠物实物较大可以制作一个模型或者象征物,比如,捐赠建筑物或者车辆时,由钥匙作为象征物。然后双手交给受赠方,接着捐方和受赠方共同拿着捐赠物,并面向大家,面露微笑以右手相互握手。受赠方接过捐赠物后,应双手举起面含微笑向众人展示,捐赠人则和其他人员一起鼓掌庆贺。

现场捐赠完毕后,即表示捐赠仪式已经结束。主持人宣布仪式结束。捐赠仪式之后一般不安排酒会或者宴会。

4. 颁奖仪式

许多商务组织和企业设立了奖励基金、荣誉称号等,授予单位内外的相关人士,以表彰他们在某个方面的卓越贡献或为企业发展所建立的特殊功绩。授奖和授予荣誉称号的活动,尤其是授予国外人士都是重要的商务活动。而授奖、授予荣誉称号通常都要举行隆重仪式,这是一项重要的商务礼仪活动。授奖或授予荣誉称号的仪式可以是简短的,但必须是庄重的。

颁奖仪式的会场应布置得隆重、热烈、喜气洋洋。主席台上应鲜花盛开、桌椅整洁。桌上应铺上衬托喜庆气氛的红色台布,并摆上奖状、奖杯等奖品。会场四周可适当布置一些彩旗、彩带,使整个颁奖会场沉浸在欢乐之中。

颁奖仪式组织的单位或部门应事先做好人员的安排工作,使颁奖仪式顺利进行。除了安排给受奖者颁奖的相关领导和人员外,还要安排好递送奖状和奖品的人员,如礼仪小姐等,并要通知授奖者相关授奖的情况。

组织者应适当安排受奖者的座位,特别是当受奖人数很多的情况下,更应该妥善安排,以便受奖者领取奖品时井然有序。安排座位时应按领奖顺序进行安排,并贴上名字,以便其进入和寻找。在颁奖仪式开始前,颁奖者应各就各位,等待为受奖者进行颁奖。

当会场内音乐响起时,工作人员应按照顺序引导受奖人员登上主席台,并将他们引领到为其进行颁奖的领导面前,然后迅速离开主席台。负责递送奖状、奖品的工作人员应迅速将奖状、奖品递给领导,然后离开。

当受奖者走上主席台时,颁奖者应起身将奖品、奖状颁给受奖者,然后主动伸手与受奖者亲切握手,并表示由衷的祝贺。

受奖者走上主席台后应自然大方地站在主席台上。当颁奖者把奖品递过来时,受奖者应面带微笑双手去接,然后左手捧奖品,右手与颁奖者热情握手。若颁奖的领导与你进行交谈,要有礼貌地作简要的回答。

受奖者接过奖品、奖状等物品后应面带微笑,将其举过头顶,并深深鞠躬,向大家表示感谢。切忌接到奖品、奖状后只顾欣赏、高兴、抚摸和翻看奖品,而忽略相关礼仪,有失礼貌。

参加颁奖仪式的与会者应时刻维护会场秩序,当颁奖仪式进行时,应为受奖者热烈鼓掌,以示祝贺。切忌在台下窃窃私语,对受奖者议论纷纷、指指点点,甚至嫉妒、诽谤受奖者。

颁奖结束后应按照事先安排请有关领导致辞。领导致辞时应言简意赅,从不同的角度表示祝贺和鼓励,并向受奖者提出新的希望。切忌在发言时一味片面地对受奖者进行夸奖,而忽略了与会者的感受,引起其他人员的不满。

受奖代表在发言致答谢词时应自然大方、吐字清晰、语速适中。既要表达对领导和同事的感谢之情,又要表现再创辉煌的决心。不要过于自谦,令人产生反感。更不要吞吞吐吐、废话连篇、没完没了。

5. 新闻发布会仪式

新闻发布会,简称发布会,或称为记者招待会,是广大工商企业处理好与新闻媒介关系的最重要的手段。

一般而言,新闻发布会的主题有三类:一是发布某一消息;二是说明某一活动;三是解释某一事件。具体来说,单位开业、扩建、合并或者关闭,单位创立的周年纪念日,经营方针发生改变或是推出新举措、新产品、新技术,或者新服务面世、单位的高级管理人员发生变动、单位遭遇重大事故、单位遭到社会的误解或者批评等,都是新闻发布会的常规主题。

举行新闻发布会的最佳时间,一般在周一到周四的上午十点至十二点,或者是下午三点至五点左右。一次新闻发布会应该限制在两个小时以内。

举行新闻发布会的现场,应交通方便、条件舒适、面积适中,单位的会议厅、宾馆的多功能厅、当地有影响的建筑物等都可以酌情选择。现场应设主席台,桌上放置名牌,标明"发言人""主持人"及其他在主席台上就座的领导姓名。主席台前面可以安排一些鲜花装饰,主席台背景上应有这次发布会的名称——"×××××新闻发布会"。

除了要慎选主持人、发言人之外,还要精选一些负责发布会现场的礼仪接待人员。依照惯例,礼仪人员最好是由相貌端正、工作负责、善于交际的年轻女性担任。礼仪接待人员也可以临时从专业的礼仪服务公司外聘。

为了宾主两便,组织方所有正式出席新闻发布会的人员应该佩戴统一的胸卡,内容包括姓名、单位、部门和职务。

在准备新闻发布会时,组织方通常需要事先准备好发言提纲、问答提纲、宣传提纲和辅助材料。

邀请媒体时必须有所侧重。宣布某一消息的时候,尤其是为扩大影响,邀请新闻单位通常多多益善。而在说明某一活动、解释某一事件的时候,邀请新闻单位的面没有必要太宽泛。不论是邀请一家还是数家新闻单位参加新闻发布会,主办单位应优先邀请那些影响较大、报道公正、口碑良好的新闻单位。

> ⊙ **More**
>
> 目前,新闻媒体大体上分为电视、报纸、广播、杂志、网络五种。它们各有所长,各有所短。电视优点是受众广泛,真实感强,传播迅速;缺点是受时空限制,不容易保存。报纸优点是信息容量大,易储存查阅,覆盖面广;缺点是感染力差,不够精美。广播优点是传播速度快,鼓动性极强,受限制较少;缺点是稍纵即逝,选择性差。杂志优点是印刷精美,系统性强,形式多变;缺点是出版周期较长。网络媒体的优点是受众广、时效性强;缺点是受条件影响大。了解了上述各种新闻媒体的主要优缺点,邀请的时候就可以更具有针对性。

在新闻发布会举行的过程中,主持人、发言人要沉着应变、掌控全局。主持人、发言人应注重自身的外表,尤其是仪容、服饰、举止等方面。

按惯例,主持人、发言人要进行必要的化妆,并且以化淡妆为主。发型应当庄重而大方。男士宜穿深色西服套装、白色衬衫、黑袜黑鞋,并且打领带;女士则宜穿单色套裙、肉色丝袜、高跟皮鞋。服装必须干净、挺括。女士一般不宜佩戴除了戒指(一枚)、耳钉、项链、手表之外的首饰配饰,男士则不宜佩戴戒指(一枚)、手表之外的首饰配饰。

在面对媒体时,主持人、发言人举止应自然而大方。要面含微笑,目光炯炯,表情松弛,坐姿端正。一定要克服某些有损个人形象的不良举止,例如,抓搔头皮,紧咬嘴唇,眼皮上翻,东张西望,不看听众,以手捧头,双脚乱抖,反复起立,交头接耳,表情呆滞,不苟言笑。

主办单位要想取得新闻发布会的成功,就必须获得媒体的配合。把媒体当作自己真正的朋友对待。

不论是主持人还是发言人,在新闻发布会上必须默契配合。要真正搞好相互配合,一是要分工明确;二是要彼此支持。当然,在新闻发布会上,主持人与发言人分工有所不同,必须各尽其职,不能越俎代庖。

新闻发布会上主持人、发言人的言行都代表着主办单位。所以,必须注意自己的语言艺术。不管是发言还是答问都要条理清楚、重点集中,令人既一听就懂,又难以忘怀。不要有意卖弄口才、口若悬河。新闻发布会举行完毕之后,组织方应在一定时间内,对其进行一次评估善后工作。对于失误、过错或误导,都要主动采取一些必要的补救对策。对于在新闻发布会之后所出现的不利报道,特别要注意具体分析。对于批评性报道,组织方应当闻过即改,虚心接受。对于失实性报道,组织方应通过适当途径加以解释、消除误解。对于敌视性报道,组织方则应在讲究策略、方式的前提下据理力争、立场坚定,尽量挽回声誉。

 扩展阅读

礼仪是一种素质和习惯,怎样做一个用语文明的人呢? 要铭记礼貌用语,并在工作和生活中不断体会和使用。

与人相见说"您好",问人姓氏说"贵姓",问人住址说"府上"。

仰慕已久说"久仰",长期未见说"久违",求人帮忙说"劳驾"。

向人询问说"请问",请人协助说"费心",请人解答说"请教"。

求人办事说"拜托",麻烦别人说"打扰",求人方便说"借光"。

请改文章说"斧正",接受好意说"领情",求人指点说"赐教"。

得人帮助说"谢谢",祝人健康说"保重",向人祝贺说"恭喜"。

老人年龄说"高寿",身体不适说"欠安",看望别人说"拜访"。

请人接受说"笑纳",送人照片说"惠存",欢迎购买说"惠顾"。

希望照顾说"关照",赞人见解说"高见",归还物品说"奉还"。

请人赴约说"赏光",对方来信说"惠书",自己住家说"寒舍"。

需要考虑说"斟酌",无法满足说"抱歉",请人谅解说"包涵"。

言行不妥"对不起",慰问他人说"辛苦",迎接客人说"欢迎"。

宾客来到说"光临",等候别人说"恭候",没能迎接说"失迎"。

客人入座说"请坐",陪伴朋友说"奉陪",临分别时说"再见"。

中途先走说"失陪",请人勿送说"留步",送人远行说"平安"。

第九章　商务位次礼仪

本章学习目标

◇ 了解位次礼仪中位次主体尊卑的具体内容；
◇ 掌握位次礼仪中位次客体排列的具体规范；

本章背景

　　商务位次礼仪，是指重要的商务礼仪场合的参加团体或个人的位次按一定的规则和惯例进行排列的先后次序。商务位次礼仪体现了主人对宾客应予的礼遇及这种礼遇给予宾客以平等的地位。座次方位与尊卑密切相关。商务位次礼仪反映了人与人之间的相互关系，表达着对交流对象尊重的程度。

第一节　空间：位次客体排列规范

　　人与人之间的空间位置关系，会直接影响商务沟通的过程。心理学家泰勒等人发现，沟通情境中不同位置的作用是不一样的。有些位置对沟通的影响力较大，有些位置则影响力较小。而在正式的交流情境中，优势空间位置所造成的沟通压力要远比非正式情境大。同样一种发言，站到台上去讲和站在台下随便讲所起的作用是不同的。高高的讲台本身就具有某种权威性。封建时代的帝王不仅身居宝座俯瞰众臣，而且要求臣子跪见，这种一高一低的反差，在心理上会自然地造成对人的压迫，使其更加恐惧帝王的权威。

1. 空间位置与商务沟通

　　在现实生活中，一个人在特定商务场合的空间位置直接与其社会身份和地位相联系，并对人们的沟通发生深刻影响。领导、客人、重要人物会自然地被置于商务交往情境的重要位置,而其他人在目光和姿势上会将这一位置当成特定情境的注意中心。交往情境越正式,空间位置也越严格。盛大的商务宴请虽然场面宏大,但人们很容易从宴请的空间位置确认哪些人是重要人物。重要的商务大会上的人数很多,但每个人都被安排在与其社会地位相应的特定位置之上。重要的商务活动或严格的涉外商务,无论在座位的安排上、出现在公众面前的顺序上,还是在车队的位置上都有严格的先后次序。通过这些空间位置的信息,人们可以很好地了解一个人的实际社会地位。即使一个公司召开会议也同样有相对固定的空间位置分配,无论是否名义上的领导者,重要人物都有自己的特定位置,这些位置很少被其他人所侵犯。新进员工尤其要注意不要随意打乱职场内原有的空间位置分配。

2. 席位席次谁为先

商务交往中的礼宾席次,又称礼宾座次,是试图解决商务交往中多人情况下,在席位席次排列上谁为先的礼仪规范。违背商务礼仪与政务礼仪礼宾席次的不同惯例或率性而为是职场的禁忌。

（1）横向排列时,礼宾席次的规范是面向公众,右手为上。偶数情况下,右为上,左为下;右为主,左为次。奇数情况下,中为上,右为次,左为再次,余者分别次之。

（2）纵向排列时,前为上,后为下,余者分别次之。

（3）商务礼宾席次的国际惯例。

商务接待、商务谈判、商务宴请都会涉及位次排列问题。我们常遇到这样的问题：中国人以"左为上",而外国人以"右为上",那么,两国交往哪边为上?当两人对面而立时,左右是相对的,如何靠左右来区分上下? 如按照"东西南北"来判定,"面南为上",可现在很多会议室和餐厅是不规则形状,甚至连窗户都没有,很难辨别东西南北。因此,尽管各国有各国的具体做法,但位次礼仪的排列,国际国内已形成一些惯例和规范,并为人们肯定和遵循。

在各种典型的商务交往中,凡有必要确定并排列具体位置的主次尊卑,左右两方的高低区别,"以右为尊"都是普遍适用的礼仪规范。

虽然由于文化传统等原因,我国一般"虚左以待",以左为大、为长、为尊,以右为小、为次、为偏。二人同行,左者为尊;二人并坐,左者为大。中国的政务礼宾席次排位即"以左为尊"。然而中国的商务礼仪一般遵循国际惯例,"以右为尊"。

> ⊙ **Tips**
>
> 　　任何惯例都有例外。例如,按照国际惯例,顺时针方向运行符合人体运行的规律,又意味着时光在前。因此,会场上,主席台上投票一般顺时针行进,宴会上,干杯通常按顺时针方向进行。然而,礼出于俗,运动员入场则是逆时针行进,以向古代奥林匹克的传统致敬。中国追悼会上向遗体告别时,一般约定俗成是逆时针方向行进,以表达对逝者的追思。

3. 步行行进的次序

　　行进中的位次排列,指的是在陪同、接待来宾和领导步行时位次排列的顺序。

　　(1) 两人同行时,以前者、右者为尊。三人同行时,并行以中间为尊,前后行以前为尊。但在街上行走时,应请尊者走在内侧,以保障其安全。

　　(2) 并排行进时,内侧高于外侧,右侧高于左侧,中央高于两侧。与客人并排行进时,一般要让客人走在中央或者走在内侧、右侧。

　　(3) 单行行进时,前方高于后方。如果没有特殊情况,以前方为上,应该让客人在前面行进。如果客人不认路,则可在前方为客人引领。

　　(4) 在陪同引导客人时,一般应走在客人的左侧(或外侧),以示尊重。如果是主陪陪同客人,就要与客人并行。如属随行人员,应走在客人和主陪人员的后边。

　　(5) 负责引导时,应走在客人左前方(或外侧)一两步远的位置,并和客人的步幅一致。忌把背影留给客人。遇到路口或转弯处,应用手示意方向并加以提示,但手不能抬得太高。并且不能只顾闷头走路,可以随机讲一些得体的话。让客户高高兴兴而来,平平安安离开,这是每一位陪同人员的工作职责。

　　(6) 迎宾引路时,主人走在前面;送客时,主人走在后面。

4. 上下楼梯的次序

　　一般情况下,上下楼梯宜靠右侧单行前进,因为楼梯通常比较狭窄,并排走会阻塞交通。上楼时尊者在前,下楼时尊者在后。女性着裙装时,上楼应让男士先行。

　　引导客人上楼时,应该让客人走在前面,陪同人员走在后面。并请客人走在楼梯里侧,陪同人员走在外侧,配合客人的步伐速度引导。若是下楼时,应该由陪同人员走在前面,客人在后面。让客人走在里侧,自己走在外侧,边注意客人动静边下楼。上下楼梯时,陪同人员应该注意客人的安全,别忘了危机提醒。上下楼梯或转弯时,陪同人员都要及时提醒客户,以免发生意外。如果让访客在公司受到任何人身伤害,或者受到一些惊吓,都是对公司形象的损害。

当客人路不熟时,接待人员可在前方引导客户走楼梯。但有一点需要注意,如果女性接待人员着短裙时,则不宜在前面引导客人上楼梯。此时,女性陪同人员应真心实意地向对方致歉,说明原因,并将正确方位告诉客户。

> ⊙ **Tips**
>
> 　上楼梯时也应遵循"女士优先"的原则。若女士未着短裙装时,男士应走在女士稍后一点。这样做首先表示对女士的尊重,同时可以随时照顾女士,万一女士不慎踩空而跌倒,男士可以马上提供帮助。

5. 出入电梯的次序

在我国,乘坐自动扶梯,遵循"左行右立"的原则,即右侧站立,左侧急行。

引导客人搭乘箱式电梯的礼仪主要强调的是以客为尊,先客后己,把方便留给客人,把安全留给客人。为了避免发生不幸事件,陪同人员要在确保没有任何危险的情况下再让客户出入。

出入有专人值守的箱式电梯,应请客人先进先出,陪同人员则后进后出。出入无人值守的箱式电梯,一般宜请客人后进先出,陪同者先进后出。因为电梯门口的按钮是升降钮,而电梯内的按钮则是开关钮。陪同人员要时刻为客户控制开关钮,不使电梯夹到客人。

6. 出入房门的次序

没有特殊原因,一般为位高者先出入房门。进房间时,如门朝外开,应请客人先进,如门朝里开,陪同人员应先进去扶住门,然后再请客人进入。

特殊情况下,如室内灯光昏暗或男士和女士单独出入房门时,陪同人员宜先入,为客人开灯、开门。出的时候也是陪同者先出,为客人拉门引导。

7. 会客的位次排列

会客通常安排在会客室或办公室。一般而言,室内面门或南向为尊位,离门最远的位置是上席,靠近门的位置是末座。宾主不面对房门时,内侧高于外侧。

宾主相对而坐时,面门为上,即面对房间正门者为客位,是地位高者;背对房间正门者为主位,是地位低者。

宾主并列而坐时,依照国际惯例,以右为上。当宾主并排而坐,倘若双方都面对房间正门时,客人应该坐在主人的右边,而主人应该坐在客人的左边。跨国商务交往会客时,座位的安排:主人和主宾并排而坐,主人坐在左边,主宾坐在右边,翻译和记录人员坐在主人和主宾的后面。双方其他人员各自按一定的礼宾顺序分别坐在左右两侧。主方为左,客方为右。当然,在某些特殊需要的场合,宾主也可穿插而坐。

难以排列时可自由择座,即客人愿意坐在哪里就坐在哪里。当然,自由式通常会用在客人较多、座次无法排列时。

会客室座位的安排除了遵照一般的原则外,也要兼顾特殊情况。有些人位居高职,却不喜欢坐在主位,如果客人坚持一定要坐在靠近门口的位置时,主方应要顺着他的意思,让客户自己去挑选他喜欢的位置,接下来,主方只要做好其他位子的顺序调整就可以了。

忌不分上座下座,胡乱排列座次。

⊙ **More**

会议室的入口处会有许多客人进出,按照礼仪规定,最舒适的地方应礼让给客方,因此,主人的位置在入口处,客人则坐在离门最远的地方。

中国(大陆)接待室座位

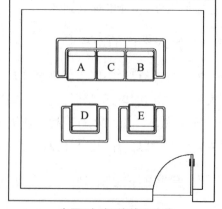

中国(台湾)接待室座位

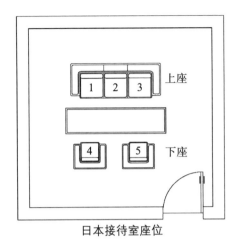

日本接待室座位

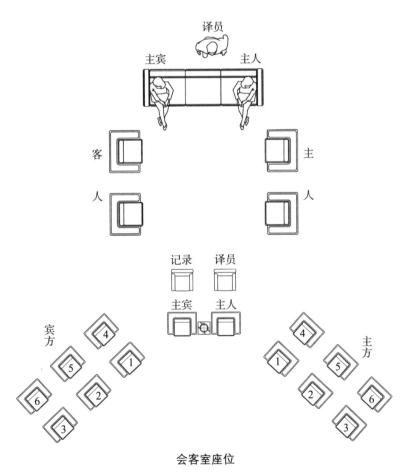

会客室座位

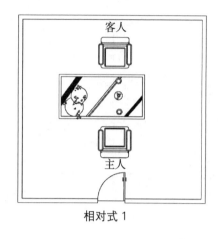

相对式 1

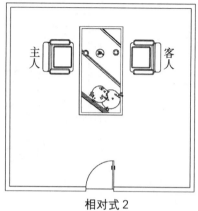

相对式 2

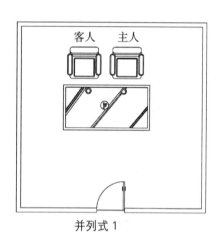

并列式 1

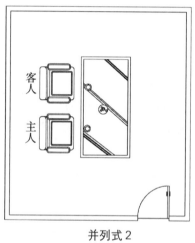

并列式 2

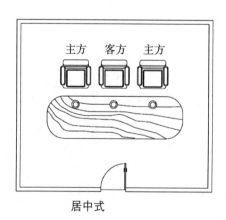

居中式

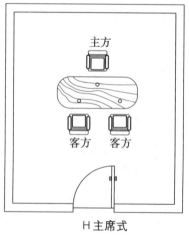

H 主席式

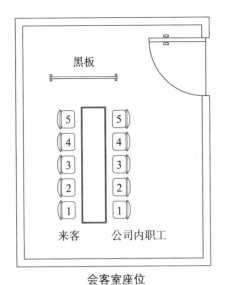

会客室座位

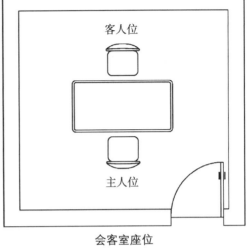

会客室座位

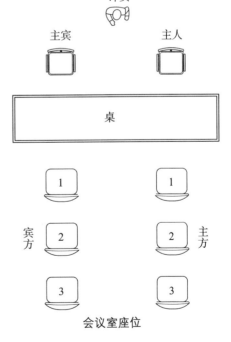

中国(台湾)会议室座位　　　　会议室座位

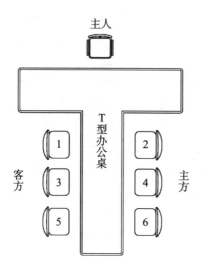

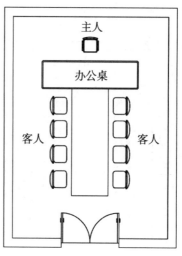

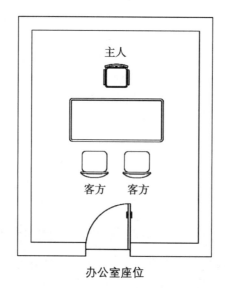

办公室座位

⊙ **Tips**

　　一般的会客室,在离门口最远的地方是主宾的位子。假设会议室对着门口有一个一字形的座位席,这些位子就是主管们的位子,而与门口成斜角线的位子就是主宾的位子,旁边是主宾的随从或者直属人员的位子,离门口最近的位子是安排给年龄辈分比较低的员工。

8. 谈判的位次排列

商务谈判的气氛较为正规、隆重,对等性强。因此,座席的安排讲究双方地位或名分的平衡。

（1）双边会谈。双边会谈有三种排列座位：①双边会谈通常使用长方形或椭圆形的桌子,宾主相对而坐。②以正门为准。如果谈判桌横放,面对正门为尊。客人面向正门,主人坐背门一侧。如果谈判桌竖放,以入门的方向为准,右侧为尊位。客人坐右边一侧,主人坐左边一侧。③座次的排定方法。主谈人员居长方桌或椭圆桌宽边一侧的正中,第一副谈居主谈的右侧,第二副谈居主谈的左侧,以此类推,宾主双方人员各自排开。如果有译员参加,则主谈人位置不变,译员居主谈右侧,第一副谈居主谈左侧,第二副谈居译员右侧,以此类推。记录一般安排在后面或在末座就座。

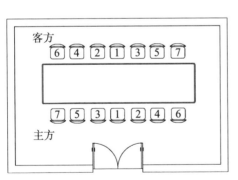
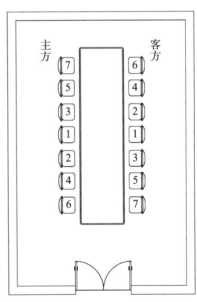

双边会谈座位

⊙ **Tips**

　　我国习惯把译员安排在主谈人右侧,但有的国家亦让译员坐在后面,一般应尊重主人的安排。

（2）多边谈判。多边谈判指谈判的参加者是三方或者三方以上。首先要注意的是谈判桌竖放是以入门为主、右为尊，而不要误认为面门为主、右为尊。

① 多边会谈通常座席可摆成圆形或方形。不论什么形式均以面对正门为上座。按照礼宾次序依次就座，使其无尊卑可言。

② 自由式。参加谈判的各方可自由就座。

③ 主席式。面对房间正门设一个主位，谁需要发言就到主位去发言，其他人面对主位背门而坐。

④ 小范围的会谈可不摆放会谈桌，只设沙发，主客双方按会见时座位的排列安排。

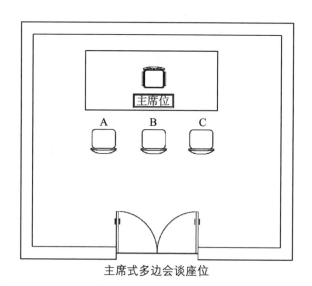

主席式多边会谈座位

⊙ **Tips**

按照惯例，双边谈判中应设置座签，多边谈判中则大多不需要设置座签。座签应以印刷体打印。如果是在涉外场合，则应同时采用本国文字与外方文字。通常，姓名应当一面一种文字，以本国文字面对自己，以外方文字面对对方。

9. 签字的位次排列

签字仪式是双方或多方就某一个问题或某一组问题达成书面协议并呈示

时常用的一种方式。签字仪式是一种比较隆重、正式的仪式,签字仪式的位次
排列礼仪规范比较严格。

（1）双边签约。双边签约有三种形式：①签字厅以面向正门为准,设置长
方桌一张横放。若涉外商务谈判签约,则在桌子中间摆一旗架,悬挂签字双方
的国旗。桌后放两把椅子,为双方签字人员的座位,主左客右。双方同时签
名。②双方其他人员分主客各方按身份顺序排列于各自的签字人员座位之
后。当中高于两侧,前排高于后排。③双方的助签人员分别站在各自签字人
员的外侧,协助翻揭文本,指明签名处。在本方保存的文本上签毕后,由助签
人员互递文本,再在对方保存的文本上签字。之后,可由签字人交换文本。

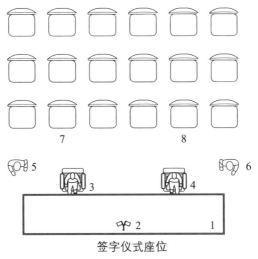

签字仪式座位

1. 签字桌   2. 双方国旗
3. 客方签字人   4. 东道国签字人
5. 客方助签人   6. 东道国助签人
7. 客方参加签字仪式人员   8. 东道国参加签字仪式人员

> **⊙ Tips**
>
> 各国举行的签字仪式座次的安排不尽相同。
>
> 有的国家安排的仪式设置两张方桌为签字桌,双方签字人员各坐一
> 桌,双方的小国旗分别悬挂在各自的签字桌上,参加仪式的人员坐在签字
> 桌的对面。

有的国家安排一张长方桌为签字桌,但双方参加仪式的人员坐在签字桌前方两旁,双方国旗挂在签字桌的后面。

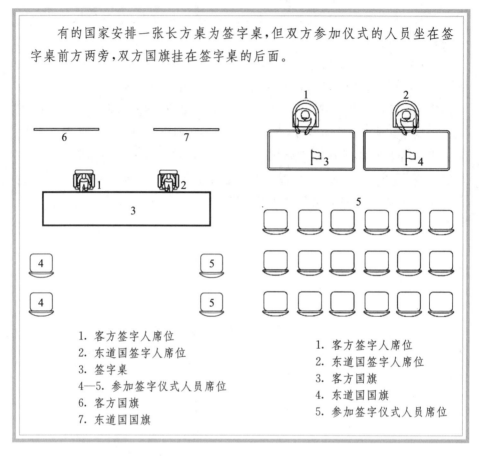

1. 客方签字人席位
2. 东道国签字人席位
3. 签字桌
4—5. 参加签字仪式人员席位
6. 客方国旗
7. 东道国国旗

1. 客方签字人席位
2. 东道国签字人席位
3. 客方国旗
4. 东道国国旗
5. 参加签字仪式人员席位

(2)多边签约。多边签约有三种形式:①参加者如是三方或者三方以上签订多边协议,通常签字桌横放,仅设一个签字座席,面门而设,并且不固定就座者。②举行仪式时,各方所有人员,包括签字人在内,皆应背对正门,面向签字席就座。③签字者按一定次序轮流在协议上签字,然后退回原位就座。

⊙ **Tips**

如有三四方缔结协议,其签字仪式亦可如双边签约。只是应相应增添签字人员的席位、签字用具和国旗等物。参加签字仪式的人员应排列于本方签字人的一边,而不要错位。

10. 合影的位次排列

合影留念,中间高于两边,前排尊于后排。

在涉外场合合影时,一般由主人居中,按礼宾次序以主人右侧为上,主宾排列在主人的右手边。主客双方间隔排列,或"主左宾右"的原则依次排序。主要身份者列于前排,其他人员排在后面,两端均由主方人员把边,忌合影两端由客人把边。第一排人员既要考虑人员身份,亦要考虑场地大小,即能否都摄入镜头。

第三排

第二排

9	7	5	3	1	主人	2	4	6	8	10

摄影师位置

11. 会议的位次排列

会议是商务活动的重要组成部分,商务人员往来需要直接办会。与会代表及其他人员的座位有多种排列方式。选择哪种方式须视会议的性质、内容、场地、规格和人数等情况而定。

大型会议设主席台、主持人、发言人位次,小型会议通常考虑主席之位。

主席台位次安排首先遵循中央高于两侧的原则。国际会议则右侧高于左侧,中国政务礼仪遵循左侧高于右侧,但是,中国商务礼仪一般遵循国际惯例。其次还应遵循前排高于后排。

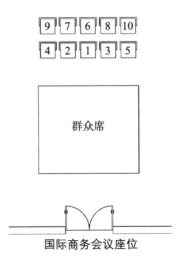

国际商务会议座位

恰恰与商务礼仪相反,按照政务礼仪排序时,1号领导居中,其他人根据职务围绕1号领导"一左一右"依次排列(2号领导在1号领导左边,3号领导在1号领导右边)。

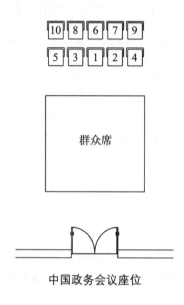

中国政务会议座位

主席台发言席常规位置设在主席台正前方或者主席台右前方。主持人之位为前排正中或者前排最右侧。

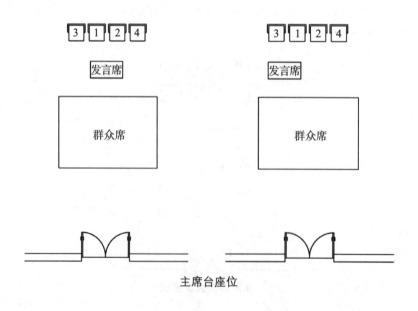

主席台座位

> ⊙ **Tips**
>
> 　　讲台(Podium)和讲桌(Lectern)这两个词容易混淆。简单的区分方法为：讲台是你站在上面讲话的地方，讲桌是你(靠)坐着的地方。

　　与会者就座的排座方式有自由就座和依序排座两种。依序的依据为与会者所在单位汉字笔画的多少或汉语拼音的先后。国际会议则以英文字母的顺序排序。

　　小型会议排坐的方式为面门设座、自由就座、依景设座。面门设座，即会议主席面门而尊。主席两侧以右为上，以左为下，中国政务礼仪则以左为上。其他与会者依次就座，最末者背门而坐。自由择座，不排定具体座次，由全体与会者自由地选择座位就座。如主席也可以坐在右侧，也可以坐在前排中间的位置，一般强调居中为上。依景设座，指会议主席的位置不面对会议室正门，而是背对会议室内的主要景致，如字画、讲台等。其他与会者的排座则同于面门设座的排位方式。

　　国际会议中通常以右为上。如左右两侧同时排列座位时，主席右侧的第一个座位居上，左侧次之。抽签实行座位轮回时，抽中的第一席便是从主席右侧起算，其余按英文字母顺序依次或按逆时针方向排列。

> ⊙ **More**
>
> 　　国际会议中，无论是编制与会者名单、悬挂与会国国旗，还是安排与会代表座位，一般都是按参加国英文国名字母程序排列。这就同中国姓名按笔画多少排列一样，分不出高低贵贱。但在实践中，有些国家也大鸣大不平，因为按照例行做法，某些国家的席位总是占前排或居中，某些国家老是坐后排或居两侧。为解决矛盾，联合国大会采用每年抽签决定字母的做法，被抽中者便坐第一席，其余仍按字母程序依次排列，形成大轮回。

　　常规的会议布局形式还有方阵形、O形、T形、"回"字形、授课形等。授课形布置适用于大中型会议，其他形式布局设用于小型会议。

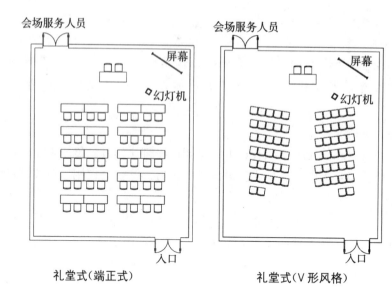

礼堂式(端正式)　　　　　礼堂式(V形风格)

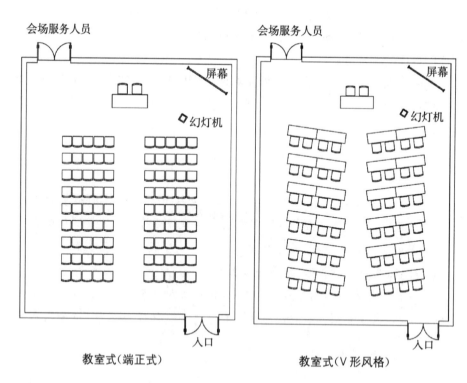

教室式(端正式)　　　　　教室式(V形风格)

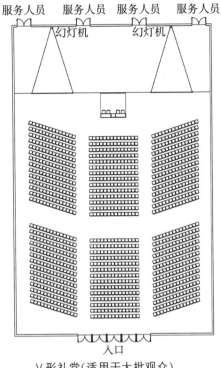

V形礼堂（适用于大批观众）

玄月形

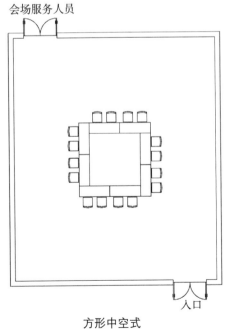

方形中空式

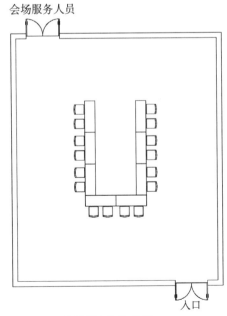

马蹄形（U形）风格

跨国会议中桌椅的排列与公司内部的会议排列是一样的,会议桌一般以马蹄状的为主,座位安排以右为主,以左为辅,门口的位置安排自己公司的人员,外宾要安排在会议主席旁边以示尊贵。

12. 宴会的位次排列

宴请是人类自古以来表示友好的一种交往方式,合乎礼仪的宴请能增进了解和信任,联络感情。

正式宴请一般均排桌次和席位,也可只排部分主要宾客的席位,其他人员只排桌次和自由入座。宴会有中式和西式两种截然不同的排法,宴请活动中的桌次和每一桌的席次安排主要依据礼宾次序。

(1)桌次排位。桌次排位的原则:①宴会桌次的安排非常讲究。中国人习惯用圆桌,西式宴会则一般采用长桌,桌形有各种变化,以参加人数的多少和餐厅的大小形状而定。②以距离主桌的远近为尊卑,以"面门定位"。即面对正门"以右为上,远为上,居中为上"。主桌排定以后,其余桌次的高低以离主桌位的远近而定,离主桌越近的桌次越高,离主桌越远的桌次越低;纵向以离门远为上。横向以右桌为高,左桌为低。个别情况主桌在中心。

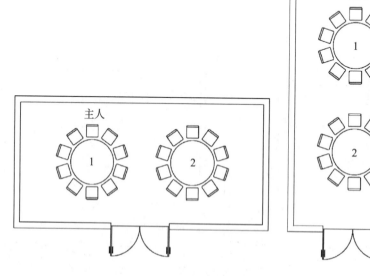

宴会圆桌桌次两桌排序

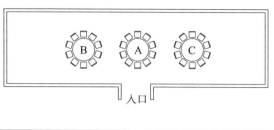

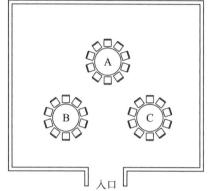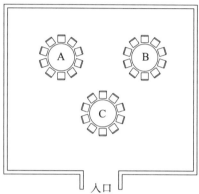

圆桌桌次三桌排序

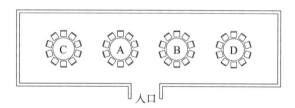

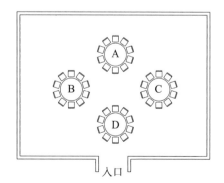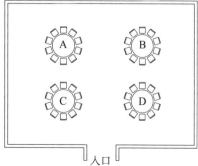

圆桌桌次四桌排序

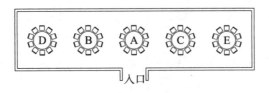

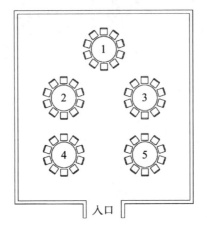

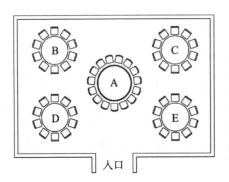
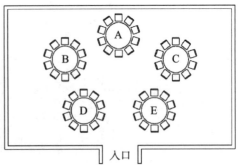

圆桌桌次五桌排序

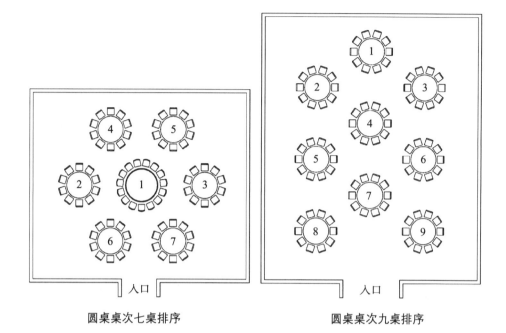

圆桌桌次七桌排序

圆桌桌次九桌排序

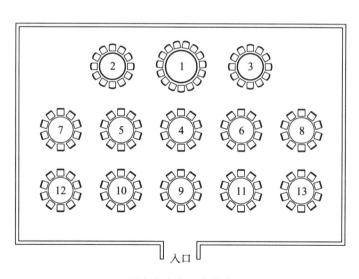

圆桌桌次十三桌排序

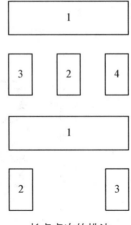

长桌桌次的排法

（2）席次排位。席次排位的形式：①席次排位。每一张餐桌上席位高低的排定，有十分严格的礼仪要求。席次排定以面门为主，主宾居右，人数成双，各桌同向，即右高左低，先右后左。②席次的礼宾顺序以主人为准，同一桌人，席位高低，以离主人的席位远近而定，离主人越近越重要。③面门居中者为尊，一般为主位，主人右侧为上，通常为主宾位。主宾应安排在第一主人的右侧，副主宾应安排在第二主人的右侧，以此类推。如有夫人同桌就座，按国际惯例，应将男女穿插安排。第一主人的右侧和左侧安排主宾的夫妇，第二主人的右侧和左侧安排副主宾的夫妇，以此类推。或以女主人为准，主宾在女主人右上方，主宾夫人在男主人右上方。而我国习惯则按个人本身职务排列。如夫人出席，通常把女方排在一起，即主宾坐男主人右上方，其夫人坐女主人右上方。④两桌以上的宴会，其他各桌第一主人的位置可以与主桌主人位置同向，也可以以面对主桌的位置为主位。⑤译员一般安排在主宾的右侧。同一桌需要安排第二译员时，可将其安排在第二主人右侧，与第三宾客隔开的席位上。在以长桌作主宾席时，译员也可以考虑安排在对面，便于交谈。但一些国家忌讳以背向人，译员的座位则不能作此安排。在许多国家，译员不上席，为便于交谈，译员坐在主人和主宾背后。⑥遇特殊情况时要灵活处理。如遇主宾身份高于主人，可以把主宾排在主人的位置上，而主人则坐在主宾位置上，第二主人坐在主宾的左侧，以示尊重。但也可按常规安排。⑦若主宾有夫人，而主人的夫人又不能出席，通常可以请其他身份相当的妇女作为第二主人。如无适当身份的女士出席，也可以把主宾夫妇安排在主人的左右两侧。⑧宾主双方其他赴宴者有时不必交叉安排,可以令主方的人坐在主位的左侧,客方的人坐在主位的右侧,也就是主左宾右。⑨礼宾次序是排席位的主要依据。但在具体安排席位时,还需要考虑客人间的关系、语言沟通和专业志趣等因素。⑩席位安排要在入席前通知到每一个出席者,使之心中有数。现场还要有人引导。排桌席的宴请应放置桌次牌、席位卡。中方举行的宴会,中文写在上面,外文写在下面。字尽量写得大些,以便于辨认。便宴可以不放席位卡,但不排席位的宴请主人对客人的席位也要有大致安排。⑪长桌与圆桌的安排原理如出一辙。但不要把宾客安排在桌端。如果有译员,自然也安排在第一或第二主人的右侧,与主人席间隔一席,以便主宾交谈。⑫方形桌两端为大位,通常是男、女主人的座位,而且,男主人的座位是最靠近入口处的位置,这是因为安全性和方便性。安全性是指让客人坐远离入口处的位置,可以避免遭遇不测或暗算,方便性是指方便主人点菜或是菜不够时能随时再加点。依照惯例,男、女主人右手边的座位是女、男主宾客。一般来说,方形桌的坐法采用男女交错入座的方式,但是也有例外的情形。

⊙ **Tips**

一些国家忌讳以背向人,在他们那里用长桌作主宾席时,主宾席背向众人的一边和下面第一排桌子背向主宾席的席位均不安排坐人。西式宴会席位的安排注意不要把宾客排在桌端。

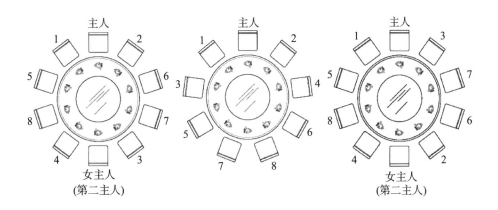

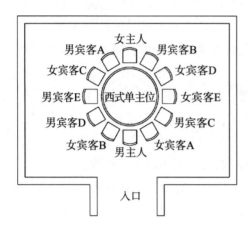

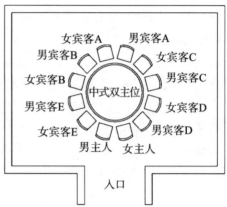

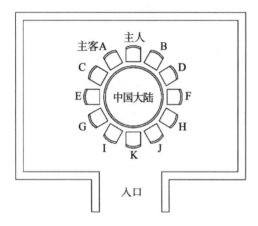

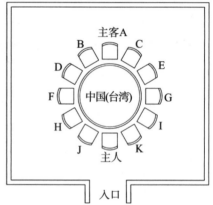

圆桌席次排位

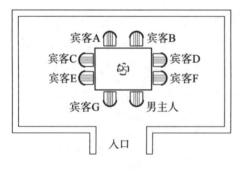

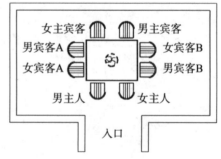

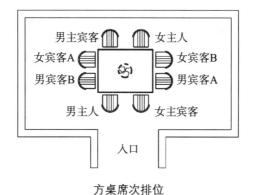

方桌席次排位

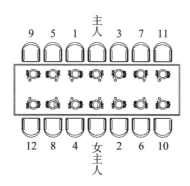

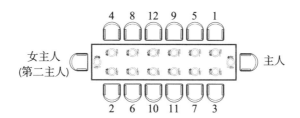

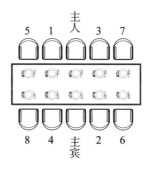

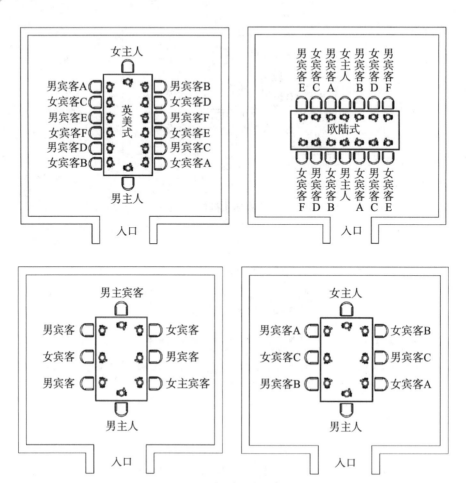

长桌席次排位

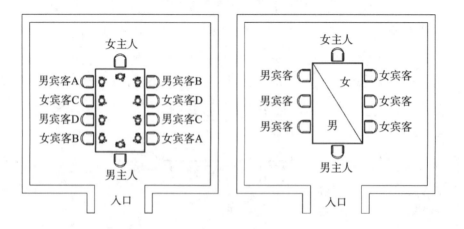

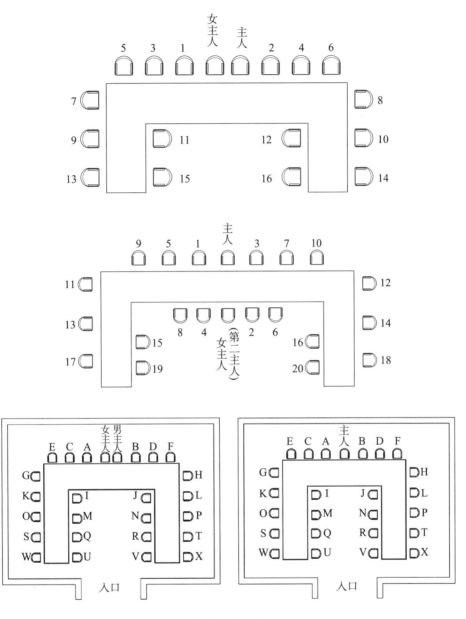

门形桌席次排位

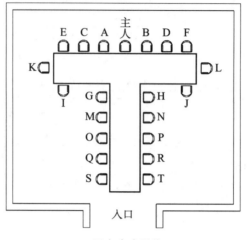

T 形桌席次排位

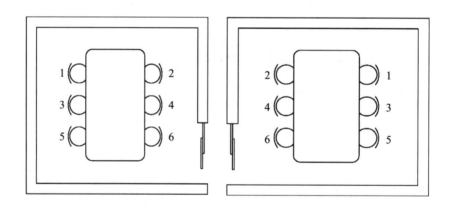

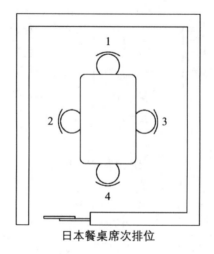

日本餐桌席次排位

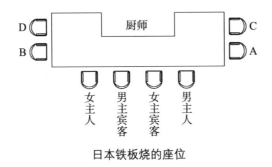

日本铁板烧的座位

（3）冷餐会与酒会。冷餐会的菜台一般都用长方桌，靠餐厅四周陈设或摆放在餐厅的中央都可以。就餐者通常是自由走动用餐。如需坐下用餐，也可摆4~5人一桌的方桌或圆桌，座位应略多于全体主客人数，以便出席者自由就座。

（4）酒会一般摆小圆桌或茶几以放置些花瓶、干果、小吃等。参加者多无座席，可自由选择对象交谈。

13. 轿车的位次排列

轿车通常是指座位固定、车顶固定的各种专用客车。由于轿车的类型不同，座次尊卑各有差异。

乘坐轿车的位次排列主要涉及座次、上下顺序等两个方面。

（1）座次。轿车上座次的尊卑主要取决于轿车的驾驶者和轿车的类型两个因素。

① 由专职司机驾车（双排位轿车，出租车除外）。宾主同乘一辆轿车时，通常讲究右尊左卑，右侧为上，前排为下。因为后排比较安全，右侧比左侧上下车方便。副驾驶座一般不安排客人，由工作人员乘坐。

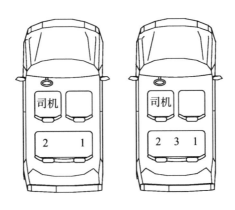

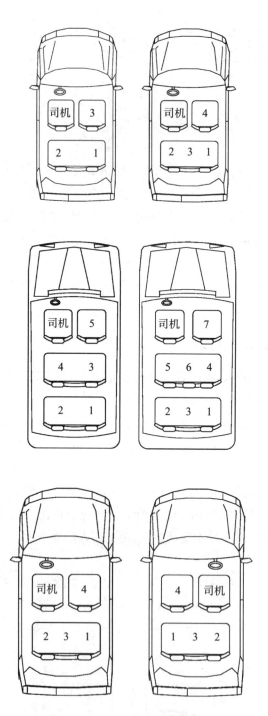

小轿车座位次序(司机驾车)

② 由主人亲自驾车。一般仍遵循右尊左卑,前排为上,后排为下。客人坐在副驾驶座位上以示与主人相伴。

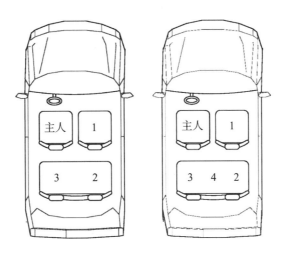

如上图所示,1 号位置为尊者宾客,2 号位置通常为主人,3 号位置通常为秘书、翻译、导引者等。方向盘为专职司机的位置。

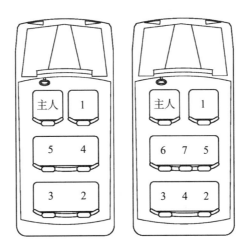

小轿车座位次序(主人驾车)

③ 由主人亲自开车时,其夫人一般坐在副驾驶座上。由主人驾车送友人夫妇时,其友人之间的男士一般要坐在副驾驶座上,与主人平起平坐。而不宜形影不离地与其夫人坐在后排,那将是失礼之至。

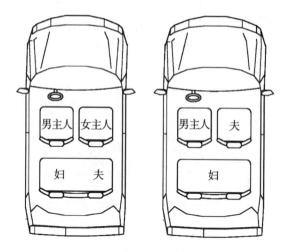

主人夫妇驾车座次图

④ VIP 的位置。司机身后的位置是许多贵宾喜欢的位置。由于比较隐蔽与安全,一些高级官员、高级将领、重要的客商往往愿意坐在后排左座。

⑤ 如果客人随便坐在哪个位置上,这个座位就是尊位,而主人应当"悉听尊便",不必拘泥礼节,不得纠正。

⑥ 吉普车无论是主人驾驶还是专职司机驾车,都应以副驾驶座为尊,后排右侧次之,后排左侧为末席。

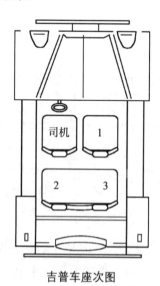

吉普车座次图

⑦ 小巴士。尊位为司机后方侧门开启第一排座位,后排次之,其位置大小依数字类推,司机座旁的位置最小。因九人座小巴士位置大于小轿车,中间位置比较宽阔,不似小轿车被夹住不舒服,依据"后进先出"原则②＞③,⑤＞⑥。

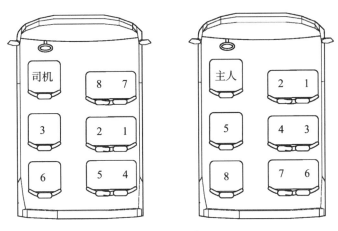

小巴士座次

⑧ 多排轿车以司机座后第一排为尊,后排依次为小。座位的尊卑,以面向前方定位,依每排从右往左递减。

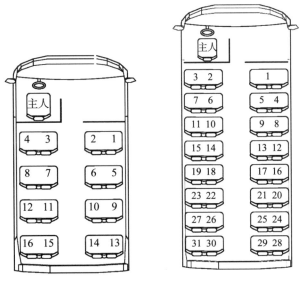

大巴士座次

> ⊙ **Tips**
>
> 　　专职司机开车时,尊位是司机后排对角线处。我国车辆的制式属于美国制式,方向盘居左,上座即后排右座。英国、日本是所谓英国制式,方向盘居右,上座即后排左座。由于受交通规则所限,我国车辆右行。因此,后排右座上下车也更方便。

　　(2) 顺序。轿车上下车的顺序亦有礼可循:①乘车应遵循客人、长者、女士、身份高者为尊的原则。届时还要看谁开车,开什么车以及客人本人的意愿等。②主人驾驶轿车时,如有可能,均应后上车先下车,以便照顾客人上下车。③八座及其以下的车尊者先上车,九座(含九座)以上的车尊者后上车。如遇客人已先上车,坐到了主人的位置上,则不必请客人挪换位置。④吉普车上车时,后排位低者先上车,前排尊者后上。下车时前排客人先下,后排客人再下车。⑤折叠座位的轿车,为了上下车方便,坐在折叠座位上的人,应当最后上车,最先下车。⑥乘坐多排座轿车时,通常应以距离车门的远近为序。先上车者应从后往前坐,其他人随后由远而近依次而上。下车时,距车门最近者先下,其他人随后由近而远依次而下。⑦出入轿车的规则是由座位决定的,从各侧分门入出。坐轿车左侧座位时,应分别从左前门、左后门进入;坐右侧位子时,应分别从右前门、右后门进入。离开座位,走出轿车时亦然。切不可同一方向,穿越一个座位到另一个座位入座。年轻人对年长者、男士对女士、主人对客人、下级对上级,前者应引导后者开门入座,然后再后向绕车而行,到对应的座位入座,以表示前者对后者的尊敬。

14. 旗帜的位次排列

　　国旗是一个国家的标志和象征。在涉外商务交往中,正确升挂本国国旗或外国国旗,不仅维护了本国的尊严与荣誉,而且是对外国宾客的一种礼遇和尊重。

　　(1) 在涉外商务会议和跨国商务交流中,如重要协定的签字仪式、重大商务会议、展览会、博览会等的举行场所;民间团体所举行的双边和多边交往中的重大商务活动;对外投资项目以及外贸企业的重要仪式、重大庆典活动等,除会场悬挂与会国国旗外,跨国交流的各方亦可按会议和活动组织者的有关规定在一些场所和车辆上悬挂本国国旗。但在一般情况下,只有与我国正式建立了外交关系的国家的国旗,方能在我国境内的室外及其公共场所按规定升挂。

（2）在各类涉外商务交往中如果允许悬挂双方国家的国旗,按照国际惯例,两国国旗并排悬挂,以国旗自身面向为准,以面对房间正门定位,以右为上,悬挂客方国旗,以左为下,悬挂主方国旗。

（3）轿车上悬挂两国国旗则以轿车行进方向为准,以驾驶员右侧为上,悬挂客方国旗;以驾驶员左侧为下,悬挂主方国旗。

（4）需要同时悬挂多国国旗时,通行的做法是以国旗自身面向为准,让旗套位于右侧。越往右侧悬挂的国旗,给予的礼遇越高;越往左侧悬挂的国旗,给予的礼遇就越低。

（5）在确定各国国旗的具体位次时,一般按照各国国名的拉丁字母的先后顺序而定。在悬挂东道国的国旗时,可以遵行这一惯例,也可以将其悬挂在最左侧,以示东道国的谦恭。

（6）多面并列,主方在最后。如系国际会议,无主客之分,则按会议规定之礼宾顺序排列。

（7）所谓主客方,一般不以活动举行所在国为依据,而以举办活动的东道主为依据。如东道国为外国商界代表团所举行的欢迎宴会,其主人是东道主;在来访的外国公司所举行的答谢宴会上,主人则是外国公司,故不可一概而论主客。

（8）也有个别国家,把本国国旗挂在上首。

（9）活动以我方为主,此时外国国旗为上;活动以别国为主,此时我国国旗为上。

（10）外国在华企业,一般按照国际惯例和我国的要求,可以悬挂其本国国旗,但是,外国企业在我国境内悬挂他国的国旗时,必须同时悬挂我国国旗,而且我国国旗必须悬挂在上位,即以出门的面向定位,在企业主建筑物出门之后的右侧旗杆上挂中国国旗,出门的左侧旗杆挂外国国旗。

（11）在悬挂不同国家国旗时,如果国旗比例不同,即使用同样尺寸制作也会显得大小不一。因此,并排悬挂不同比例的国旗,应将其中一面略微放大或缩小,以使国旗的面积在外观上大致相同。

（12）在国旗与其他旗帜并列排序时,始终应将国旗摆放在最重要、最显著和最尊贵的位置:①横向排列国旗居中;②左右排列国旗居右;③纵向排列国旗居前;④大小之别国旗居大;⑤升挂位置国旗居高。

⊙ **Tips**

悬挂国旗时,应给予适当的礼遇。参加升降国旗者应服装整洁,立正脱帽,行注目礼。国旗不能倒挂。一些国家的国旗由于文字和图案的原因,也不能竖挂和反挂。因此,正式场合悬挂国旗应以正面面向观众,不用反面。

15. 涉外商务交往位次排列通行惯例

跨国商务交往的位次排列,按照国际惯例,亦有通行的一般规则和具体要求。

(1) 依次排列的一般规则。

① 内外有别。位次排列适用于正式场合,而非内部交往。

② 中外有别。由于文化差异,中外位次排列有时大相径庭。

③ 外外有别。不同国家、不同民族,其位次排列亦有不同。

④ 场合有别。不同场合不同情况,通行惯例也不排除例外存在。

(2) 位次排列的操作技巧。

① 居中为上,即中央高于两侧。

② 前方为上,即前方高于后方。

③ 以右为上,即国际交往惯例,以右为高。

④ 以远为上,即以门为参照物。在室内活动,离门越远,位置越高。

⑤ 面门为上,即在室内就座的话,面对房间正门的位置居上。

第二节 秩序:位次主体尊卑有序

位次主体,即位次对象的大小先后是商务位次礼仪的基本内容之一。在位次客体,即位次本身的大小、上下及前后既定的情况下,位次对象如何与之匹配?

1. 位次对象的礼宾序列

人们职位有高低,身份有差异,年龄有大小,到达有先后。礼宾次序如果安排不当,或者不符合礼仪规范、国际惯例,可能引发争议、纠纷和交涉,甚至影响商务交往的各方关系。因此,必须遵循礼宾次序。"礼宾次序"又叫礼宾序列或礼宾排列。商务礼仪中的礼宾次序是指在商务交往中,依照国际惯例与本国的习惯做法,对出席活动的各个团体及其个人的尊卑顺序所进行的合乎礼仪的排列。在商务活动中,依照约定俗成的礼宾次序办事,既公平省事,又不易招惹非议。

2. 礼宾排列的尊卑顺序

礼宾排序与尊卑顺序密切相关。尊卑是中华礼仪的主要特色,也是区别于西方礼仪的关键之处。中国许多礼节为此而设计,或者是由此引申出来。

(1) 秩序论尊卑。人们往往厌恶等级的存在,认为这是不平等的表现,然而,虽然人生而平等,但是,人们相处需要秩序管理。社会中人与人的复杂关系需要一定的行为规则,社会才会有序而和谐。中国传统文化的理论中,社会秩序是按照"在朝序爵,在野序齿"的原则确定的。秩序问题说得简单明了一点,就是谁先谁后,或者说是谁让谁的问题。确立了尊卑关系,谁先谁后的问题就迎刃而解了。

(2) 相对为尊卑。所谓尊卑,不是说社会上有一类人永远是尊者,另一类人永远是卑者,此类人永远压抑彼类人;恰恰相反,所有人都是相对为尊卑。职场上,上下级经常相互易位。平辈、同事之间相交,各自把对方当尊者,而把自己当卑者,彼此都得到尊重。商家往来,你敬我重则生意兴隆。这是一种更高层次的平等。

(3) 自卑而敬人。现实社会存在地位或者贫富的差异,然而虽身份不同但人格平等。《礼记》说:"礼者,自卑而敬人。虽负贩者必有尊也,而况富贵乎。"所谓礼,是通过"自卑而敬人"的方式来展现的。这里的"自卑"并非没有自尊的"自卑感",而是自我谦卑的意思。"自卑而敬人"是职场彼此交往的重要原则,要求人们把对方放在比自己高的位置来加以尊敬,而把自己放在次要的位置。

(4) 尊卑与礼让。有尊卑就必然有礼让。礼让主要表现在社会生活的秩序上,该礼让的地方应该礼让,礼让创造的良好社会氛围,可以让人更好地投入竞争。

⊙ **More**

不要无视任何人,无论是自己的上级、下级或同级,即使弱势群体也有做人的尊严,理应受到社会的尊重。

3. 礼宾次序的排列依据

位次本身是固定的,但位次的对象是随着活动内容的不同而有所变动。要为固定的位次找到适合这一位次的对象具有客观的依据和标准。一般在重要的礼仪场合位次对象的排定有四种方法。

(1) 按身份和职务的高低排列。这是礼宾次序排列的主要依据。以身份等级排序容易服众。

(2) 按字母或笔画顺序排列。多边活动的各方或参加者不便按身份与职务的高低排列的,可采用按字母顺序或笔画顺序排列的方法。这是一种给予各方和个人最平等机会的方法。

(3) 按通知或抵达时间的先后排列。这种排列方法多见于对团体的排次。常有按派遣方通知代表团组成的日期先后排列,按代表团抵达活动地点的时间先后排列,按派遣方决定应邀派遣代表团参加活动的答复时间的先后排列三种排法。此法也兼有"轮流坐庄"的意涵。

(4) 不进行正式排列。有时,它又叫"不排名"。此种方法,实质上也是一种排列,是一种难以进行排列时的特殊变通方式。

当然,上述四种排列方法并不是相互排斥的。大多数情况下,商务活动的位次排列正是这四种排列方法的交叉结合。有身份级别差的,首先按身份和职务大小的排列方法;身份级别相同的,按通知和抵达时间的先后确定(仅仅是就团体排位而言);同级又同时收到通知或同日期抵达的,则按字母顺序和笔画排列。

在商务交往实践中,有时遇到的情况比较复杂,影响礼宾排序还有其他多种因素。还要综合考虑诸如年龄大小、资历深浅、声望高低、亲疏程度、语言异同、宗教信仰、风俗习惯以及业务性质等因素的共同参与。因此,应体现权利平等、机会均等、身份对等等原则,结合实际情况周密考虑。以寻求妥协、把握平衡。

当然,不论具体采取何种礼宾序列排列方式,接待方均须提前以适当的形式向接待对象进行必要的通报。切不可我行我素,而令接待对象摸不着头脑。

4. 商务交往的礼宾排序

商务交往讲礼仪、重秩序,最看不惯"没大没小""不懂规矩"的人。然而,"没大没小"应如何判断? 其界定不仅与年龄有关,并且与性别、身份、职务、场合等因素相连。正确的礼仪次序排列必然使所有的人各就各位、相亲相爱,从而创造良好的职场氛围。

（1）商务交往的礼仪顺序有其约定俗成的规则。"礼让尊者"是最基本的要求。确立尊者地位与场合、角色相关。礼仪秩序按照"在朝序爵、在野序齿"这两个原则的确立是中国人的智慧。

（2）职场以客人为尊,以上级为尊。

① 以客人为尊。主客之间一般以客人为尊。只要企业还以利润为自己的目标,就必须善待自己的客户,尊重客户。双边会见时,应把宾客奉为上首。外商来访时,应把外方奉为上首,尽主人义务。

② 以上级为尊。职场内部一般以职位高低的尊卑为序。只要现代企业还需要分层分级的管理,上级与下级的从属关系就必然存在。各级管理者所承担的责任有大小,爵高者承担的社会责任大,应该受到下属的尊重。

（3）社交场合以女士为尊、以长辈为尊。

在职场以外,无论是宴饮还是其他活动,都要以尊卑为序。然而在社交场合,由于彼此间没有官阶,因此,"女士优先""长幼有序"。例如"长者优先",以年龄为尊卑之序,不仅最为公平,而且也最合理。老者为家族和社会做贡献的时间长,加之年老体衰,理应受到晚辈的尊重。

> ⊙ **More**
>
> 　遇到具有多种身份的人,例如,年轻的女士与职位高的男士相遇时,组织内部应按照职位高低,社交场合按照"女士优先""长者优先"的原则。如男士长者年事很高,年轻女士应礼让男性长者。

（4）与他人交往以他人为尊。商务交往中,不因为曾经是同学,现在是同事,就可以抢到别人前边,"礼让"是必须的。只有所有的人都能做到处处尊重对方,社会才会进入高度和谐的境界,这是一种更高层次的平等。

 扩展阅读

《礼记·曲礼上》说:"席南乡（向）北乡,以西方为上;东乡西乡,以南方为上。"为什么西、南为上呢? 原来房室的西南角叫"奥",是家中祭神之所,当然也就成为最尊的方位了。当人们不是以宾主身份入座时,东向的尊位便由地位最高的人来坐。从东向位的角度，左为北，右为南。古人尊左，所以两侧的旁位，南向高于北向。历史上著名的"鸿门宴"，就是这个座次排列的最好说明。《史记》鸿门宴的座次如下：项王、项伯东向坐，亚父南向坐。亚父者，范增也。沛公（刘邦）北向坐，张良西向侍。项羽当时兵强将广，英勇无敌，早就以天下之主自居，所以，毫不客气，座位必然是最尊的。项伯是他的叔父，不能低于他，只有与他并坐。范增是项羽最主要的谋士，这里特别强调了他的"亚父"尊称，故而他的位置虽低于项羽，必高于刘邦，是"次坐"。刘邦是来谢罪、做解释的，项羽视他为下属，不杀他已够宽大，决不会拿他当贵宾看待，因此，所坐是第三位。张良是刘邦手下的谋士，在五人中地位最低，当然坐末位，而且还是"侍"坐。后来范增安排项庄当场舞剑，想刺杀刘邦，情势迫急，张良赶快通知樊哙来护驾。樊哙是刘邦的侍从武官，地位更低于张良，所以他虽然气冲冲地闯进来，敢于对项羽怒目而视，却只能"西向立"，站在张良旁边；项羽赏他酒，也只能站着喝。刘邦和项羽本来同为楚怀王的下属，若按先入关者为王之约，刘邦此时的地位还应高于项羽。即使以同级关系而论，刘邦到鸿门来见项羽，总也是项羽的客人，按宾主礼刘邦应坐东向才对。《史记》所以不厌其烦地逐一具体写出每个人的座次方位，正是通过不行宾主礼来突出项羽恃强自大，傲视刘邦的心理和刘邦因弱势力薄而畏惧项羽，"在他屋檐下，怎敢不低头"的心理十分传神。这一段描述既完整又明晰，从另一面证实位次"西方为上"，即背西面向东的席位最尊的规则，其次是背北面向南，再次是背南面向北，最卑的则是背东面向西。

"东向为尊"只是座次尊卑的一种排列方式，遇有重大的典礼或活动，需要在殿（堂）上举行的时候，就是另一种次序了。因为古时殿（堂）朝南是没有墙的，只有柱，不能坐人。其余的三面就以中央即南向为最尊。天子或国君设朝时"南面而坐"，群臣则"北面而朝"，东西的序次也随之有了变化。汉高祖时，叔孙通定朝仪，朝臣的序列是："功臣列侯诸将军军吏以次陈西方，东向；文官丞相以下陈东方，西向。"古人重文轻武，说明这时西向位高于东向位，也就是东高于西。历史演变下来，即使不在殿（堂）上也循此为序，逐渐取代了上述西、北、南、东的座次，变为北、东、西、南的序列，至今还在许多地方通用。

后世客堂间的八仙桌，北为上座，如桌紧靠北墙摆放，则东为上座。宋太祖赵匡胤、太宗赵匡义出身贫困、未达时，有一天和学究赵普（后为宋初宰相）同游街市，遇见"神仙"陈抟。仙人一眼认出了"真龙天子"，便拉他们去酒店小酌。进了店,赵普走累了,一屁股坐在"席左",陈抟发怒说:"你不过是紫薇垣(星座名,古代以为辅弼大臣的本命星座)中一个小星,怎么敢居上坐!"一定叫他移到"席右"来。这里的"席左",就是北或东的座位,"席右"则是南或西了。

第十章　涉外商务礼仪

 本章学习目标

　　◇ 掌握涉外交往的礼貌规范；

　　◇ 熟知出国访问应注意的礼仪事项；

　　◇ 熟悉涉外活动聚会的礼仪要点；

　　◇ 牢记涉外交往中的礼俗和禁忌；

 本章背景

　　随着中国与世界各国的经济交往日益频繁，涉外商务活动对涉外商务礼仪的需求渐趋迫切。涉外商务礼仪是指人们在国际商务交往中，在同外国人打交道时应遵循的礼仪规范和形式。在涉外商务交往活动中，每个人都在一定程度上代表着国家和民族，体现国家尊严是涉外商务礼仪的真实内涵。在涉外商务活动中遵循涉外商务礼仪，不仅有助于维护国家的形象，而且还有助于被交往对象所理解。

第一节　涉外：向世界展现形象

　　在涉外商务交往中，当人们代表着国家或集体的利益去与其他国家或民族的人们进行商务接触时，虽然最终体现在具体人之间的相互交往上，但涉外交往毕竟表现为不同民族、不同国家之间的交往，礼仪的民族化已成为涉外商务礼仪的重要特点。

1. 涉外商务礼仪的行为特征

　　涉外商务礼仪的行为必然受到现代化经济发展的影响，具有重要的行为特征。

（1）以礼遇为核心的行为对等性。

人们交往礼仪的内在要求就是要对等，但是，在涉外商务活动中，这一行为通常被人与人之间的平等要求所覆盖，也就是说在涉外场合，对等的规则是隐匿在平等的道德规范下面。涉外商务礼仪的核心也就是处理涉外商务活动中的礼遇对等性。接待外国客人，首先要确定给予什么规格的礼遇。而参加国内外的各种国际活动首先面临的是接受什么礼遇规格。

在涉外商务活动中，以礼遇为核心的行为对等性首先表现在双边关系的礼尚往来上。通常人们表现的行为现象是，你给我什么规格的礼遇，我也给你什么礼遇规格。在安排礼宾活动时，宾主的身份大体相当。在多边活动中，各方礼遇一律平等。

一般说来，在涉外商务活动中，礼遇的规格是一个企业的社会地位的反映，或是一个国家和民族的国际地位的反映。礼遇的规格就意味着，国际社会对某个特定的团体、民族、国家的尊严和地位的承认。

礼遇规格的高低不是任意的，而必须根据国际法规、国际惯例、外交政策和国内有关规定执行。但是，在涉外商务活动中，礼遇的行为对等性并不是绝对化的，固守于一成不变的规矩有时并不能达到交往的整体目的。在这种情况下，人们的礼遇行为通常以破格的方式来进行。所谓破格也就是打破常规的礼遇惯例，而给予特别的对待。

（2）以接待为主体的行为模式化。

涉外商务礼仪的礼仪行为表现出高度的模式化，特别在商务接待活动中反映更为明显。

涉外商务礼仪是通过特定的行为模式把群体的心理价值趋向反映出来，从而造成一种良好的群体形象。比如，尊严可以通过接待中礼宾秩序、通过各种象征物的位置反映出来；情感可以通过接待的规范场面表现出来；和谐可以通过有条不紊的接待礼节秩序体现出来。

涉外商务礼仪是通过群体行为的特定时空排列，把礼仪的内在意蕴充分地反映出来。在实际的涉外商务接待活动中，礼仪活动总是有着严格的时间表，而且时间的顺序与礼仪的规范要求是一致的，呈现出固定的模式。同样地，在空间的排列上，人们的位置、空间的氛围都是按照礼仪的规范来设计。

（3）群体组织行为的礼节化。

涉外商务礼仪的行为方式在很大的程度上是属于一种组织行为，并且这种组织行为被严格地限制在礼仪的框架里。其特点就是具有程序化、标准化、规范化。所以,在涉外商务礼仪活动中,特别是在各种礼仪的仪式活动中,我们总能看到人们仔细地设计礼节化的群体组织行为,以便在这种组织行为活动中把我们的价值趋向反映出来。

(4)"民间交往"行为的务实性。

涉外商务交往更多的是民间的国际交往,从而具有自身的行为特点,在礼仪的具体适用上与"官方外交"有所区别。

在礼仪规格的掌握上,民间的商务交往既要讲求适当的礼仪规格,又要注意"从简求实"的精神。民间的商务交往既要有经济性,又要注意专业性。地方和基层的涉外商务交往,应注意表现出地方和民间的特色。民间的涉外商务交往在礼仪安排上应当具有更多的灵活性。

> ⊙ **Tips**
>
> 涉外商务礼仪与涉外公务礼仪是有区别的,切忌混为一谈。在涉外商务场合,不管是代表组织,还是代表国家,行为的主体总是具体的个人,切忌放纵自己的行为,不注意相应的礼仪规范。

2. 涉外商务礼仪的基本准则

涉外商务礼仪的基本准则,是我国商务人员在对外交往中必须遵守的最基本的要求。我国单位及个人的涉外商务活动,都应符合涉外商务礼仪规范,严循外事礼仪,遵守国际礼规,尊重宗教习俗,以维护国家尊严、单位及个人的形象和声誉。

(1)维护国格。涉外商务交往中要尊重本国和他国的国格,这是国际商务活动中友好往来的基本条件。作为我国的商务人员,在任何涉外场合中,都要维护中华民族的尊严,决不能做出任何有损国体、有损国格的事情。在涉外商务交往中,只有爱国才能受到他人的尊重。因此,忠于自己的祖国、维护自己国家的利益是每个涉外商务人员应具有的爱国情怀。当然,在维护自己国格的同时,也要尊重他人的国格,丧失自己的人格或蔑视他人的人格都是失礼的。

(2)平等互利。涉外商务交往应不论对方国家或民族大小、实力强弱,在人格上平等相待。成功的涉外商务交往常常体现为双方的利益互相依赖、互相制约,双方都有所得。

(3) 友好相处。要以宽容的胸怀和精神待人,即使在由于条件所限而难以达成互利协议的情况下,也不可采取强迫、要挟、欺骗等手段去谋求自己的利益,这在国际交往中尤为重要。

(4) 依法办事。涉外商务交往既要考虑本国利益,又要兼顾对方利益。要在平等友好的基础上,注意遵守国际惯例或参加缔结的国际条约。

(5) 遵守纪律。商务人员在涉外商务活动中,应注意内外有别、中外有别、外外有别。严格遵守外事纪律:①涉外商务工作授权有限,要严格执行请示报告制度,严格遵守外事纪律,一切行动听指挥。②涉外交往时,行为要符合商务人员的身份,言语要有分寸,礼貌要合乎常规。③涉及重大国际问题,对外表态要符合我国对外政策。④严守国家机密,严防窃照、窃听、泄露国家机密。在交谈、谈判、议论等各种外事场合,均不得涉及我国内部机密情况。⑤出国时一般不得携带内部机密文件、内部报刊资料或记有内部情况的笔记本。⑥遇到记者拦住问话,可简单说几句友好的话;如果采访,应慎重对待,注意回答口径。⑦严格执行外事经费开支制度,注意节约,防止浪费,不得挪用外汇。⑧不得出入不正当的娱乐场所。⑨不准随意增加访问国家、地点,不得借故绕道旅行、游览。⑩一般不准收受礼品,对不便拒绝而收下的礼品应妥善保管,回国后按规定统一处理。

(6) 注重形象。涉外商务活动中,从业人员要规范个人形象,塑造组织形象,维护职业形象。

① 不妨碍他人。在涉外商务交往中,从业人员必须注意不妨碍他人。不妨碍他人就是涉外商务活动时要讲究公德,善解人意,好自为之,千万不要因为自己的言行举止不够检点,而影响或妨碍当时在场的其他人士,或让他们感到尴尬、不安或不快。

在公众场合不可以高谈阔论,放声谈笑,令当时在场的其他人“旁听”你的演讲,这就是对别人的一种妨碍。

在大庭广众之下,特别是在陌生的异性面前,不可以整理衣饰、化妆或者补妆。

在公众场合,不宜打量、窥视或者围观与自己不相干的人,不宜指点、议论对方,更不宜不邀而至地自动加入对方的谈话。

② 不随意纠正。在涉外商务交往中,从业人员不能随随便便地对自己交往对象的行为进行品评或指正。

中外文化背景、思维方式、宗教习俗等方面存在着诸多差异,是与非的界限并不完全一致。国际交往中讲究的是相互尊重,以自己的标准去评判他人的做法,当面甚至当众指出对方的过失,既会让对方尴尬、难以下台、伤害对方,又会显得自己为人过于刻薄。

在同外国朋友打交道时,只要对方的所作所为不危及自身生命安全、不有违伦理道德、不触犯法律、不损害我方的国格人格,在原则上都可以对之悉听尊便、接受对方,而不必予以干涉或纠正。不要随意纠正是尊重对方的一个重要体现。

③ 不卑不亢。在涉外商务交往中,从业人员其言行应当从容得体、堂堂正正、坦诚乐观、豁达开朗、从容不迫、落落大方、谦虚谨慎、戒骄戒躁。既不要自吹自擂、自我标榜、狂傲自大、盛气凌人、目空一切、自以为是,对交往对象颐指气使、放肆嚣张,也没必要妄自菲薄、自轻自贱、自我贬低、自我否定,过分地谦虚、客套会给人以缺乏自信、虚情假意之感。

(7) 维护公益。国外任何一个公共场所都要求人们必须遵循一些最起码的、必要的公共生活礼仪准则,这些准则通常体现着全社会的共同利益。

商务人员出国应自觉维护公共利益。讲究社会公德,在公共场合遵守不妨碍他人的原则,注意与自身周围环境的协调。遵守公共秩序是公共场合有序运作的起码的礼仪规范。

公共财产是国民共有的财富,是公共生活必备的物资条件,爱护公共财产是公共场合礼仪规范的基本内容。因此,爱护公共财产、爱护历史文物、爱护文化古迹、爱护公共设施、爱护自然界和自然环境,是每个出国商务人员应有的公共生活意识和文明素养。

社会公共生活总是处在一定的社会环境与自然环境之中,人与人之间,人与社会之间,人与自然之间要和睦相处,必须遵守公共环境礼仪规范。首先,应保持安静。声音有时会对环境造成严重的噪声污染,宁静则会创设出一片祥和的氛围。大声说话不雅观,会影响他人,而轻声细语不仅能使别人用心聆听,更是对他人的尊重。因此,与他人交往遵循"静声"的礼仪,不仅使自己优雅,更为公共生活增添一份祥和。其次,应讲究卫生。公共生活需要干净明亮、清爽怡人的环境。公共卫生是良好素质的具体体现,因此,涉外商务人员应该在公共生活中注意养成良好的卫生习惯和行为方式,不随地吐痰、不乱扔垃圾、保护生态、珍爱生命。

⊙ **More**　　　　　　　　　**珍爱生命**

环境的礼仪规范不仅是对人与人柔性生态环境的营造,亦是人与自然刚性生态环境和谐的创设。因此,对一切非人类生命体都应珍爱。不要采花折草,还要爱护动物。在西方,狗、猫、鸽子等宠物备受青睐,与西方人交谈时说"狗肉味道好极了",或建议他们去品尝炸乳鸽等都是很不合适的。

(8) 求同存异。涉外商务交往表现为不同国籍的人与人之间的交往。人们之间的交往应在尊重对方文化习俗的基础上,符合一定的礼仪规范,才能在国际商务交往中应付自如。

① 要坚持求同存异。要求在涉外商务交往中善于回避差异,善于寻求交往双方的共同点。总之,求同存异就是要求涉外商务人员在涉外商务活动中承认个性、坚持共性。

② 要坚持遵守惯例,也就是遵守有关国际交往的习惯做法。要求涉外商务人员遵守惯例,实际上是要求其在国际交往中了解并认同有关习惯做法,而不是唯我独尊、强人所难、另搞一套。

③ 对涉外商务人员而言,坚持求同存异就是承认差异、入乡随俗、区别对待。

(9) 礼遇适度:①热情有度;②关心有度;③距离有度;④谦虚有度;⑤先后有度。

⊙ **Tips**

涉外商务人员必须对外宾的风俗习惯有所了解,以避免因不知道某些特殊讲究和禁忌而使外宾不快。

3. 国旗、国徽、国歌礼仪

国旗、国徽、国歌是国家标志,涉外商务交往中应予以充分尊重。

国旗及其图案至高无上,因此,不得随意升挂、使用,不得用作商标或广告,不得用于私人丧葬活动。在公共场合,故意以焚烧、损毁、涂画、玷污、践踏等方式侮辱我国国旗均属违法行为,应当依法追究其刑事责任。破残、污损、褪色或不合规格的国旗均不得升挂。

升挂国旗,一般应于早晨升起,傍晚降下。遇上恶劣的天气可不升挂国旗。在升旗仪式举行过程中,参加者不可交头接耳,忙于他事,或随便走动,不准嬉皮笑脸,怪模怪样。在直立的旗杆上升降国旗应当徐徐升降。升旗时,应将国旗升至杆顶。降旗时,不准使国旗落地。

我国目前正式规定,中华人民共和国国徽及其图案不得被随意使用于以下四种场合:商标广告、日常生活的陈设布置、私人庆吊活动、国务院办公厅规定不得使用国徽及其图案的国家。

在一切正式场合均不得悬挂破损、污损或者不合规格的我国国徽。当有必要悬挂外国国徽时,亦应重视此类问题。

在国际交往中,也应当对外国国徽尊重有加。任何焚烧、损毁、涂画、玷污、践踏外国国徽的行为,不仅有可能受到法律的制裁,而且还有可能由此引发国际性争端,严重地损害中国与有关国家的相互关系。在涉外商务交往中涉及我国交往对象的国徽使用问题时,务必谨慎行事,切莫任意妄为。

在演奏国歌时,应当起身肃立,不允许坐着而不起立,不允许四处走动,更不允许同他人交谈、嬉笑喧哗或者打打闹闹。起身肃立务必姿势端正,神态严肃。通常应当采取立正姿势,双手须沿着裤缝自然下垂,不能稍息,不能双手揣兜、提拿物品、扶持他物或是端起手臂。演奏国歌时,除按规定可戴帽子者外,其他人士皆应脱下自己的帽子,同时也不准戴太阳镜。着外套者,亦需将其脱下。奏国歌时,应目视国旗,不许东张西望、瞻前顾后或者左顾右盼。在涉外商务活动中演奏他国国歌时,本着相互尊重的精神,不准举止失礼。

第二节　交际:找到自己的位置

国际交往活动中的礼尚往来至关重要。在对外交往的过程中,涉外交往礼仪用以维护自身形象、向交往对象表示尊敬与友好的约定俗成的习惯做法必须认真了解,并严格遵守。

1. 涉外交往中的仪表服饰

在国际交往中,穿戴的一般礼节奉行"TPO""PAS"原则。它的基本含义是要求人们在涉外商务场合的穿戴应考虑时间、地点和目的,考虑职业、年龄和地位,不能毫无章法。

在涉外商务场合服饰应穿戴得体,淡雅大方,整洁挺直,合乎时空,这不仅是本人精神面貌的体现,也是对他人的礼貌和尊重。这是穿戴礼仪内在的道德要求。

一般来说,在涉外场合人们穿着大多数分为礼服和便服两种,在正式场合多着深色礼服,一般场合则可着便装。目前国际上大多数国家在穿着方面趋于简化。

涉外商务场合,仪容所蕴涵的内容远超出容貌。参加活动前要梳洗打扮,保持仪容整洁美观。

2. 涉外交往中的言谈举止

涉外商务场合的言谈是一种跨文化的思想交流,因此,必须掌握涉外商务交往的规范言辞及交谈习惯。

(1) 说话求实。外国人禁忌言不由衷的客套,喜欢直率的谈吐。对外国人说话要实事求是,不要过分客气礼让。自己不知道的不要答复,无把握之事不要应诺。

(2) 委婉含蓄。外国人做事以自己为主体,说话的表达以对方为主体并为对方考虑,尽量采用商量的口气、自谦的口吻、幽默的语言,以避免过于直露而伤害对方的情感。如以"我想洗手"来代替"上厕所"就显得比较文雅。因此,同外国人谈话,要尽量以探讨的口气沟通。

(3) 尊重对方。外国人独立意识很强,不喜欢带有命令的、劝告的口吻。"多喝开水!""多穿衣服"之类的话只会引起反感。因此,说话要尊重对方的立场。

(4) 不问私事。国际社会把隐私看成是人权的一部分,尊重他人的隐私就是尊重他人的人权,因此,在涉外商务交往中我们必须充分地意识到这一点。与外国人交谈,一般不要问及对方的隐私,通常包括年龄、婚姻、经历、收入、地址、家庭、身体状况等。对欧美人恭维"发福"只会使对方难堪。同时勿提疾病等不愉快的事情。欧美人问及对方是否吃饭,意味着有意请客,对未婚青年则有约会之意,如果对方初识,做这样的问候,会使对方产生误会、戒心。

(5) 眼光有别。有的国家在谈话时喜欢双方对视;有的则不喜欢一方打量另一方,特别是瞪视对方的脸部。在交谈中一般较为理想的做法为:以平静的目光注视对方的脸和眼。

(6) 举止端庄适度。涉外商务人员在行为举止上要处处表现出良好的教养、潇洒的风度和高雅的气质,举止落落大方,态度热情诚恳。在涉外商务场合,举止粗鲁、言谈粗俗是不宜的。

3. 待人接物

(1)遵守时间,准时赴约,这是涉外商务中极为重要的礼节。大多数外国人惜时如金,时间观念很强。因此,参加各种涉外活动都要按时到达。守时方式通常表现为:集会约会,按时到达;参加宴会,提前几分钟;沙龙舞会,迟到几分钟,不要姗姗来迟或过早抵达。

> ⊙ **Tips**
>
> 信守时间重要的是要做好以下五点:
>
> - 在约定时间时一定要明确,不可以含含糊糊、模棱两可。
>
> - 与他人交往的时间一旦约定就要遵守,不应该随意变更或取消。
>
> - 对于双方之间约会的时间,唯有正点到场方为得体。早到与晚到,同样都是不正确的做法。
>
> - 约会中不允许早退。
>
> - 万一失约,务必尽早向对方通报,解释缘由,并向对方致歉。

(2)女士优先是世界公认的国际礼节,反映了一个国家的文明程度。这一原则要求男士要尊重、照顾、体谅、帮助和保护女士,利用体质上的优势去减轻女士的负担。若在涉外交往中有不尊重女士的行为,不仅失礼,还会被客人视为缺乏教养乃至激起公愤。

在现实交往中,"女士优先原则"是通过一系列具体做法来贯彻和体现的。例如,在女士面前,男士不可以说脏话,不能开无聊的玩笑。

讲话者在发言开始提及听众时,要以"女士们、先生们"作为"合礼"的顺序。在问候其他人时,男士必须优先问候在场的女士。在女士面前,男士必须脱下帽子,而且未经允许不得擅自吸烟。

在同行时,男士应自觉地请女士先行一步,以便将选择行进方向的权利留给女士。有必要并排行走时,出于安全方面的原因,男士应主动走在外侧。当通过门口时,男士有义务为女士开门或关门,让女士先进;入座时应请女士先坐下;在楼梯口、电梯口以及其他狭窄的过道上遇到女士,不管认识与否,均应侧身站立一旁,让女士先行。只有在下车、上楼、遇到障碍和危险时,男士才走在女士的前面，为其开道，保护女士。

乘坐由专职司机驾驶的轿车时，通常不应听任女士在安全系数较低的前排副驾驶座上就座，或是坐在后排中座。

向他人致意时，男士若面对的是女士，必须要起身站立，而女士若面对的是男士则不必如此。

（3）尊重老人是一种美德，也是很多国家所遵守的礼节。在互相介绍时，一般是向年长者引见年轻人，遇有年长者入场向大家介绍时，年轻人要起立致意，对年老资深的议员、学者给予特别的敬意、待遇等，表现社会对老年人的尊重。

但是，在尊重老人时，也应考虑到各国不同的观念和习俗。中国人以尊老敬老为美德，以"老"字为尊称，而在许多西方国家，老人讲究独立，不愿别人称自己老，不愿别人对自己做不必要的搀扶、照顾，不喜欢人家恭维自己的年龄等。因此，在同西方老年人打交道时应该注意这一点。

（4）实现礼貌交往，必须有一个恰当的交往空间。界域距离通常分为亲密距离、个人距离、社交距离、公众距离。在涉外交往中，受欢迎还是惹人讨厌，主要看如何尊重他人的空间及对属于自己的空间如何处置。由于文化习俗的不同，各个民族界域距离不尽相同。地中海国家，交往时相互靠的较近；北欧国家交往时则相互离得较远。交谈双方的间隔超过或不足该国人的习惯距离，都会被看作不礼貌的举动。因此，在涉外商务交往场合，一定要把握好正确的空间距离。

（5）中国人与外国人都有好客之情，但却有不同的表达方式。中国人的待客之道是"给予"，客人至少要象征性地接受一下。西方人的待客之道是"提供"，要者给，不要者不给，但要者必须将饮料、食品喝完、吃完，否则失礼。中国人习惯开怀畅饮，并且力劝客人一醉方休，但欧美人通常是主随客意，不劝酒。因此，掌握好待客之道有助于涉外商务交往的成功。

（6）称谓的使用受民族和地区的影响。跟外国人交往，对男士一般称先生；对女性，已婚的称夫人，未婚的称小姐，若不知结婚与否，统称女士或小姐。称呼冠以名字较有亲切感。"爱人"在海外有"情人"的意思，不能用来称呼自己的伴侣。日本不随便称人"先生"，对德国人要称呼职衔，美国人则喜欢别人称呼他们的教名。但与外国人初识，就直呼名字是冒昧失礼的。

（7）与西方人打招呼，要避免用中国式的问候。不问"您上哪儿去？"拥抱与接吻礼是欧美、中东及南美洲一带国家用于熟人间的一种问候礼节，通常拥抱与接吻同时进行。但有些国家公共场所不提倡接吻礼。吻手礼是欧美上层社会的一种特定礼节,我国涉外交往一般不行使这种礼节。合十礼是佛教盛行的国家所使用的礼节,在国际交往中,当对方用这种礼节向我们敬礼时,我们也应合十还礼。

(8) 在公共场合应遵守不妨碍他人的原则,注意与自身周围环境的协调。不在公共场所大声喧哗。在酒席中不谈生意,对某些国家的客商来讲,如果在酒席中谈交易,会认为你是将酒席作为诱饵而加以拒绝。如果想讨论政治、宗教等问题,则首先应准确判断在座客人的观点。

(9) 由于科学技术的进步,这个世界日益在缩小,以至于人们说,世界是个村庄,地球是个大家庭,但是,在这个大家庭中的每一个成员,依然保留着各自的价值理念、文化传统、礼仪习俗。在涉外商务交往中,必须尊重各个国家、民族的历史传统和风俗习惯,否则,很容易伤害对方的感情。在涉外商务交往中必须入乡随俗,入境问禁,不断调整自己的礼仪行为才能达到好的礼仪效果。

4. 共事礼节

商务人员出国商务公干,应友好地与国外同行共事。

彼此应以相互尊重为基础。对于国家元首、国旗、国徽等国家主权的代表或象征,要表现出应有的尊重。因此,在一切正式场合如果遇到升国旗、奏国歌时,都应肃穆致敬。在商务活动中,不以任何方式强制外国同行接受自己的意志,既不要强加于人,也不要强人所难,应采取相互协商的方法达成融洽的气氛。在与国外同行交谈时,应认真听对方讲话,并用点头、手势等与对方进行交流,切忌随意打断对方的谈话,或者妄加批评、指责。只有真诚地与国外同行共事,尊重对方、理解对方才能赢得对方感情上的接近,从而获得对方的尊重和信任。

英国人、加拿大人、法国人以及南斯拉夫人等都有在七八月份休假的习惯,要避免这期间找他们谈公事;大多数西方国家,圣诞节和复活节前后两周一般不安排或少安排业务洽谈,我们也要加以注意。与外国同行共事不要指望互相帮助,外国人很讲工作中的独立性,不愿意管别人的事,也不愿意别人干涉自己的事,认为那样就好像在贬低自己的能力。

在与外国同行共事时,不要打探他们的隐私。特别是欧美人把隐私看得很重,哪怕他正在看书,你悄悄地站在他背后,他也会很不高兴,就更不用说涉及工资、年龄、婚姻这些敏感问题了。对女士穿的衣服、佩戴的首饰,即使看起来很昂贵,也非常忌讳询问其质地与价格。谈话时对外国同行的家具、汽车等的式样、价格也不要涉及,它们与个人的喜好和收入有关,也属于个人隐私的范围。

5. 出入礼节

进入外国人办公室或住所时应遵循相应的礼节。

在涉外商务交往中,有时需要进入外国人办公室或住所,遇此,要先约定、通知,并按时抵达。如无人迎接,进门先按铃或轻敲大门,经主人允许后方可进入;如果不得已必须在休息时间约见对方时,则应在见到约见者后先表示歉意,并说明打搅的原因,经主人允许方可进入室内,否则,应退回到门外谈话,且谈话时间不要过长。

应邀到外国人家里拜访、做客的我方人员,应按主人提议或同意的时间到达,早到或迟到都不礼貌,万一迟到,应致歉意。拜访时间一般安排在上午十时或下午四时左右为好。西方惯用小吃或饮料招待,客人不要拒绝,应品尝一下,饮料也应喝掉(实在不习惯时,也可不必勉强)。未经主人的邀请或没有获得主人的同意,客人不得要求参观主人的庭院和住房。若客人在主人的带领下参观住宅,即使较熟的朋友也不要去触动书籍、花草以外的室内陈设和物品。拜访的客人应对主人家中在场的人表示问候,对家中养有猫狗的勿露讨厌之意;离开时,应有礼貌地向主人告别,感谢主人的接待。

第三节   出国:用优雅获得尊重

随着国际交往越来越密切,国家之间的交流访问也逐渐常态化。个人行为虽说不能代表整体,但作为对他国的陌生来客身份来说,人们往往会把你作为一个整体的代表来看。这就需要我们每个出国的人,从个人礼仪做起,维护和树立对外的良好形象,得到世界的肯定和欢迎。

1. 出访准备

市场经济的发展,使得企业的业务、经营活动早已打破了传统的区域界限,跨地区、跨国界的商贸往来已相当普遍,与之相伴随的商务出国便成了商务人员的一项重要活动内容。但商务人员的这种出国,又不同于一般的观光旅游,其实质是商务工作的一个组成部分,其仪表仪容、谈吐举止、行为表现均代表着企业乃至国家的形象。因此,对商务人员的出国礼仪应给以必要的重视。

(1)确定出访国与出访日期。在涉外商务中,重要的出访活动,按惯例均须由有关双方通过正式渠道商定。在一般情况下,出访的具体日期,最好应当避开东道主一方重要的节假日与重要的活动时间。

(2)通报东道主。在正式出访之前,将我方的出访通报给东道主。其内容应当包括:访问的性质与目的;访问的日期与停留天数;抵离目的地的航班或车次;全部出访者的名单。按照国际惯例,出访者的正式名单必须按礼宾序列进行排定。

(3)办妥护照与签证。在领取护照后,要认真查验其有无差错。在使用期间,要注意其有效期,并严防丢失。除互免签证的国家以外,出国访问者在办理护照后,只有获得了前往国的签证,方可成行。

(4)制定具体而详尽的访问日程。按照常规,来访者在访问国进行访问的日程,应由宾主双方经过协商之后,由东道主根据来访者的意愿制定。其内容大致应当包括:举行迎送仪式;安排宴会;进行会见、会谈;出席签字仪式;外出观光游览;召开记者招待会;举办晚会;会见东道国领导人或各界贤达,等等。在一般情况下,出访之前,出访者可就某些重要的访问日程,提出自己的建议或要求。

(5)确定出访时乘坐的交通工具。在涉外商务交往中,出访时来回乘坐的交通工具均应由出访者自行负责解决。在一般情况下,要尽量避免在晚间,特别是后半夜抵达目的地,以乘坐直达目的地的交通工具为佳。

(6)准备必要的卫生检疫证明。出访人员在出国之前,除了要按规定注射疫苗、携带预防药品之外,还应办理《健康证明书》《预防接种证明书》《艾滋病检验证明书》,并且随身携带,以备入境他国时查验之用。

(7)认真做好安全保密工作。在国外期间,尽量不要个人单独行动,尤其是不要前往不安全区域进行活动或是在深夜外出活动。还须注意,在出访期间应对保密问题给予高度重视,严防泄密。在一般情况下,出访时不准私自携带涉密文件、资料,以及一切与此相关的笔记、图表、录音、录像、软件。确有必要携带时,应经本单位或上级有关领导批准,并妥为保管。在一切可能泄密的场所,如饭店、商店、餐馆、酒吧、机场、车站以及交通工具之上,切勿阅读涉密文件,或谈论涉密事宜。在使用公用通信工具时也应注意此点,严防他人窃密。

（8）了解出访国风土人情与交往对象的状况。在出国访问前，应集中一段时间，专门系统而认真地学习有关出访国的国情、习俗等方面的知识。对于主要交往单位及其个人的状况，也应有一定程度的掌握。

2. 入住宾馆礼仪

出国商务活动一般都会入住宾馆酒店，但宾馆并不是自己的家，它只是一个暂时租用的地方，所以，有些规定和礼仪一定要注意，这样才能体现你的素养。

（1）提前预约。需要住酒店的时候，最好提前预约。预约时，告诉宾馆服务员准备哪天入住、住几天、需要什么样的房间、申请人的姓名、到达宾馆的大概时间，并问清房价。万一比预定时间晚到，为避免房间被取消，要尽快打电话通知宾馆。如果要取消房间，要及时打电话取消，方便宾馆把房间让给别人。

（2）入住宾馆。一是前台登记。进入酒店大堂后，应该先到前台登记。如果你带了大量行李，门童会帮助你搬运行李，有的国家需要给门童付小费，金额的多少根据酒店的星级、行李的多少及他们的服务态度而定。谢过为你服务的门童之后，就可以登记入住了。如果前面有正在登记的客人，你应该静静地按顺序等候。等候时与其他客人保持一定距离，不要贴得太近。二是入住客房。几乎每家宾馆在客房内都备有"客人住宿须知"，入住后，应先进行阅读，了解具体的内容，并自觉遵守有关规定。

一是爱护房内设施

宾馆客房内备有供旅客生活使用的各种常用物品，使用时应予以爱护，如不慎损坏应主动赔偿，故意破坏房内物品或损坏了物品不声不响，都是违背社会公德的不文明行为。

二是注意内外有别

不可窥视他人居住的房间。如同室还有其他客人，出入房间应随手关门，不要将房门大开让别人一览无余。休息的时候，可在门外悬挂特制的"请勿打扰"的牌子。到别的房间会客或找人应提前预约，到达后应摁门铃或敲门，不经允许不可擅自入内。

三是保持房内卫生

在客房内衣物和鞋袜不要乱扔乱放。废弃物应投入垃圾桶内，也可放到茶几上让服务员来收拾,千万不要扔进马桶里,以免堵塞影响使用。吸烟者不要乱弹烟灰、乱抛烟头,以免烧坏地毯或家具,甚至引起火灾。出门擦鞋应用擦鞋器,用枕巾、床单擦鞋是不道德的行为。

在洗手间,不要把水弄得到处都是。沐浴时,把围帘的下部放在浴缸里面,这样水就不会流到浴缸外面把地板弄湿。如果你要连续住上几天,可以留一张纸条给客房服务员,告诉他们床单和牙刷不必每天都换。在房间用餐完毕后,要用餐巾纸将碗、碟擦干净,然后放在客房外的过道上,方便客房服务员收拾。

⊙ **Tips**

浴室内的毛巾通常有大、中、小三种,各有其用途,可千万不要随便拿来乱擦一通。大毛巾是洗完澡后用来包裹身体,中毛巾是用来擦拭身体,而小毛巾是用来擦脸后再擦屁股的。通常只有东南亚国家的酒店会在厕所里准备牙刷、牙膏,但是为了环保,现在也有很多酒店不供应牙刷、牙膏了,所以,出远门的时候切记要自备。在国内的厕所往往能看到"请勿将卫生纸丢入马桶"等字样,但国外,因为高级饭店提供的厕纸质料较好,且马桶水压又大,所以使用过后的厕纸可以直接丢入马桶,不用担心会有阻塞的问题,不过女性专用的"卫生棉"含有塑胶成分,不易溶解,还是不可丢入马桶里!上完洗手间,洗手的擦拭纸都要投入垃圾桶。

---

④ 不要影响他人休息

到别的房间找人,应轻摁门铃或轻敲房门,不可重击房门或高声喊叫,开、关门时,动作要轻,声音要小。打电话的音量要轻,不要在房间内大声喧哗或举行吵闹声较大的聚会。晚间不要在房间里打牌,看电视时,请选择合适的音量,以免影响其他房间的客人,尤其是夜间看电视更要注意。在走廊里说话、走路也应注意不要发出太大的声音,尤其夜深之时更应如此。在宾馆与朋友或客户会谈应注意时间,会客时间太晚是不合适的,一般不要超过23点。

⑤ 尊重服务人员的劳动

宾馆内的服务一般都是比较周到的,服务员会每天按时打扫房间,整理床铺,洗刷脸盆、浴缸等,对服务人员的服务应以礼相待,不应表现出傲慢甚至鄙视。当服务人员来房间送水或打扫卫生时,要起身相让,不可无动于衷。服务人员离去时,应表示感谢。当遇到一些特殊情况,比如,有客人来访而服务人员恰好这时来打扫房间,如果你觉得不太方便,可以有礼貌地请服务人员稍过一会儿再来打扫。

三是公共场所。在宾馆内行动,着装既要与环境协调,又要文明得体、不失身份。在客房内活动时,着装可相对自由些,但不能穿着睡衣、拖鞋出现在宾馆公用、共享空间之内。入住宾馆,只要出了房间门外,就是公共场所的一部分,即使是距离房门口几步路而已,对于穿着也应该多加留意。出入宾馆时,应注意着装文明,力戒衣冠不整,不修边幅。

在宾馆内活动,既要不超出规范的活动范围,又要注意使自己的行为举止不妨碍他人。在宾馆内部走动时,要保持一定的正常速度,不能奔跑,脚底不能弄出声响。在宾馆内说话,声音要轻。除客房外,与人交谈的最佳地点是大堂、酒吧。娱乐场所不宜深谈,其他公共场所不适合逗留过久、与人交谈。在宾馆内部活动时,其活动范围就一般人而言,主要是酒店所划定的公用、共享空间,对一般客人的活动禁区,除有必要外,均不宜前去。

当主人去客人下榻的地方拜会或送行时,应当遵循拜访礼仪:预约、守时、通报、告退。这时主人的身份应当是"客人",宾客则"反客为主"。

⊙ **Tips**

到盛产榴莲的国家进行商务交往时,因为榴莲独特的气味不是每一个人都可以接受的,而且榴莲的气味通常都会久久不散,因此,不论你有多爱吃榴莲,抵达宾馆后,千万不可以将榴莲带进去,有些宾馆担心住客会忘记,还会在宾馆门口设置一个"禁带榴莲"的警告牌,所以,千万别明知故犯!

---

(3)休闲娱乐。有些高级宾馆里会有许多免费休闲设施,如游泳池、健身房、会客室等,由于所有费用均一并算入住宿费中,如果回到宾馆还不是很疲累的话,不妨多加利用这些设施。但是在使用的时候还是要注意该有的礼节,例如,进泳池之前必须先淋浴,要有戴泳帽的习惯,并且一定要穿着泳衣泳裤下水,不可以短裤代替,下水前要冲洗身体,至少五分钟以上,让身体冲洗干净,这是起码的游泳礼仪;最好还要戴耳塞,避免"游泳耳"症状。而且不可以偷偷在水里"方便"!女孩们穿着泳装难免会让一些变态者有机可乘,若是女孩们遇到这类情形时要勇敢地拒绝,最有效的解决方法就是大声喊叫,引起旁人的注意,让变态者不敢造次。

(4) 安全防范。在国外,不论投宿在什么宾馆,"安全"是最重要的,先拿宾馆(酒店)的名片,外出迷路才可循"片"回来。其次要注意的就是,逃生路线和防火工具的放置点,对于四周的环境要有所熟悉,万一发生紧急事件,才能快速逃离现场。通常高级饭店都设有保险箱,有些设置在房间里,有些是需要到服务台申请的,视宾馆情况而定,如有贵重物品,如护照、金钱、支票等,都应该放置在保险箱中收好,不该随意放置在房间内,否则,不知情的服务生一并清洁掉,可就求救无门了。此外,在饭店休息了一晚后,早上起床出门前,别忘了要放置小费在枕头上给打扫房间的服务生。但是请注意! 不要将私人金钱放置在床铺上,因为会被误认为小费,而全部拿掉。

(5) 女性须知。

① 女性在客房进行商务活动时应注意的事项。应穿着整齐、梳妆得体。不许穿睡衣或过短、过透、过露、过紧的衣服,不许穿拖鞋,更不许赤脚,不许面无妆色、头发凌乱。如果与单身异性洽谈,最好把门打开留个缝隙,万不可将门锁上,以免造成不必要的误会和麻烦。

应在客人未到前将房间整理好。个人所用物品,最好先全收起来,餐盘等物品请服务员收走。保持房间内空气清新。作为主人,应为前来的客人适当备些不含酒精的饮料或茶水,也可适当备些水果或瓜子。

活动内容事先应草拟个明确、具体的计划及预期达到的目的。所有话题应紧紧围绕活动内容进行,不可无事闲聊,更不可随便改动活动内容,让别人觉得你办事草率或欠妥。

② 商务女性单独在外进餐时的礼节。商务女性独自在餐厅就餐,应自然大方,泰然处之。应尽量不要到酒吧、夜总会等娱乐气氛较浓的地方去进餐。公文包或文件夹应与你相伴,这是你身份的象征,它会告诉人们你是因为公务而单独就餐的。你点过菜后,可不妨拿出一两份文件来看,一方面,利用餐前时间抓紧工作;另一方面,还可免除单独干坐的清冷。但不要老是埋头苦读,应不时抬抬头,否则在别人看来,可能会认为你很自卑,以至不敢面对他人。如果有陌生男士到你的桌旁很有礼貌的询问:"可否与你同桌"时,若你觉得这样并无不便,可以同意,但不妨一开始便向他言明,你餐后马上就离开。如果这时候你发现他并不像原先那样文雅,刚好可以给自己一个退路。假若有人邀你一块共同进餐时,如果你觉得无碍,不妨也可以接受,但应该明确告诉对方,希望在自己居住的宾馆餐厅内就餐,餐后各付各的账。由于你坚持自己的做法,他就会明白你是一个正派的、不想占便宜的女士。

（6）危机处理。旅行在外，可能会遇有不顺利或令你不愉快的事情发生，当遇到这类不愉快的事情时，应谨记下列要点：

① 不要怒气冲冲、大发雷霆，因为，这样解决不了任何问题，只会给解决问题带来更大的麻烦。

② 说话不要夹带脏字或有辱服务员自尊心的词语。

③ 不要因为他人的过失责备无端受过的人。

④ 不要因为某家宾馆的服务不如以前你住过的那家好而责备他们。

⑤ 发生了不愉快的事情后，不论事情如何解决，都不要喋喋不休，老是抱怨。

⑥ 如有些事情确实让你不满意，你可以向宾馆方面表达你的意见与批评，也可以给他们提些建议，不过对好的方面也别忘了加以称赞与肯定。

（7）离店礼仪。洗发膏、牙刷、肥皂、信封、信纸之类的小用品可以带走，但毛巾或烟灰缸、吹风机等不能拿走，这是宾馆的财产。宾馆对物品的管理非常严格，如果你随便拿走东西，会导致尴尬的局面，并为此付款。

如果不小心弄坏了酒店的物品，不要隐瞒抵赖，要勇于承担责任并加以赔偿。

3. 洗手间礼仪

洗手间是我们使用极为频繁的地方，公共场所的洗手间是众人共享的，所以，在使用时需要格外留意，以免影响下一位使用者。

（1）排队。不论男士或女士，在洗手间全被占用时，后来者必须排队。排队的方法，是在整排的洗手间最靠外处依序排成一排，一旦其中有某一间空出来，排在第一位的人拥有优先使用权。这是比较科学的排队方式，比每个人各自排在某一间门外，有点赌运气的方式更合理。

（2）使用。如果需要确认洗手间内是否有人，可以轻轻敲门，切忌贸然拉门。如果你在门内，听见有人敲门，应回答："已经有人了！"或"Yes（我在里面）！"

洗手间最忌讳肮脏，所以，在使用时请尽量小心，若有污染也尽可能加以清洁。如厕后要注意冲水，国外有的国家，如丹麦，公厕有"防呆"装置，如厕后如忘记冲水，门会打不开，人会被反锁在里头。卫生巾等用品不能顺手扔入马桶中，以免造成马桶堵塞。其他不良行为，如蹲在马桶上、大量浪费卫生纸等都是极为不妥的行为。总之，心中为下一位使用者想一想，不妥的事你就不会做了。

（3）言谈。要注意洗手间是公共场合，不要在这里谈论公事或议论别人。

（4）不要长时间使用洗手间。不论是火车上、飞机上、轮船上，厕所均是公用的，除了要保持厕内清洁，还应动作迅速。经过长途乘坐快要到达终点时，人们最需要的就是使用洗手间。在公共洗手间只应做简单的洗漱，比如，刷牙、洗脸。女性如果需要化妆，可以在自己的座位上进行。男性可以提前一天在家里刮胡须。总之，我们都应多为他人着想，注重在公共场所的行为举止。

（5）儿童使用洗手间。儿童一般可以和父亲或母亲一起使用洗手间，但不成文的规定是，母亲可以带着小男孩一起上女洗手间，而父亲则不可以带小女孩上男洗手间。

（6）付费。在国外，很多公共厕所是需要收清洁费的。有专人打扫厕所，既干净，又舒服，给点小费是应有的礼节。

4. 交通出行礼仪

涉外商务人员出行同交通有着非常密切的联系。不管以何种方式外出，都必须要有秩序意识、自律意识、互助意识、礼让意识。自觉遵守交通礼仪是涉外商务人员起码的常识。

（1）步行礼仪。商务人员无论出国到什么地方都离不开步行，这往往更能体现一个人文明礼貌修养的程度。

① 遵守交通法规。商务人员应自觉遵守城市的交通法规。如果需要穿越马路时，一定要从人行横线处走过去，不可翻越栏杆，要注意避让来往车辆，确保安全。在有信号指示或交通警察指挥的地方，一定要听从指挥。

② 文明行路。走路的姿态要端庄，不要边走路边吃东西，也不要口中小调不断或吹口哨。两人走路时不要勾肩搭背。多人走路时，不要横占半个路面影响他人行走，应自觉排成单队或双队。男女同行时，通常男子应走在人行道靠马路的一侧，需要调换位置时，男子应从女士的背后绕过，不要亲热地拥在一起行走。当一个男子和两个以上的女士结伴而行时，男子应走在女士们的外侧。

在街上遇到熟人交谈时，不要站在路的中央，以免影响他人行路。更不要长时间交谈，确想长谈应另选地点或再行相约。在拥挤或狭窄的路段上行走应自觉礼让，特别对年长者、妇女、儿童、病患体弱者一定要主动让路。

碰撞到别人要主动道歉。非紧急情况下不要猛跑。如果不小心碰到了别人或踩了别人的脚,要主动向对方道声:"对不起",别人撞了自己或踩了自己的脚应大度宽容,对主动向自己道歉者可说声:"没关系",不可以口出怨言,斥责对方。

对意外跌倒碰伤的行人要尽力相助。

不可久久注视路上的异性,也不可掉头追视,更不能有非礼行为。

行路途中除自觉遵守交通规则外,还应积极维护社会公德,遇到别人发生矛盾时,不要围观起哄添油加火。

③ 问路要有礼貌。需要问路时,最好不要去问正在急行的人或正在与人交谈的人以及正在忙碌的人,可寻找那些不很忙,或比较悠闲的人进行打听。问路时要礼貌地称呼对方。当别人给予解答后,要诚恳地表示感谢,若对方一时答不上你的提问,也应礼貌地说声:"再见"。

(2)乘车礼仪。由于乘坐车辆类型不同,其要求及一些注意事项也有差异。

① 乘坐公共汽车。公共汽车是城乡主要交通工具之一。出国商务人员应相互礼让,文明乘车。车到站时,要先下后上,先到先上,自觉排队,不要拥挤。一般情况下,"男女有别,长幼有序"应是一种公共准则。遇有残疾及行动不便者,应主动给予帮助。

上车后,应尽量往里走,不要堵在车门口。如果里面还有座位,应先让老、弱、病、残及抱小孩或带小孩的女士坐,不要抢占座位。如果你已坐在了座位上,如遇上述人员乘车,也应主动将位子让出。如果别人给自己让座,一定要表示感谢。车厢内人多不要吸烟,不要随地吐痰,不要乱扔废弃物,更不要将废弃物扔向车外,以免砸伤行人。坐在座位上不要高跷二郎腿,不要将头或手伸出车窗外,避免发生危险。

车到站以前,应提前做好下车准备。如果自己不靠近车门,应先礼貌地询问前面的乘客是否下车,如前面的乘客不下,要设法与其调换一下位置。

② 乘坐火车。出国商务人员乘车过程中,要讲文明、懂礼貌,多一分宽容,多一分礼让。

首先,自觉遵守候车规则。候车时应该注意爱护室内的公共设施,不大声喧哗,携带的物品应放在座位下或座位前,不抢占或多占座位。保持候车室卫生。不随地乱扔东西,不随地吐痰。检票时要自觉排队,要有秩序地上车。所带行李应放在行李架上。长途旅行一般携带行李较多,乘客间要相互照顾,合理使用行李架,放、取行李时应脱掉鞋子以免踩脏别人的座位。自己的行李要摆放整齐,尽量不压在别人的行李上,如果不得不压也应征得别人的同意。

其次,自觉维护车厢环境。不在车厢内吸烟,不要毫无顾忌地打喷嚏,坐在座位上不要把脚伸到车厢过道上,不要津津有味、旁若无人的大嚼食品,不要把果皮、残渣及废弃物抛向窗外或在车厢内随地乱扔,不要随地吐痰,不要在车厢内大声说话。

再次,邻座之间友好相处。与邻座的旅客交谈前应先看清对象,与不喜欢交谈的人谈话是不明智的,和正在思考问题的人谈话也是失礼的。即便与旅伴谈得很投机,也不要没完没了,看到对方有倦意就应立刻停止谈话。注意谈话中不要问对方的姓名、住址及家庭情况。如果阅览别人的报刊或使用邻座的物品,应先征得对方同意。别的乘客看报刊时,不能凑上去观看。

最后,礼貌道别。到达目的地后,拿好自己的物品有礼貌地与邻座旅客道别,有序下车,不要抢道拥挤。

③ 乘坐轿车。在轿车行驶过程中,乘车人之间可适当交谈,但不宜过多与司机交谈,以免司机分神。话题一般不要谈及车祸、劫车、凶杀、死亡等使人晦气的事,也不要谈论隐私性内容及一些敏感且有争议的话题。举止要文明,不要在车内吸烟,因为车内相对封闭容易使空气污浊。不要在车内脱鞋赤脚,女士不要在车内整衣化妆,男女之间不要在车内打打闹闹或表现得过分亲热,这样与商务人员的形象有悖。不要在车内乱吃东西、喝饮料,不要在车内吐痰或向车外吐痰,不要通过车窗向车外扔废弃物,这样有损于社会公德。

④ 驾车礼仪。商务人员亲自驾车要自觉遵守交通规则,文明礼貌,表现出良好的驾驶风度。要注意礼让、考虑别人,要了解各个路段的时速限制,注意路上的交通标志,集中精力,谨慎驾驶。路口的红绿灯信号是绝对要遵守的,当红灯变绿时,不要抢行,不要对着车前的行人猛摁喇叭,喇叭应尽量在遇有情况时使用。如拐弯转道时,应提前开亮转向灯。下雨天开车,要尽量慢行,尽量避开水坑,以免使污水溅到行人身上。道路拥挤或车辆堵塞时,应自觉循序而进或耐心等候,绝不可从车队中脱离出来超越前面的车辆把道路堵死,使对面的车辆也无法通行。在快、慢车道分明的公路上行车,应根据自己的情况合理选择,既不要在快车道上开"蜗牛车",也不要在慢车道上开"飞车",还要注意不要来回频繁变换车道,影响后面车辆行驶。夜晚开车会车时要适时变换远、近灯光,决不可一直用远光直射对方。需要停车时,应到允许

停车的地方停放,停车时不要占用两个停车位,不要挡住车道及出入口。车内的废弃物、瓜果皮、塑料袋、空瓶空罐等,均不要往车外乱扔,要先放在一起,等找到垃圾箱后再行处理。

（3）乘飞机的礼仪。由于空中旅行和地面旅行有许多差异,有些事项应引起特别注意。

① 提前办理乘机手续。乘坐飞机,至少应在飞机预定起飞时间前两个小时至两个半小时到达机场,在这段时间里要核查机票、办理行李装运手续,还需进行一些必要的登记。

② 安静有序等候登机。在候机室等候登机时,应保持安静。在通知开始登机之前,不要拥堵在登机口,应该找座位坐下等候。不要把自己的物品放在身边的座椅上。

③ 妥善处理携带行李。携带行李应尽可能轻便。随身携带的行李,登机后可将其放到置物架上,放置时应避免把置物架塞得过满,造成其他后到乘客行李无处可放。不可将行李放在座位上,更不能占用其他乘客的座位。

④ 遵守规定,文明乘机。飞机飞行期间,乘客应严格遵守机上宣布的有关规定。飞机起飞或降落时,一定要自觉系好安全带,并且收起面前的小桌板,同时将座椅调直。当飞机颠簸时,要将安全带系好,切勿自行站立、走动。如果你恰好正在盥洗室,应尽快回到座位上去。飞机上禁止吸烟,就应自觉遵守、自我克制。不少手机都有飞行模式功能,但实际上即使手机调到"飞行模式",飞机无线电信号照样有可能会受到干扰,因此,目前国内的航空公司是明令禁止飞机起降期间使用手机的,拥有飞行模式的手机也不例外。在飞机上使用盥洗室应尽量少占用时间,使用完毕后要保持其清洁。要尽量避免做让人反感的事,如上机后,应该对号入座。坐卧的姿势以不妨碍他人为准。如果感到闷热可以打开座位上方的通风阀,也可以脱下外衣。切忌打赤膊。更衣须去洗手间。不要在飞机上吐痰、吸烟。享用免费食品也要量力而行。与他人交谈时,说笑声切勿过高。呕吐时务必使用专用的清洁袋。不要突然放下座椅靠背,放靠背前应先回头看一下后面的人,让后面的人有准备;不要用力将托板推回原位,以免这种震动使前面的人吓一跳;不要不断地碰撞别人的座位。如果你的邻座有人,看报时就不要完全展开,翻页时也应动作轻缓,避免发出很大声音。

⑤ 尊重乘务人员的劳动。上下飞机时,要对空乘人员点头致意。在接受服务后应向乘务员道声"谢谢"或点头致谢,无特殊事情,应尽量不要麻烦乘务

员,如果有事确需乘务员帮助时,可向乘务员招手示意,不可大声呼叫。对待空乘人员要理解与尊重,不要蓄意滋事,或向其提过分要求。遇到飞机误点或改降、迫降时不要紧张,更不能向空乘人员发火。

⑥ 机上用餐应适度把控。在飞机上用餐时,要将座椅靠背复原。坐飞机时最好别喝酒,以免给身体增加负担。在乘坐长途飞机时应多喝水。

⑦ 飞机上交谈的禁忌。跟身边的乘客可以打招呼或是稍做交谈,但不应影响到对方休息。当身边的人专注于某件事时,就不该打扰对方。如果对方对你的话题缺乏兴趣,应该打住。不要盯视、窥视素不相识的乘客,也不要谈论令人不安的劫机、撞机、坠机等事件。

⑧ 有礼有序离开飞机。请耐心等飞机停稳再起身。

(4) 乘船的礼节。乘船较之乘车、乘飞机而言,更安全、舒适,而且有很大的活动自由。在这样的环境里,商务人员更应该以礼待人,遵守社会公德。

客轮的舱位是分等级的。并实行提前售票,对号入座,每人一个铺位。上船时,应有秩序地排队上船。有的船上扶梯比较陡,也比较多,所以,男士或年轻者应留意照顾同行的女士或年长者,并使之走在自己前面,以便保护。

购买散席的乘客,要听从船上工作人员的安排,不要任意挑选和挪动位置。注意不要到设施较好的客房去探头探脑;凡标明"游客止步"之处,多为船员工作或休息的场所,因此,也不要去妨碍人家。船上各种各样的电路、蒸汽开关很多,禁止随意触动。

在航行中应遵守有关的规则,不要因无知而制造麻烦。白天舞动花衣服或手帕,会被其他船只误认作"旗语",晚上拿着手电筒乱晃,也可能被当成"灯光信号",雾天能见度很低,船员们有时要凭借耳朵来听清楚周围的动静,此时不宜大声喧哗,也不能在甲板上听收录机。

不要在舱内的走道上或甲板上唱歌或大声说笑,也不要四处追逐,忘乎所以。

船到码头,要有秩序地排队下船,不要抢先拥挤。男士或年轻者可以走在前面,以帮助同行的女士或年长者下船。

5. 公共场所

公共场所,见到的人最多,熟悉的人最少,于是,少了一份心理约束,少了一点团队意识,一个人的素养往往在公共场所表露无遗。然而,在公共场合,众目睽睽之下,人们更须完善自己的礼仪形象。商务人员出国应模范遵守公共场合礼仪规范,以维护国家的形象。

(1) 参观展览。到展览馆、博物馆、美术馆等场所观看展览,已成为商务人员出国时一项经常性的活动。人们在获得知识的学习、审美的愉悦的同时,还应该注意观看展览的礼仪要求。

着装应整洁大方,不穿汗衫和拖鞋入内。博物馆和美术馆一般都设有衣帽间,参观者可以把大衣、帽子以及雨伞等杂物存放在那里。男士不要戴着帽子进入展览厅。

场内应保持安静。参观者应当相互照顾,说话声音要低,大声说笑或者扯开嗓子指点同伴,都会干扰别人。不要在场内奔跑、喧哗和大声谈论。

注意公共卫生。一边参观一边吃零食是不文明的举止,不要在场内吸烟、吃食物或喝饮料。

尊重讲解员,专业倾听讲解,遇到有不明白的地方或问题,可以向讲解员请教,但不宜不停地发问,以免影响其他参观者。陪同参观的东道主要以礼相待。

顾忌他人的感受。参观时要注意不可从别人的面前走过,妨碍别人观赏展品。如果必须那样做,一定要向别人说一声"对不起"。你如果很欣赏某一件展品,当然可以在它的面前多停留一会儿,但是,不能长时间"独占",看了一段时间之后应当继续往前走,使别人也有观看的机会。如果别人正在观赏一件展品,你应当礼貌地对待,不要往前挤,或是妄加评论,或是对别人表示很不耐烦的样子。

自觉遵守有关规定,不摸弄展品,不违规拍照和录像。如果允许拍照则不开闪光灯。不擅自闯入"谢绝入内"的场所。领取宣传品应遵守秩序,处置宣传品应带到场外做适当处理。

(2) 观光游览。大自然赐给人类壮丽的山川,前人留给我们悠久的古迹。要使观光游览成为文明高尚的活动,涉外商务人员必须遵守相应的礼仪规范:

规范着装。较为正式的游览,如乘坐豪华游轮游览则着装要正式考究。旅游式的游览,着装可休闲舒适。

保护文物古迹和公共设施。保护环境卫生和静谧气氛。关心他人,注意礼让。遵守公共秩序、自觉排队。不躺在长椅上睡觉,不席地而坐。恋爱情侣注意举止,不失礼节。

6. 携带备品

商务人员出国除了携带一些生活用品之外,还应携带一些"时刻准备着"的物品,即商务人员的旅行备用品,简称备品。这些备品,不仅要随身携带,而且还要注意携带和使用时的礼仪。

(1) 业务资料。业务资料是商务人员自我展现的有效装备。在通常情况下,顾客是听商务人员对商品的介绍来认识了解商品的,故应事先准备好详尽的资料,需要时摆在客户的面前,无需滔滔不绝的游说,客户心中自然会对你产生几分信任。一般情况下,需携带的业务资料主要有:①样品。商品实物,给客户示范、试用,以吸引顾客。②产品说明书。商品的文字、图片等说明资料,让顾客对商品有更详尽的了解。③同类商品厂牌目录。将其他厂商生产经营的同类商品目录尽可能地搜集齐全,并印制成册(张),在让客户了解其他厂牌商品品质的基础上,便于介绍自己商品的优点。④商品价目表。除印有本公司出售商品的价格外,还应备有其他公司同类产品的价格,以便客户比较。⑤统计资料和图表。专门制作有关产量、销量、质量、出口量、市场占有率、销售服务网点等内容的统计资料或图表,使客户对商品或企业有更进一步的了解。⑥买主名单一览表。有可能的话,应将购买并使用本企业商品的客户名单整理成册(张),可起到加强说服力的作用。⑦企业介绍及公共舆论对本企业及企业产品的评价材料。权威机构的评价、报纸上的宣传、买主提货时兴高采烈的照片等。⑧合同。随时准备同客户成交签约。

商务人员如能对上述业务资料准备齐全,对客户提出的一些问题就可以给予比较满意的答复,客户才能放心的订购你的商品。不论是文字图片等业务资料,还是实物业务资料,都应做到配合时机伸手可取,避免需要业务资料时,乱翻一气而找不出来,这样客户就会对你产生一种不好的看法。

(2) 办公备品。办公备品指的是商务人员在处理公务的时候,经常需要使用的一些备用品,主要有公文包、名片、钢笔、记事本、电脑、手机等。无论在任何场合,一旦用到,商务人员都能"信手拈来",由此所展现的细致、严谨、认真的工作作风,不单单是个专业素质问题,它常常会让人产生一种可信赖的感觉,增强进一步合作的愿望。

① 公文包与名片。公文包内放置的物品,应是些有用之物,而且应放置有序。要绝对避免在外人面前拿包取物时,包内乱七八糟的物品一齐往外"蹦",同时,还应注意取出的物品应保持干净、整齐。

根据公文包款式的不同,可采用夹、提等携带方式,不要随便肩扛、肩背,甚至提在手中乱甩。出门做客时,公文包不可乱放,应放在自己身旁,一旦用着时,可随时取用。

名片的用途及使用的礼节。需携带的名片应放置在专门的名片盒内,名片盒可放在公文包内,使用时可随时从公文包内取出来。对方赠送的名片,根据自己工作的需要分类后,放入专门的名片盒或名片册内进行保存。

② 笔与记事本。常言说:好脑子不如烂笔头。因为有许多正规场合只允许使用钢笔。钢笔的款式要大方,颜色以素雅为宜。墨水的颜色宜选择蓝黑色或纯蓝色。如同时带两支钢笔,墨水的颜色应一致。所携带钢笔,可放在公文包内或放在西装左侧的内袋里。

经常使用记事本,对于一些需要记录下来的信息,可以随时记在上面,便于日后查找所需资料。记事本要随身携带。记事本应只记录与工作有关的事情,不要在上面乱写乱画。记事本以实用、雅观为原则。记事本宜放在随身携带的公文包内。

③ 电脑与手机。对于手机的使用,应以工作必需和不妨碍他人为原则。要努力做到“三不用”:一是不在一些严肃、安静的特定环境中使用,遇有这种场合应主动关机,以免突然铃响而影响他人或破坏周围的气氛。这种场合主要指洽谈室、会议室、法庭、课堂、阅览室、剧场、音乐厅等。二是不在飞机上使用,以免干扰航行通信,影响飞行安全。三是不在人员较多的场合使用,如确需通话,可移步找一个僻静场所或将身背过去使用,这样既可以使通话清晰,也不会干扰他人。

第四节　走访:守礼失礼一字差

在国际交往中,参观、会见和走访是常见的活动形式,它可以在不同层次中进行,具有广泛的适用范围,因此,在实际操作中,知礼守礼是十分必要的。

1. 参加国外商展

商展是一种直观、形象、生动的传播方式。运用真实可见的产品和热情周到的服务、全面透彻的资料、图片介绍和专业人员的现场操作等多种传媒交合的传播方式,可以吸引大量的参观者,使其留下深刻的印象,这是国内企业与国外公众直接沟通的极好机会。

⊙ **More**

当一个销售主管决定参加某种展览会时应注意下列各点：

(1) 这个展览会在当地的评价如何？

(2) 它概括多少地区？

(3) 适合何种产品之展出？

(4) 同时展出的有哪几家商品？适合选购我们产品的人占多大比例？

(5) 主办单位在当地的信誉如何？

(6) 场地费用若干？能提供何种服务？

(7) 预定场地的截止日期为何时？

参展的筹备工作须细致全面。首先，搜集竞争者的有关资料，凡有关竞争者的商品特性、报价、销货量、交货期，及新产品发展动态皆应有所认识。其次，选择参展的主力商品，印发公司简介及有关展览专用的产品说明书。预先开发潜在顾客，使其先了解参展的商品，等到会场时即可确认。可以预先寄发邀请卡。通知新老顾客，借此建立感情，趁此机会展示商品，争取一些订单。与此同时，多与各广告媒体充分配合，利用广告媒体引起消费者注意。最后，对展出摊位之管理员应事先训练，使其了解展出商品的特性，或找当地留学生代看，因其对该地风俗民情已有相当之认识，和客户交谈起来会比较方便与易解。若是自己布置场地，记得将布置所需的工具一并带上。

一个成功的会场可吸引参观者的注意，故在设计上要求以生动活泼的气氛来展示主力商品。展示的方式应简洁，可以使用动态的展览，例如，公司制造过程之幻灯片、录影带，使人易懂。尽量展示出产品的特有性能，使人容易发现该产品优于其他产品之处。对展示人员的服饰应注意，因其代表公司。

人的因素也是很重要的。应授权给派出去之人员，让他有独当一面之权利。这样，会场中有一位决定性的主管，再配合技术人员及销售人员的解说，如果能让参观者实际操作，使其了解产品使用性能，对参观者所提供的意见则可作为业者的参考，使客户亲身感受比竞争对手更优良的测试及现场体验，往往能事半功倍。同时，可在展会现场赠送赠品、销售样品，发送产品目录和报价单等来提高知名度。

商展工作人员的素质和能力直接影响着展览效果。参与展览会讲解工作、接待工作、服务工作的商务人员,应当具备良好的素质,明确举办展览的目的和主题,了解展览的基本知识和操作技能,掌握与展览产品有关的专业知识,通晓传播沟通和服务礼仪,从各个不同的角度影响国外公众,使国外公众满意。

(1)讲解员礼仪。讲解员着装应整齐大方,打扮自然得体,举止庄重,动作大方。讲解开始,应热情礼貌地称呼公众,讲解流畅,不用冷僻字,让公众听懂。介绍的内容要实事求是,不弄虚作假,不愚弄听众。语调清晰流畅,声音洪亮悦耳,语速适中。解说完毕,应对听众表示谢意。

(2)接待员礼仪。接待员的服饰应整洁、庄重、大方。举止应大方、得体、适度。接待员应面带微笑,正视参观者的眼睛,目光要专注,不可游移不定,也不可眼看别处,以坦然和自信来赢得对方的信任。接待员站着迎接参观者时,站姿应大方有礼,站立时切勿双脚不停地移动,表现出内心的不安稳、不耐烦,这是对参观者的不友善。接待员不可趴在展台上或跷着二郎腿,嚼着口香糖。在回答参观者的询问时,应耐心、诚恳、热情、周到,注意言辞风度,注重表达技巧,以便与参观者建立和谐的关系。

2. 参观国外企业

参观指的是有计划、有准备地对特定的项目所进行的实地观察和调查。工商界的人士常因为业务、厂房的需要,须出国参观访问,参观国外企业应考虑更多的事情。

认真选择参观项目,选择要有针对性,认真做好参观准备。对参观项目、参观人数、参观时间、参观活动程序安排、交通工具、饮食住宿、安全保健、费用预算等要有缜密的计划。出国之前可研读一些地主国之历史、地理、政治、经济及文化背景等有关资料,并学习一些简短的地主国语言,例如"谢谢""请""再见"。事前研究国外各参观企业之概况,以便参观能深入了解及发问。

遵守参观提供方的有关规定是最重要、最基本的参观礼仪。进行参观之前,应全面了解方各方面的具体规定和要求,如时间的规定、内容的规定、区域和路线的规定、行动的规定、服饰的规定、携带物品的规定、传播的规定、人员的规定等。

同一公司最好一次有两人成行,如一人注意管理,一人观察技术;或有些看板资料,限于时间一人从前端抄,一人则自中间行里进行,如此,方可有丰硕完整的收获。带一部小型照相机,并备有或嵌装闪光灯,将有助于参观学习。有些参观场所不允许拍照,最好用 3×5 之小卡片做笔记及用小型录音机在不适合笔记时录音。

企业参观后,一般会在会议室开研讨会,所有疑难及不了解之处,应该提出发问。在适当场合与对方交换名片,以后可当参考或联络之用。

参观后,如有疑惑,在酒店内应与随团人士及时交换意见,提出问题,以澄清自己的观点。回国之后,趁着印象最深刻,应立即撰写报告,并尽快呈报上级或转交相关部门同仁解说。

3. 走访礼节

在走访外国人时,需要严格遵守的礼仪规范,主要涉及下述六点。

(1)有约在先。受到拜访对象的专门邀请后,务必要在进行拜访之前,与对方事先约定,并且在具体时间上应请对方定夺,或者双方共同协商。在约定拜访外国人的具体时间时,通常应当避开节日、假日、用餐时间、过早或过晚的时间以及其他一切对方不方便的时间。

(2)守时践约。要做到守时践约,就要准时正点的在宾主双方预先约定的时间里,在预先约定的拜会地点亮相。万一因故不能准时抵达,务必要及时通知拜访对象,以免对方久候。必要的话,还可将拜访另行改期。在这种情况下,一定要记住向对方郑重其事地道歉。

> ⊙ **Tips**
>
> 有些外国人喜欢选择酒吧、餐馆、咖啡厅或饭店的前厅为会客地点。倘若对此处环境、路线不太熟悉,则不妨提前五分钟抵达现场,确认地点无误后,先在附近小候片刻,然后准时出现。

(3)进行通报。进行拜访时,倘若抵达约定地点之后,未与拜访对象直接见面,或是对方没有派员在此迎候,则在进入对方的办公室或私人居所的正门之前,有必要先向对方进行一些通报。

前往大型的公司、企业拜访他人,尤其是拜访职高位显的要人时,应首先前往接待处,向接待人员进行通报。或者先行前往秘书室,由秘书代为安排、通报。

前往酒店、宾馆拜访他人时按照人们约定俗成的做法,首先应当在拜访对象下榻的酒店、宾馆的前厅里,打一个电话给对方,由对方决定双方见面的具体地点,切勿直奔对方的客房而去。

前往私人居所或普通人的办公室进行拜访时,首先要轻叩一两下房门,或是轻按一两下门铃,得到主人允许后,再推门而入。叩门或按门铃时要保持耐心,不要再三再四,或者二者并用。国内的有些私人居所的门上,为安全考虑装有监视器、对讲机或门镜。在此处登门拜访时,不要有任何不雅行为。

(4)登门有礼。当主人开门迎客时,务必要主动向对方问好,并且要与对方互行见面礼节。倘若主人一方早已恭候于门口,并且不止一人时,则对对方的问候与行礼,在先后顺序上必须合乎先尊后卑、由近而远的礼仪惯例。

问候之后,应在主人的引导之下进入指定的房间,并且在指定的座位上就座。在就座之时,要与主人同时入座,不要抢先就座。

进入外国商人的办公室或私人居所后,应将帽子、墨镜、手套和外套脱下,以示礼貌。

(5)举止大方。在拜访外国商人时,要注意时刻以礼待人。

与主人或其家人进行交谈时,要慎选话题。不要跟对方开玩笑,出言无忌。与异性交谈时,更要讲究分寸,不要有意回避其他人,或是故意压低声音。

对于在主人家里所遇到的其他客人都要表示尊重,友好相待。不要冷落对方,置之不理。

在主人家里,不要随意脱衣、脱鞋、脱袜,也不要随心所欲,动作过于随意。未经主人允许,不要自作主张地在主人家中四处乱闯,尤其是不应当进入其卧室。随意乱翻、乱动、乱拿主人家中的物品,这是严重的、不合乎礼仪规范的行为。

(6)适可而止。在拜访他人时,尤其是在进行较为正式的拜访时,要注意在对方的办公室或私人居所里停留时间的长度。

一般情况下,礼节性拜访,尤其是初次拜访,应该控制在 15～30 分钟之内。最长的拜访,也不宜超过两个小时。

有些重要的拜访,往往需由宾主双方提前协定拜访的时间长度。在这种情况下,务必要严守约定,绝不单方面延长拜访时间。自己提出告辞时,虽主人表示挽留仍须按时离去,但要向对方道谢,并请主人留步,不必远送。在拜访期间,若遇到其他重要的客人来访,或发生重要事件,或主人一方表现出厌客之意,应当机立断,知趣地告退。

第五节 聚会：散去难忘相聚时

观看演出、出席宴会、参加舞会被列为礼仪要求最高的三种社交活动。因为这三者都是高雅、庄重的人际交往形式。

1. 舞会

舞会是一种很受欢迎的社交活动。与外商交往中，跳舞是常见的。无论是举办或是参加涉外舞会，必须精心准备，讲究礼节。

（1）参加舞会的礼仪要点。舞会服装要整洁大方，与环境相宜。

参加舞会，按照惯例，第一场舞，由主人夫妇、主宾夫妇共舞。第二场舞，由男主人与主宾夫人，女主人与男主宾共舞。

请舞时，一般是男士邀请女士，男士请舞时应立正，向对方点头邀请，待对方同意后，才能陪伴进舞池。一曲完毕时，男士要将女士送回原座位，致谢后方可离去。女士一般不能拒绝男士的邀请，如实在不愿跳，可以婉言拒绝，但在一曲未终时，不能再与别的男子共舞。

跳舞时舞姿要端正、高雅、大方。动作不要太大。

如果有人将一位外国女士介绍给你，你就必须请她共舞。如果自己跳得不好，可以问一下这位舞伴，是否愿意在你旁边稍坐一会而不参加跳舞。

男士要与尽可能多的女士跳舞，同时要记住，第一次和最后一次，必须和自己的舞伴跳。男士如果仅仅和妻子跳舞，而忽略了其他的女子，那是不礼貌的。

参加舞会前不要吃葱、蒜等带有气味的食品，不可喝烈性酒。同时，不要在舞厅里抽烟。在舞会上不能戴帽、吃东西，不要东张西望，或大声嬉笑、讲话。

（2）正式舞会的礼仪要点。正式舞会通常是从晚十时到翌晨二时或三时，参加舞会除了携带请柬外，通常还要携带入场证。正式舞会通常在俱乐部或旅馆举行。这种舞会，一般配有两支乐队或管弦乐队，所以，音乐不间断。在舞会开始时，备有点心和各种饮料等。午夜后，还备有夜餐。

参加舞会，男人需系白色领带，身穿燕尾服，女人应穿长身的晚礼服，戴长手套。

参加舞会时，邀请舞伴的顺序首先是女主人，其次女贵宾，再其次是女主人家庭的女亲属。不要邀请尚未给你介绍的女子跳舞。如需邀请,应先请别人介绍一下。当你穿过舞池时,应走在舞伴的左侧。

（3）小型舞会的礼仪要点。小型舞会通常是在家里举行。它不及正式舞会那样正规,虽然是在私邸举行,但也可看作一种正式场合的舞会。小型舞会开始时间较早,大约晚上九时到午夜左右。舞会是否设有乐队或管弦乐队取决于房间大小和来宾多少。如无乐队时,则可利用电唱机或音响来伴奏。如有会餐,则通常安排在午夜。

如舞会场合是精心布置的,男士都应要求着无尾礼服。如无礼服或不想租礼服者,可着其传统的深蓝色或灰色服装。中国人穿中山装内着白领衬衫也可。穿着本民族的传统的最好服装在这种场合非常合适。

⊙ **More**

舞会的种类分为以下几种:

（1）茶舞:是属于下午茶时的舞会。

（2）餐舞:通常是用餐和舞会一同举行。

（3）餐后舞:不包含用餐的舞会,在用餐后举行。

（4）大型舞会:一般这类的舞会都属于较正式的,一般都会要求来宾穿着正式的礼服,有时也会与酒会或是餐会一同举办。

（5）面具舞会:顾名思义就是参加的人都必须穿戴面具,保持着神秘的感觉,但是也必须穿着礼服才可进场。

（6）化装舞会:这是近年渐渐风行起来的一种舞会,参加的人可做各种的打扮,如电影明星、卡通人物或是童话人物等。

（7）主题舞会:舞会有一个特别的主题,参加的人都必须做符合该主题的打扮出场。

---

2. 沙龙

沙龙,是法语"Salon"一词的音译,在法语中是"客厅"或"会客室"的意思。沙龙开始于17世纪末期,是西欧上层社会社交集会的一种形式,他们通常借用某些私人客厅,聚会谈论文学、艺术和政治等问题。现在以社交为目的举办的专门性的室内聚会,一般都称为沙龙。根据对象和形式,沙龙主要有交际型沙龙、学术性沙龙、休闲型沙龙、文娱型沙龙等多种。

（1）交际型沙龙的礼仪要点。亲朋好友、职场同事、商场伙伴相互之间以保持联络为目的，称作交际型沙龙。它的具体活动形式可以灵活多样。平日里人们参加的座谈会、校友会、同乡会、聚餐会、联欢会、生日派对等，实际上也属于交际沙龙。

首先，举办者对沙龙的地点、时间、参加者等，均应事先议定。可以由一人发起，也可由全体参加者共同讨论、决定。

沙龙地点应当选择面积大、通风好、光线明亮，尤其是没有噪音，不受外界的干扰。

举办沙龙的时间，拟定在假日或晚上，活动时间应为 2～4 小时，以不影响正常工作为限。沙龙形式视具体情况而定。如果大家只是为了见见面，可以选择较为轻松的聚餐会或舞会等；如果要谈天，则不妨选择茶话会、酒会开展座谈讨论。

参加沙龙之前，应认真对自己的仪表、服饰进行必要的修饰，但不需要过分讲究。

参加沙龙时，要遵守时间，按时赴约，不得无故迟到、早退或违约。到达聚会场所，首先要问候主人，还可帮助主人做一点需要做的事。在结束时，也要向主人道别。

参加沙龙讨论问题，如果出现为某一事而争执等不愉快的事情，要保持克制，不要恶意中伤他人，要以和为贵，更不能对主人的安排说三道四、有意挑剔。

（2）休闲型沙龙的礼仪要点。休闲型沙龙形式多样，一般有家庭音乐会、俱乐部聚会、游园联欢会、郊游等。休闲沙龙的娱乐性较为突出，应当以玩为主，随意自然，生动有趣。

休闲型沙龙要遵守的礼仪与交际型沙龙一样，但是，休闲型沙龙由于活动的环境不在室内，就更需要发挥团队精神，互相帮助，同心协作，尊重妇女，保护长者，并积极为他们排忧解难。

3. 观看演出

在许多国家，文化生活是很受重视的。涉外商务交往中，与外商共同观看芭蕾舞或歌剧，倾听交响乐或演唱是一种艺术享受，因此，人们对于上剧场或音乐厅都是郑重其事并且彬彬有礼的，大家共同维护剧场或音乐厅中典雅、和谐的气氛。注意仪态和举止,不可表现出轻浮和鲁莽。懂得这些礼节,你就能够受到人们的欢迎、赞扬和尊重,加深彼此间交流的友情。

（1）剧场和影院观看演出的礼仪要点。剧场、影院是安谧、高雅的社交场所,剧场着装整洁讲究,特殊演出则有正装要求。影院着装亦应衣冠整洁。剧院若有存衣室,男子应帮女士存放大衣,女子不可在观众厅内梳妆打扮。

观看演出守时是基本的要求,观众若因故迟到,可在幕间或中场休息时进入;电影已放映,应悄然入场,走路要轻,速度要快,尽量不遮掩别人的视线,对给自己让路入座的同排观众应轻声致谢。

进剧场、影院,若没有带座员,男士应在前面引导;座位若在中间,应提早入座,以免穿行影响别人;若是外边已有观众坐下,则应客气地请别人让道,穿过去时应面向别人进到自己的座位上。

进入剧场、影院即不能大声喧哗,对熟人一般点头示意或轻声招呼。剧场、影院内需要绝对的安静,不要窃窃私语,更不能吸烟或吃东西。不要带有异味和有响声的东西入场,如塑料袋等。场内应自觉脱帽,注意坐姿稳定和文明,以免影响邻座观众。热恋中的男女应注意形象,不要影响他人观看。鼓掌与叫好的方式应根据演出形式的不同按惯例决定,其中,因现代摇滚乐等观赏的要求不同,故不在此例。露天广场在观看演出时,应保持安静、不随意走动、不干扰他人观看,并对演员的演出报以掌声以示感谢。

退场时,要尊重演员,应等演出结束后才能站起来。退场要有序、礼让。

（2）观看歌剧、音乐会的礼仪要点。歌剧是一种高雅的艺术表演,对观众的服装要求比观看其他文艺节目的要高些。若干年前,许多歌剧院在演出时要求观众穿晚礼服。如今只有首场演出或节日专场才会这样,一般的只要求观众穿着整齐。人们通常都是衣装比较讲究,男人穿深色的西装套服,妇女穿长裙。如果是在冬天,穿着大衣,一定要把大衣帽子、围巾存放在衣帽间,不要把它们带进剧场的演出大厅。观看芭蕾舞或听音乐也是这样。

观看歌剧应当在开幕以前就进入剧场坐好。否则,如果已经开演,你就只好站在门口等待一幕演完才能入座。在演出的过程中,观众不要中途离开座位,因为那会干扰其他人观看演出。如果万不得已,必须向旁边的人道歉。

观众通常都是在每一幕演完时鼓掌,而在全剧结束时则报以更长时间的掌声。当演员在演唱完一段格外精彩的咏叹调时,观众也可以鼓掌喝彩。

倾听交响乐或其他乐曲的演奏和演唱,情况大致与观看歌剧相仿。在音乐家演奏或是演唱时要绝对保持肃静,鼓掌要在适当的时候,如果是乐队演奏乐曲,在乐队指挥登场站到指挥台上的时候可以鼓掌。另外,就是在演奏完或演唱完一支曲子后鼓掌,而且可以以不停地掌声要求歌唱家再来一个。如果是演奏交响乐或其他有若干乐章的古典乐曲,可以在一个乐章奏完之后再鼓掌,但很多时候是在整个乐曲演奏完毕之后才鼓掌。如果你对演奏的乐曲不太熟悉,最好勿为人先,等人家掌声响起之后再跟着鼓掌,否则,"孤掌难鸣"就会出洋相。

观看芭蕾舞剧,与观看歌剧和听音乐会差不多,不过对穿着的要求可稍微随便一些,只有盛大晚会或义演除外。

观看芭蕾舞剧也要准时到达。观众如果迟到也将被阻挡在演出大厅门外守候到一幕告终或中场休息时才允许入场就座。芭蕾舞剧的演出,从理论上讲,观众应当是在演完一幕以及全剧时才能鼓掌,但是,实际上热情的观众常常在主角首次出场或者演员演出一个精彩的片段时鼓掌表示赞赏。不过在这种情况下,不宜鼓掌太久,以免影响演出的继续进行。你如果不清楚一个舞什么时候算告一段落,可以等演员鞠躬之后再鼓掌。

不管是观看歌剧、芭蕾舞或者是倾听音乐,都有一些共同的规矩,如观众在演出时不要相互说话、吃东西;不要在剧场里随便走动;就是在幕间休息时,说话也应放低声音;在演出到最后要告终之前,不要提早离座退席,经常会出现演员和音乐家多次谢幕的情况,如果你不耐烦地急忙离去,那是不礼貌的。

⊙ **Tips**

看歌剧或听音乐会,如果你看单人表演,最好祝贺这位艺术家,但不必介绍你自己。

坐包厢时,女士们应该坐前排。即使前排还有座位,男士还是应该坐在第二排。假若有朋友来到包厢看望和你一起的女士,那么,你就应该把你的座位让给这位新来者。

不要大声说话或向你的同伴解释剧情、音乐。在这种场合这样做是最令人厌烦的。

---

4. 观看和出席球赛的礼仪要点

在比赛场馆做一名文明礼貌的参与者。观看比赛应提前几分钟入座。奏国歌时应肃静。注意特定比赛的特殊要求。观看比赛时,不妨碍他人观看,不影响运动员比赛,尊重裁判和比赛的组织者。不得做出有损自身人格和形象的行为。遵循体育竞争的公平原则,为比赛中无论客方和主方的精彩之处鼓掌呐喊,显示礼仪风度和体育精神。不可提前退场。退场时,应按秩序退场,不围堵运动员。

(1)高尔夫。商务人员出国有时也会因商务的关系,而进行一些体育活动像是友谊赛,高尔夫就是其中之一。不论是政治人员还是商场老手,都喜欢到高尔夫球场上一较高下。因为国民所得的提高,让人们有更多的时间和金钱可以享受高消费的休闲活动,使得高尔夫球的运动更加普遍化,也使得原本是达官贵族专属的运动转而变成大众化的运动,因此,打高尔夫球的礼节也渐渐地受到大家重视。

① 安全第一。在击球、试杆之前,应先确定在挥杆范围内没有其他人员站立或行走,同时也要确定击球方向的落点范围内没有人站立,最后则是检视地面有没有小石子或树枝等杂物,以免在挥杆的同时将其带起而伤及他人。

② 多为他人着想。当球员在球场上准备发球时,其他人员应避免随处走动、交谈、过于靠近或站在击球方向,以免干扰到球员的情绪。第二位接着上场击球的人,为了增加球局的行进效率,上场前应先思考好所要使用的球杆种类,以及何种打法,轮到自己时应是已有万全准备了,才可避免全场人因为等待你个人的思考,而将宝贵时间浪费掉。

在前一组球员尚未走出击球距离外的范围时,后组球员不可击球,但若是击球后,无法即时找到球落下的地点,应先做手势让下一组的球员击球,等到后组球员离开落球距离范围外,才可以继续击球。打完一洞之后,球员应立即离开果岭,这样可以避免影响他人。

③ 球场上的优先顺序。若无特殊状况时,两人一组的球赛优于三人一组或四人一组的球赛,并可以超越之,但是,个人单独球员并无任何的优先权,应礼让两人以上的球赛球员先通过,再者是打完十八洞整的球赛优于其他洞数的球赛,若某一组球员无法保持正常的行进,落后下一组球员超过一个洞以上,就应礼让下一组球员先打。

④ 球场上的维护。维护球场固然是经营者的责任,但是在打球时,也应随时注意并保持球场上的整洁,以免造成下一位打者或其他球员的不便。尊重球场上的相关规定,例如,若球场有提供高尔夫专用车,应注意是否可行驶

于球道之间,以免损伤草皮和果岭。

在沙坑上的洞痕及足迹,或在球道上的草皮若有损伤,应在离开时立即填平、铺平,此时应将草皮向下压实,特别是在发球区内的草皮,因为使用者较多,所以应特别注意。球袋或球杆的拿取或放置,应确定会不会损伤果岭,若站在离球洞很近的地方,或要将球取出时,也要注意不可伤及球洞;离开果岭时应记得将球竿放回原位。

⑤ 高尔夫的服装。高尔夫是一种休闲运动,所以,在服装上并无特别规定或限制,以适合在阳光下从事活动的整齐穿着为佳,男士可穿着长裤、女士可穿着裙裤,但是,鞋子必须穿着高尔夫专用的钉鞋,以免破坏球道和草皮。至于个别球场的特殊规定,一般都会印在计分卡上,运动前先阅读一番,便可避免意外状况的发生。

⑥ 个人情绪的控制。高尔夫最大的乐趣在于与球场地形竞赛,若常失误而无法克制自己的情绪,恼羞成怒地抱怨场地的不是,甚至将球具摔坏或踢草皮等都是很不礼貌的行为,而且非常失态。

(2)网球。网球运动在国外算是非常普遍的一种运动,因为网球的普及,所以,打网球的礼仪也一样受到重视。

有些世界知名的网球公开赛对于观参赛者的服装也会有所要求,男士必须穿着西装打领带,而女士则必须穿着日间礼服。比赛进行时,观众不得擅自离席,只可在比赛者交换场地时才可离席,并且也只能在一局或是整场比赛结束时才可以鼓掌。任何会影响到参赛者情绪的动作都应该尽量避免,比赛进行中,是看不到四处兜售饮料或是零食的小贩,或有人在观赏台上吃喝,或是啦啦队的加油声等,因为这些都会影响参赛者的注意力。这些较严谨的规定,可作为我们一般观赏时的规定和观赛的礼仪。

第六节　礼俗:多懂一点防失礼

商业习惯或经商习惯,是人们在长期的国际商务往来的过程中所形成的习惯性观念和做法。各国的经商习惯和商务往来的方式、礼仪,有的因不同国家的文化传统而异,有的则是全世界通行的(即国际惯例)。"入乡随俗,入港随湾"。在从事涉外商务活动时,人们应该事先了解并主动适应外国的经商习惯和商务礼仪。

1. 了解外国经商习惯和商务礼仪

（1）有利交往

① 有利于避免误会。不了解外国的经商习惯和商务礼仪，有时会产生误会。例如，在希腊、土耳其、保加利亚等国，商人表达"是"的时候会左右摇头，这个动作在中国却表示"不是"的意思。

② 有利于避免冒犯行为。在对外商务交往活动中，如果不了解和不适应当地的风俗习惯、风土人情，可能会产生冒犯行为。例如，西方国家忌讳"13""星期五"，遇上这种日子，是不宜举行宴请活动的。

③ 有利于建立感情。不同的国家，建立感情的做法是完全不同的。如在印度尼西亚，商人之间建立亲密感情的途径之一是登门拜访。

④ 有利于商务谈判的成功。不同国家的企业对谈判人员的级别要求是不同的。例如，澳大利亚企业派员谈生意时，一般是派级别较高、有决策权的人士参加。如果我方派没有决策权的人士参加谈判，可能会引起对方的不悦，甚至拒绝谈判。此外，不同国家的商人谈判风格是不同的，有的国家的商人习惯于开门见山、立即拍板；有的国家的商人则惯于拐弯抹角、拖延时间。只有掌握不同国家的商人的谈判特点，才能因势利导，取得谈判的成功。

⑤ 有利于商品的推销。要在海外市场成功地推销商品，应该了解并适应当地市场的经商习惯和礼仪，否则，会导致销售的失败。例如，向拉丁美洲国家出口货物，如采用美国制单位则销量很少，原因是拉丁美洲国家习惯于公制单位。

（2）有所取舍

适应外国的经商习惯和礼仪并非要求人们完全放弃本国的经商习惯和礼仪，而去与海外商人的经商习惯和礼仪完全一致。实际上，对于各国的商业习惯和礼仪有必要进行分类。

① 必须遵守。必须遵守的经商习惯和礼仪是指与某国进行商务往来时，必须适应和遵循的经商习惯和礼仪。例如，在正式谈生意之前闲聊和参观访问，似乎是浪费时间的事情，但在中东国家却是必不可少的习俗。

② 不一定遵守。不一定遵守的经商习惯和礼仪，是指那些可以与当地人一致，但并非一定要遵守的行为或习惯。例如，有些国家的商人在见面时要行吻礼。这对我国涉外商务人员来说，可以照做，也可以不做，改用握手礼也是可以的。

③ 不应该遵守。不应该遵守或应该避免的经商习惯和礼仪是指那些不让外人照做的习惯和行为。例如，当与伊斯兰教徒做生意时，非伊斯兰教徒的人去模仿伊斯兰教徒的行为，只会引起他们的反感。

④ 灵活应对。涉外商务人员应该具有敏感的观察外国经商习惯的能力和良好的判断能力，以便区别对待。在无法判断清楚时，就要做到举止大方、适度，尊重贸易伙伴。

2. 涉外商务礼仪与文化传统

世界上任何一个国家的商业礼仪都会打上这个国家文化传统的烙印。由于各国文化传统差异很大，使得国际上的商业礼仪十分复杂。

(1) 商业礼仪来源于文化传统。一个国家的商业习惯和礼仪与该国的文化传统密切相关。例如，美国和日本这两个国家的文化传统差别很大，因而这两个国家的商业习惯和礼仪也有很大的不同。

美国是一个移民国家，要生存和发展必须依靠自己的努力奋斗，由于受这些传统的影响，美国企业的经营决策是集权型的，而非集体参与的。

日本是一个具有悠久历史的单一民族的国家，加上日本是一个岛国，所以，逐步形成了日本人讲求集体主义、互相合作的传统。正是这种传统的影响，日本企业经营决策是参与型的，决策过程是上下结合，集体参加决策。

(2) 商业礼仪受文化传统影响的诸方面。各国商业习惯、商业礼仪受文化传统的影响较大的有以下几个方面：

① 价值观。不同的文化传统，可能形成不同的价值观。在美国的文化传统影响下，人们注重的是效率，商务谈判要求"速战速决"；而在日本传统文化影响下，人们注重的是效果，所以，谈判十分慎重，不慌不忙。

② 商人的性格。文化传统的差异使得商人的性格有着明显的区别。例如，日本人比较含蓄，不喜欢人们直接地称赞他们，不乐意接受恭维话。美国人比较直爽。再如，英国人由于历史上一度称霸世界，所以，他们存在着一种国民意识，总是带着一种悠然自得、比较高傲的样子。而另一方面，由于英国是个岛国，所以，人们比较保守，接受新生事物较慢。

③ 语言。不同的文化传统产生不同的语言。有些国家或地区曾沦为殖民地，不得不使用宗主国的语言，但同时又保留了当地的语言。

④ 交往方式。在不同的文化传统背景下，商务礼仪、商务交往的方式也是不同的。例如，在国际商务交往中，美国人由于比较开放、随和，一般喜欢邀

请客人到其家中参加鸡尾酒会或庭院野宴会等，通过这种形式来增进了解和友谊并洽谈生意。而日本人则比较保守、拘谨，所以，通常不邀请客人到家中做客聚餐，而习惯于请客人到酒吧或餐馆洽谈。

（3）各国商业礼仪的变化。随着通信、交通的发达，国际商务往来的增多和文化交流日益加强，促进了不同国家之间的文化互相渗透、互相影响，导致了各国的经商习惯、商务礼仪发生了一定的变化。例如，美国的某些商业习惯被传到日本并被采纳；反之，日本的一些思想和方式也受到美国人的青睐。全世界的商品经营者都在寻求最好的方式方法而不顾其传统的根源。

由于各国的商业习惯随文化而变化，所以，涉外商务人员不应墨守成规，而应采取发展的眼光去看待各国的文化传统对其商业习惯和礼仪的影响，从而不断地适应其商业习惯和礼仪的新变化。

3. 习俗礼节与禁忌

习俗礼节固然和国界有关，但与民族、种族的关系更为密切。同一民族的人，虽然生活在不同的国家，习俗礼节却往往相同。宗教信仰对习俗、礼节也有很大的影响。即使国家和民族不同，而宗教信仰如果相同，习俗与礼节就有许多相近或相同之处。语言是传播习俗礼节的工具，所以，语言也会对习俗礼节产生影响。使用同样的语言，会促使人们的习俗和礼节相仿或一致。在不同民族混合居住的地区的人们往往容易互相仿效、互相学习。相较于习俗和礼节，禁忌的重要来源是宗教，而且不少禁忌是交叉的。

与外国人交往的时候，熟悉其习俗、礼节和禁忌，这是尊重对方的礼貌行为。

4. 宗教礼俗与禁忌

礼仪是宗教与信仰的行为承诺。宗教禁忌是禁忌中极为重要的一个方面。无论东方还是西方，宗教在许多国家已成为人们的一种生活方式，渗透到社会礼仪的许多方面。涉外商务交往在欧美就不能不考虑到基督教的影响，在中东就不能不考虑到伊斯兰教的影响，在东南亚就不能不考虑佛教的影响。和这些国家及地区的人们交谈时，如果触犯了宗教禁忌，尽管是完全无意的，造成的后果往往也是很糟糕的。

5. 语言礼俗与禁忌

古斯塔夫·福楼拜在《老生常谈汇编》中写道："谈话中,对政治和宗教问题应免开尊口"。少数国家,如马来西亚、新西兰、荷兰、西班牙人并不很忌讳谈政治,但你不能把所在国家的政治和你本国的政治进行比较。

由于跨文化的交际障碍,语言禁忌可以说俯拾皆是。日语是世界上敬语最多的一种语言,和日本人交际,片言只语都要仔细。如在婚礼上,切忌使用"完了""归""去""口""碎""坏""破损""断绝"这些字眼,因为结婚双方谁都希望白头偕老,这些不吉利的词极其容易伤感情。同时,结婚虽是喜事,但谁也不希望有两次以上,所以"重复""多次"等词也应回避。

对于难以直接开口,但又非说不可的话,人们便运用各种修辞手段,如代替、淡化、借喻、反义正用等加以表达,从而达到语言交际的目的,这样的语言就是委婉语。可以说,禁忌语和委婉语是一枚硬币的两面。

涉外语言禁忌有以下几类:

(1)问候语禁忌。熟人在路上相遇互相打个招呼、问候,这是一种礼貌,无论在中国还是欧美都一样,但打招呼的用语不同。

"你去哪儿?""到哪儿去了?"中国人常常这样说。跟外国朋友尤其是跟欧美来客打招呼应该用"您好",而不要用"你去哪儿?"这一类的问候语。

(2)关怀语禁忌。对他人的关怀语,中国人习惯用词比较直接,常常用"应该""不应该""要""不要"这一类词,人们关系越接近,措辞越直接。但如果把中国的措辞习惯,去对英国人或美国人说话,那就太粗鲁、太带教训人的味儿了。他们在同样的情况下措辞往往比较委婉,避免使用那些带有教训味儿的词,宁愿采取"我要是你的话……"这一类方式来提出劝告和建议。

在中国常见的拍肩头表示亲热,天凉时摸摸别人的衣服表示关切,但对西方人来说是失礼的行为。

(3)感谢语禁忌。欧美人常说:"谢谢",别人为他做了一点事,就说声:"谢谢",即使在家庭中也是这样。但别人为我们做了点事时,容易忽略说:"谢谢"。在欧美人看来,说声:"谢谢",这是一种友好的表示,绝不是可有可无,否则,就是不懂礼貌。

说一声:"谢谢"会使气氛友好,使互相之间的关系显得轻松愉快。"一再表示感谢"说明感谢的真诚,这也是我们的文化习惯。但把这个习惯应用于欧美,对方不是感到亲切,而是感到不能忍受。他会觉得你太谦卑,你的感情太虚伪,下一次他就会避开你,所以,无论多大的事,谢一次就够了,不要谢了又谢。

此外,当你为西方人服务后他感谢你时,你要注意答语的运用,最好别说:"这是我应该做的"这样的话,因为这样说会被误解成"这是我的职业需要,不得不为你效劳"。如果回答:"乐意为你效劳"或"为你效劳是件愉快的事",则效果更好。

(4)自谦语忌讳。谦虚是一种美德,但中外的自谦语存在很大差异。比如,对恭维话的反应,中国人和英国人就迥然不同。英国人如对中国人说:"你的英文真好",中国人的反应往往是回答"不好"。反之,如果你说英国人的中国话讲得好,她会说:"谢谢",好像对你的恭维接受了。一位妇女称另一位妇女的服饰漂亮,后者如是中国妇女,她会说:"不好看";如果是英国妇女,她则说:"谢谢,真高兴你也喜欢这件衣服"。

尤其在接待欧、美、澳大利亚等地的客人,自己确实能承担的工作,不要客气地说:"我试试看",而应该用肯定的语气回答:"我一定能行!"或"我肯定能胜任!"不然会招来误解。一位中国书法家应外宾之邀,写了一幅漂亮的条幅送给对方,他谦恭地说:"写得不好,献丑了,请原谅。"对方听了脸色大变,反问道:"是不是看不起我,才把不好的给我?"所以,过分的"谦虚"会被西方人视为"虚伪"。说"献丑"之类的谦辞会被看作"瞧不起"对方,我们应注意这种差异。

接受礼物,同样不应当显得过于谦虚,要注意礼貌和分寸。没完没了地说"受之有愧"或"我不能收下这样贵重的礼物",这类话重复多遍会使人产生不愉快的感觉,也会使送礼者感到难堪。

6. 性别礼仪与禁忌

在国际交往中,性别是一个敏感而又需要谨慎对待的问题。在欧美,"莫将小姐称夫人"是一条重要的礼则。在日本有两个只有男人才允许去的地方,一个是相扑场,另一个是圣山。艺妓馆的工作人员虽都是女的,但却禁止女性前往。在日本,妇女不允许接触庙里的和尚,就是送给和尚的东西也要由男人转送。

在泰国,也禁止僧侣接触妇女或妇女接触僧侣。僧侣外出化斋时,不能直接从妇女的手中拿东西。阿拉伯人的妻子或妻子们(阿拉伯人可以有几个妻子)通常是不出来会客的。

如果你是位女企业家、外交家和外贸人员,在西欧国家里你可以随便一些,但在有些国家,即便你挑一挑眉毛也会有损你的身份。在拉美国家,不管认识不认识,男人有时会公开挑逗女人。如果有男人看你,而你漫不经心地回他一眼,没准就会带来麻烦。你可以代替你的公司给男人送礼,但要向受礼人说明礼物是送给他全家或孩子们的。如果你结婚了或结过婚,就让对方称你为"某某太太"。和别人谈话时,可以找机会谈谈自己的丈夫、孩子,也应问候对方的妻子和孩子。如果你要邀请对方吃饭的话,同时也要邀请他的妻子。

7. 生活习惯礼俗与禁忌

生活习惯禁忌多为世代流传,无特别的理由可加以说明。例如在埃及,有许多关于"针"的忌讳。有些居民每天晡时(指下午三点至五点)绝不买"针"。更有甚者,在传说的影响下,有一些人竟连夜晚也不敢做针线活。

在古老的俄罗斯民间习俗中,如遇黄猫和兔子过街都视为不祥之兆。

在沙特阿拉伯的甸蛮人那里,连笑都被看成不友好的表示。小辈见了长辈,不笑是对长辈的尊敬和孝心,笑反而是对长辈的一种极大侮辱。一对年轻人热恋时,任何一方笑了,"美满姻缘"就会告吹。

有些西方人忌讳打碎镜子,并把它看作自己运气就要变坏的先兆。大多数西方人不随便折断随风飘拂的柳条,他们认为这样要承受失恋的痛苦。

8. 其他禁忌

与外商交往的忌讳之物,不胜枚举。在社会风俗方面还有许多禁忌需要注意,如数字、颜色、花卉、动物等。

(1) 数字的忌讳。西方人普遍认为"13"这个数字是不吉利的,应当尽量避开它,他们甚至认为"星期五"也是不吉利的。因此,西方人在 13 日(特别是同时又是星期五)一般不举行活动。此外,西方人点烟的时候,当点到第三个人时,他们往往会面呈难色,有的人甚至会礼貌地拒绝。

(2) 颜色的忌讳。不同的国家、民族由于自然条件、社会历史以及宗教等因素,各有不同的颜色爱好和忌讳。如爱尔兰忌用红白蓝色组;委内瑞拉忌用红、绿、紫、黑、白色;法国、比利时忌用墨绿色,因为这是纳粹军服色,故人们一看到墨绿色,普遍露出厌恶的情绪。

(3) 动物图案的忌讳。大象在泰国和印度被视为吉祥的动物,它代表智慧、力量和忠诚,但在英国则忌用大象图案,认为他是蠢笨的象征。

日本人对饰有狐狸图案的物品很反感,认为它们是贪婪、狡诈的象征。

北非一些国家,普遍忌用狗作商标,可是在欧美等西方国家,把狗视为神圣的动物、忠诚的伴侣,还常常把它作为家庭的成员向客人介绍。

（4）花卉的禁忌。各国民族习惯不同,一些花的含意在各国也有不同。

在国际交际场合,忌用菊花、杜鹃花、石竹花,以及黄色的花献给客人,这已成为惯例。如不注意,将会造成不良后果。

一般说来,花的颜色也有不同的含意。红花意味着爱情;粉红色花表示好感和友谊;白色表示纯真;黄花表示嫉妒;橙黄色花象征希望;浅色花象征温柔;深色花表示坚毅。

送花时,还要注意接受者的年龄。选给中年人,以大花为好;送给青年人和孩子,可用各种颜色的小花。鲜花还意味着某种奇特的语言,人们往往用赠花来表达自己的感情。比如,百合花表示纯洁;柠檬表示挚爱;紫藤色表示欢迎;水仙表示尊敬;垂柳表示悲哀;橄榄表示和平等。

⊙ **Tips**　　　　　　　**赠花时的禁忌**

根花忌:探视病人时,日本人忌以根花(包括盆花)为礼。

香花忌:一些欧洲国家的人,在探望病人时,往往忌用香花浓烈的或具有特殊象征意义的鲜花。

盆花忌:在通常以花为礼的交往中,许多欧洲人爱用切花,忌用盆花,但在复活节之际,可用盆栽的风信子为礼。

菊花忌:在西方许多国家,人们忌用菊花为礼。

双花忌:波兰人与罗马尼亚人赠花须为单数,忌讳双数,但罗马尼亚人的生日除外。

黄玫瑰忌:英国人忌以黄玫瑰为礼花。英国传统习俗认为,黄玫瑰象征亲友分离。

黄花忌:法国人往往忌送黄花。法国传统的习俗认为,黄色花象征不忠。

紫花忌:巴西人忌用绛紫色的花为礼,因为巴西人惯以紫花为葬礼之花。

---

9. 世界各国礼仪禁忌

（1）涉外商务交往中的禁忌。

东南亚礼忌：忌跷二郎腿。

中东礼忌：严忌饮酒，也不要谈论中东政局和国际石油政策。

英国礼忌：忌系有纹的领带，忌以皇室家事为谈话的笑料。

南美礼忌：忌穿浅色服装，忌谈当地政治问题。

德国礼忌：忌神聊或闲谈，因为德国人注重工作效率。

瑞士礼忌：若给瑞士公司寄信，收信人应写公司的全称，忌写公司工作人员的名字。因为如果收信人不在，此信永远也不会被打开。

美国礼忌：与美国人洽谈交易时，不必过多地握手与客套，可直截了当地进入正题。

芬兰礼忌：应邀赴芬兰人家宴时，忌讳迟到，应向女主人送上五朵或七朵（忌双数）鲜花。主人敬酒前，客人不宜先行自饮。忌谈当地的政治问题。

（2）西方人日常忌。

数字忌：忌讳"十三"，甚至每月的十三日也被忌讳，认为这些数字包含着凶险。

询问忌：忌讳询问别人的年龄、工资、家室及其他私事。在老人面前，忌说"老"字。

床位忌：忌把床对着门摆放。

碎镜忌：严忌打碎镜子，认为碎镜能使人背运。

花色忌：许多欧洲人忌讳黄色花，并认为菊花、杜鹃包含着不吉利。

颜色忌：欧洲人多忌黑色，认为黑色是丧礼之色。

礼节忌：一切礼节均应女士优先。

衣物忌：西方人对自己的衣物及行装，有随意乱放的习惯，但忌讳别人乱动。

折柳忌：切忌折断飘来的柳条，认为此忌可以防止失恋之苦。

婚服忌：姑娘在结婚之前，忌讳试穿礼服。

婚期忌：除英国人外，多数西方人严忌星期六结婚，认为此日绝非黄道吉日。

扶老忌：欧美的老人，多忌讳由别人来搀扶。他们认为这有损于体面，是受轻视的表现。

握手忌：对长者、女子或陌生人，忌主动而随便地握手。

路谈忌：路遇熟人时，忌在路中央交谈或在路旁久谈；与女子路谈，应边走边谈，忌在路边立谈。

做客忌：到亲友家做客，进门后切忌不脱帽和带雨具。

慰问忌：探病时，忌久谈；吊唁时，忌先提及死者。

 扩展阅读

一些国家或区域的生活禁忌

适用对象	禁忌事项	理由
日本人	用绿色作装饰色	不祥之色
印尼中爪哇人	晚间出门吹口哨	招鬼、遇灾
不丹人	留山羊胡子	越轨行为
印度人	将小孩放在浴盆里洗澡	不流动的死水
印度人	在丧礼中节哀	有悖礼教
穆斯林	喝酒，吃猪肉、血和自死物	教规
沙特人	下象棋	象征弑君叛逆
沙特妇女	在公开场合抛头露面	教俗
中东人	用左手给别人递物	左手不洁
伊拉克人	日常生活中使用蓝色	魔鬼的象征
土耳其人	用花颜色装饰房间	不吉利的象征
土耳其人	用绿三角作标志	免费样品标记
捷克人	用红三角作标志	剧毒的标记
国际	三角形作标志	警告的标记
西方人	用棕色物送礼或装饰	邪恶凶丧之色
西方人	偶然弄洒了盐	坏运气之兆
西方人	在公共场合谈不吉利的话	招邪致灾
西方人	打破镜子	坏运的征兆
匈牙利人	打破玻璃器皿	逆运的征兆
比利时人	蓝色服装，以蓝色物做装饰	不详，恶兆
英国人	在公共场合直接提"厕所"一词	不礼貌
英国人	用人像作商品装潢	俗气

（续表）

适用对象	禁忌事项	理由
法国人	用核桃待客或作装饰物	不吉祥
美国人	在公共场合或丧礼中悲哀	知礼者节哀
意大利人	以手帕为礼品	亲友分离
意大利人	在房间、门厅、过道、车内吹过堂风	招致患病
希腊人	养猫、玩猫或爱猫	引人至阴间
埃塞俄比亚人	出门做客时穿黄色服装	哀悼死者
南美印第安人	在陌生人面前说出自己的真名	带来不幸
巴西人	用黄与紫的调配色作装饰色	引起恶兆

参 考 书 目

[1] 金正昆. 商务礼仪[M]. 北京：北京大学出版社,2005.

[2] 金正昆. 接待礼仪(第二版)[M]. 北京：中国人民大学出版社,2015.

[3] 张晓梅. 晓梅说商务礼仪[M]. 北京：中国青年出版社,2014.

[4] 朱力,沈树明,周朋程,刘玉平. 商务礼仪[M]. 北京：清华大学出版社,2015.

[5] 徐克茹. 商务礼仪标准培训[M]. 北京：中国纺织出版社,2015.

[6] 戴晓丹. 礼仪实训教程[M]. 北京：清华大学出版社,2013.

[7] 周春才. 中华传统文化图典：中华礼仪[M]. 北京：北京时代华文书局,2014.

[8] 程学轩,樊丽娟. 一生有礼：图解中国传统礼仪[M]. 北京：中华书局,2016.

[9] 彭林. 中国古代礼仪文明[M]. 北京：中华书局,2016.

[10] 周思敏. 你的礼仪价值百万[M]. 北京：中国纺织出版社,2012.

[11] 吴尚忠. 说故事　学礼仪——常用公务商务礼仪趣谈[M]. 南京：东南大学出版社,2013.

[12] 靳斓. 完美新员工礼仪与素养[M]. 周学政,徐有智,译. 北京：中国纺织出版社,2013.

[13] 西出博子. 职场的礼仪与智慧[M]. 郭勇,译. 北京：化学工业出版社.

[14] 林莹,毛永年. 现代中餐礼仪[M]. 上海：上海科学普及出版社,2008.

[15] 日本淑女礼仪研究会. 吃得优雅：绽放女人魅力的社交礼仪[M]. 井琳,译. 长春：吉林出版集团有限责任公司,2013.

[16] 古谷治子. 图解职场交际礼仪[M]. 刘霞,译. 北京：电子工业出版社,2014.

[17] 井垣礼英. 不露怯！举止的优雅[M]. 刘安彭,译. 北京：中国轻工业出版社,2007.

[18] 石原壮一郎. 不自闭！交际的魅力[M]. 刘安彭,译. 北京：中国轻工业出版社,2007.

[19] 氏家康二. 礼仪规范办公室[M]. 水云、林强,译. 北京：中国人民大学出版社,2004.

[20] 玛格利特·维萨. 餐桌礼仪[M]. 刘晓媛,译. 北京：新星出版社,2007.

[21] 渡边忠司. 用餐的礼仪与优雅[M]. 石寿,译. 北京：化学工业出版社,2012.

[22] 未来之舟. 求职礼仪手册[M]. 北京：海洋出版社,2005.

[23] 西出博子. 一周快乐礼仪[M]. 旭子,译. 上海：东方出版中心,2008.

[24] 利蒂希娅·鲍德瑞奇. 礼仪书：得体的行为与正确地行事[M]. 修文乔、韩卉,译. 北

京：中国人民大学出版社,2012.

[25] 佩吉·波斯特.礼仪圣经——21世纪现代社交与商务礼仪指南[M].李明媚,译.北京：群言出版社,2008.

[26] 庄铭国.国际礼仪公务员必修手册[M].北京：中共中央党校出版社,2006.

[27] 杨莅,王刚.礼仪师培训教程[M].北京：人民交通出版社,2007.

[28] 西出博子.快乐职场礼仪:让别人从内心欣赏你[M].胡晓丁,译.北京：中国友谊出版公司,2012.

[29] 万里红.最实战商务礼仪[M].北京：机械工业出版社,2013.

[30] 汤秀莲.商务礼仪[M].北京：清华大学出版社,2012.

[31] 马飞.现代商务礼仪规范手册[M].北京：金城出版社,2013.

[32] 潘海颖,赵磊.现代商务礼仪教程[M].北京：北京大学出版社,2017.

[33] 赵敏.商务礼仪[M].北京：中国财政经济出版社,2017.

[34] 黄曼青.现代商务礼仪[M].北京：中国人民大学出版社.

[35] 杰奎琳·惠特莫尔.优雅的力量:让你脱颖而出的4种特质修炼[M].高艳芳,译.北京：机械工业出版社,2013.

[36] 里奇·费里德曼.别让不懂礼仪害了你:一毕业就该懂的8大职场社交术[M].刘小群,译.南京：江苏文艺出版社,2014.

[37] 吕彦云.国际商务礼仪[M].北京：清华大学出版社,2012.

[38] 茱莉亚.有礼行天下[M].北京：中国青年出版社,2015.

[39] 林友华.商务礼仪[M].北京：北京大学出版社,2012.

[40] 刘民英.商务礼仪[M].上海：复旦大学出版社,2014.

[41] 薛巍.薛巍说高端商务礼仪[M].厦门：鹭江出版社,2015.

[42] 李凤科.商务形象塑造与礼仪[M].北京：北京交通大学出版社,2013.

[43] 匡玉梅.商务礼仪[M].厦门：厦门大学出版社,2012.

[44] 周国宝.现代国际礼仪[M].北京：北京师范大学出版社,2016.